中华经典名著

全本全注全译丛书

林　屋◎译注

# 列仙传

中華書局

**图书在版编目(CIP)数据**

列仙传/林屋译注．—北京:中华书局,2021.8(2023.10 重印)
(中华经典名著全本全注全译丛书)
ISBN 978-7-101-15227-2

Ⅰ.列… Ⅱ.林… Ⅲ.①神-列传-中国②《列仙传》-译文
③《列仙传》-注释 Ⅳ.B933

中国版本图书馆 CIP 数据核字(2021)第 103939 号

---

书　　名　列仙传
译 注 者　林　屋
丛 书 名　中华经典名著全本全注全译丛书
责任编辑　李丽雅
责任印制　管　斌
出版发行　中华书局
　　　　　(北京市丰台区太平桥西里 38 号　100073)
　　　　　http://www.zhbc.com.cn
　　　　　E-mail:zhbc@zhbc.com.cn
印　　刷　北京盛通印刷股份有限公司
版　　次　2021 年 8 月第 1 版
　　　　　2023 年 10 月第 4 次印刷
规　　格　开本/880×1230 毫米　1/32
　　　　　印张 7¾　字数 200 千字
印　　数　20001-26000 册
国际书号　ISBN 978-7-101-15227-2
定　　价　26.00 元

# 目录

# 前言

“仙”，古代写作“僊”或“仚”。《说文解字》释“僊”：“长生僊去。从人从䙴（迁），䙴亦声。”又释“仚”：“人在山上。从人从山。”意即“仙”是迁离人世、住在山中之人。“仙”往往与“神”合用，但原始含义有所区别。“神”从象征神主牌位的“礻”及象征闪电形状的“申”，来源于上古祖先信仰与自然信仰，是异于人世的一种超自然力量，故神的法力也相当高超。仙人信仰虽然与神灵信仰有一定渊源，但更多来源于战国方士的“仙人学说”。战国时期的方士把古代以来的神话传说，结合齐、燕等沿海地区的民间信仰，融合成入海求药、不死飞升的“仙人学说”，给处于乱世之中的帝王一种心理寄托。

《庄子·逍遥游》说：“藐姑射之山，有神人居焉。肌肤若冰雪，绰约若处子，不食五谷，吸风饮露，乘云气，御飞龙，而游乎四海之外；其神凝，使物不疵疠而年谷熟。”虽称“神人”，但实际上指的是仙人。“仙人学说”中的仙人与神灵不同，虽然法力不如神灵高超，但他们可以由人修炼而成，并与人同处在一个世界中。战国时期齐威王、齐宣王、燕昭王，都有过求仙的经历。到秦汉时期，不仅秦始皇、汉武帝等王公贵族信仰仙人，“仙人学说”也开始影响民间，汉画像石中就有广泛的仙人题材画作，东汉道教亦在神仙方术、道家思想、民间信仰的基础上产生。

《列仙传》是第一部上古至西汉时仙人的传记。晋葛洪《神仙传序》

说秦大夫阮仓记录了数百个仙人,晋郭元祖《列仙传赞》也伪托原作者说见到过秦大夫阮仓记录七百余仙人的《仙图》。《隋书·经籍志》则称阮仓为汉人。《仙图》及阮仓其人,不见于魏晋之前的著作记录,是否真实存在相当可疑。总之,《列仙传》堪称现存文献中的仙传文学鼻祖。

## 一、《列仙传》的作者

最早提及《列仙传》的是东汉末王逸《楚辞·天问》注与应劭《汉书音义》,但均未提及作者是何人。东晋葛洪作《神仙传序》,指出"秦大夫阮仓所记,有数百人。刘向所撰,又七十余(一作"一")人",之后简述了三十位《列仙传》仙人的事迹;他在另一作品《抱朴子内篇·论仙》中,又称"刘向博学则究微极妙,经深涉远,思理则清澄真伪,研核有无,其所撰《列仙传》,仙人七十有余",是葛洪以刘向为《列仙传》之作者。略晚的南朝梁刘孝标《世说新语》注、陶弘景《真诰·握真辅》篇与北齐颜之推《颜氏家训·书证》篇,亦以刘向为《列仙传》之作者。

刘向,本名更生,字子政,汉高祖刘邦之弟楚元王刘交五世孙,父为宗正阳城侯刘德。据徐兴无《刘向评传》考证,刘向生于汉昭帝元凤二年(前79),卒于汉成帝绥和元年(前8)。前68年,更生十二岁,以父荫为辇郎,行冠礼后被提拔为谏大夫,后又因辞赋受到宣帝宠信。前58年,更生献上淮南王刘安所藏《枕中鸿宝苑秘书》。此书记有驱使鬼神炼金之术,为刘德查办刘安案件时所得,更生从小熟读并深信不疑。但宣帝让更生炼金不得,被官员弹劾,下狱当死。兄阳城侯刘安民请献国内一半户籍相救,宣帝又以为更生是奇才,方将其赦免。前55年,《春秋穀梁传》被立于学官,更生遂学习《穀梁传》。后至石渠阁讲五经,又拜郎中、给事黄门。

汉元帝初元元年(前48),元帝太傅萧望之、少傅周堪领尚书事,二人器重更生,提拔其为散骑、宗正、给事中,与侍中金敞四人共同辅政。萧望之、周堪、更生欲除去弄权的外戚大将军史高及中书宦官弘恭、石显，反被诬告，周堪、更生下狱，萧望之免职。后因天有异象，元帝又赐萧望之为关内侯，恢复周堪、更生为中郎。后又有地震，更生让外亲上书弹劾弘恭、石显，并为萧望之鸣不平。事发，更生被逮捕下狱拷问，以诬陷之罪被贬为庶人，萧望之涉罪自杀。事后元帝又启用周堪为光禄勋、周堪弟子张猛为太中大夫给事中。更生继续上书希望屏退奸邪，又被弘恭、石显排斥，周堪病死，张猛自杀。更生哀悼二人去世，自己又不能被用，遂作《疾谗》《擿要》《救危》《世颂》等辞赋八篇泄愤。

汉成帝建始元年（前32），石显等佞臣被罢黜，更生得以复出为中郎，幼子刘歆为黄门郎。是年，更生改名为向。前26年，诏令刘向父子领校中秘书，后又擢升为光禄大夫。每校完一部书，刘向就整理其编目并概括大意，录下来上奏给成帝，称为《别录》。当时数有灾异，刘向上书《洪范五行传论》（又名《五行传记》），以为是王氏外戚掌权之过。之后刘向又劝谏成帝节俭，并编订《列女传》《新序》《说苑》等图书，摘编古代典故进行劝诫。成帝皆未能听从，但亦心知刘向忠于社稷，故刘向一直安然在位，但无法晋升。刘向年七十二岁时去世，刘歆继续主持校秘书，并将刘向《别录》整理为《七略》，分为《辑略》《六艺略》《诸子略》《诗赋略》《兵书略》《术数略》《方技略》七篇，是第一部官修目录学著作。后东汉班固作《汉书·艺文志》，即以《七略》为蓝本。

由此可见，刘向不但是西汉后期的经学大家与社稷忠臣，更是中国文化史上有杰出贡献的文献学家与文史学家。其与子刘歆共同考证了先秦、秦汉以来的学术文献，梳理了学术思想，建构了学术谱系。《汉书·楚元王传》称："自孔子后，缀文之士众矣，唯孟轲、孙况、董仲舒、司马迁、刘向、扬雄。此数公者，皆博物洽闻，通达古今，其言有补于世。传曰：圣人不出，其间必有命世者焉。岂近是乎？"认为刘向是孔子以来屈指可数的大学者，这样的赞誉并不过分。尽管刘向生前长期郁郁不得志，学术服务政治的目标一直未能实现，但他与刘歆父子二世校书的行动对于后世的意义及影响，或许是其始料未及的。

刘向除了整理校订图书，也撰述了不少著作，除了以上提到的《洪范五行传论》《列女传》《新序》《说苑》外，《汉书·艺文志》还收录了其所作的《稽疑》（载《六艺略·书经类》）、《说老子》（载《诸子略·道家类》）、《赋》三十三篇与《世说》。这些见于《汉书》的刘向著述最为可靠。不过，后来的《隋书·经籍志》又有题为刘向所作的《列士传》二卷与《列仙传赞》三卷（刘向撰，鬷续、孙绰赞）及《列仙传赞》二卷（刘向撰，晋郭元祖赞），《旧唐书·经籍志》还有题为刘向所作的《五经杂义》七卷、《五经通义》九卷与《五经要义》五卷。前文已述，关于刘向作《列仙传》，至迟在东晋时即有此说，南北朝和隋唐亦无人表示异议。随着宋代疑古风气的开始，《列仙传》是否为刘向本人所作，成为了文献学中讨论的一个焦点话题。

最早提出质疑的是北宋学者黄伯思，他在《东观余论·跋刘向列仙传后》中提到"是书虽非向笔，而事详语约，词旨明润，疑东京人作"，认为是东汉人所作。南宋陈振孙《直斋书录解题》亦称"似非向本书，西汉人文章不尔也"，认为刘向或作有《列仙传》，但传世本并非其作。明胡应麟《少室山房笔丛》则认为作者"非六朝则三国无疑也"。清《四库全书总目提要》亦疑"魏、晋间方士为之，托名于向"，指出《汉书·艺文志》并未称刘向作《列仙传》，且《列仙传赞》引的《孝经援神契》为《艺文志》所不载；《列仙传》本文称涓子作《琴心》三篇，《艺文志》则称《蜎子》十三篇；称老子作《道德经》上下篇，也与《艺文志》称《老子》不合。《艺文志》来源于《七略》，如果《列仙传》出于同一人的手笔，则不致于有此差别。近人杨守敬《日本访书志》也指出《世说新语》注引《列仙传赞》有"七十四人在佛经"句，而刘向时尚无佛经传入；《列仙传》本文有东汉地名太丘与属巨鹿郡之南和县（西汉属广平国），故为东汉方士伪托无疑。

余嘉锡《四库提要辨证》引杨守敬之论据，并指出本文有东汉地名高邑，且刘向就是宣帝时大臣，此时东方朔已亡故，不致说东方朔此时弃郎避世。余氏也认为“此书盖明帝以后顺帝以前人之所作也”。日本学者福井康顺《列仙传考》,论点与资料大体没有超过余氏。王叔岷《列仙传校笺序》认为东汉许慎、张衡即有引用《列仙传》,且本文中多用汉人口吻,“是书即非向撰,亦不致全晚至魏、晋也”,“或有魏晋间人附益者耳”。一方面肯定《列仙传》为汉人所作且不排除刘向,另一方面指出文章之中或许有魏晋人的增益,其观点较为谨慎。但也有学者坚持认为《列仙传》为刘向本人所作,如今人李剑国《唐前志怪小说史》指出四点,“《汉志》所录西汉著作并非囊括无疑”“古书往往无定称,卷帙分合不一”“个别地方用后汉地名,系传写传刻之讹”“今本《列仙传总赞》无‘七十四人出佛经’之语”。

笔者亦认为《列仙传》主体当为东汉作品,其中缘由前人均已涉及,综合来说,其非西汉之作主要有几点原因:第一,《汉书》未载《列仙传》一书,《艺文志》来源于《七略》,对于刘向之著作尤不应如此疏忽;第二,仅就《列仙传》本文看,有不少东汉才有的地名,如高邑、太丘、巨鹿郡南和县,很难断言尽是刊刻之误;第三,刘向历仕宣帝、元帝、成帝三朝,必不会称历史上已在武帝时去世的东方朔,后来在宣帝时仍为官,刘向去世于成帝年间,亦无从知晓成帝去世后的谥号。其并非六朝之作亦有几点原因:第一,东汉人已引用《列仙传》,至六朝时已广泛引用;第二,《列仙传》之思想文笔,较之《神仙传》明显朴素。至于《列仙传》被附会为刘向所作,大概与刘向早年献《枕中鸿宝苑秘书》与编撰《列女传》的经历有关。失传的《列士传》大约也是伪托。张美樱《〈列仙、神仙、洞仙〉三仙传之叙述形式与主题分析》考证最为精详,亦认为“《列仙传》应为东汉的作品”,读者可自行查阅。

## 二、《列仙传》的版本

《列仙传》记录了共七十余个仙人,具体有七十几个说法不一。在《抱朴子内篇》中称“仙人七十有余”,《神仙传序》亦称“七十余(一作

‘一’）人”。据南朝梁陶弘景《真诰》及郭元祖总赞佚文，则为七十二人。七十二人当为原本数量，古人对“七十二”一数比较重视，因一年三百六十天按五行被等分为七十二候，故《史记》已有孔子七十二弟子、刘邦左股七十二黑子的说法，后世还有“七十二地煞”“七十二福地”“七十二变”之说。七十二个神仙被分为七十二篇传记，但在后世已脱落两篇，故也有将“江妃二女”析为二人的计算方式，这大概正是《神仙传序》中某些版本“七十一人”的由来。

至于到底脱落了哪两人的传记，后人也是众说纷纭。清王照圆《列仙传校正》据《广韵》注及《艺文类聚》注，在上卷之后补入羡门，下卷之后补入刘安，而在羡门之下又附上老莱子，共计七十三篇。近人姚振宗《隋书经籍志考证》引清钱熙祚跋，提到今本《列仙传》无诸书所引的老莱子、马明生、西王母与赵廓。不过，诸书引用《列仙传》远不止以上六人，甚至还包括葛洪，这明显已非《列仙传》本文，其中多存在将《神仙传》与《列仙传》混淆的情况；另《南史》记录南朝齐江禄有同名之作《列仙传》十卷传世，是否有被引用也未可知。故今本《列仙传》究竟脱落哪两篇神仙的传记，目前难以形成定论。另外，在今本现存的七十篇传记中，有些内容并非原貌，这在后人引用中也能得到反映。如《神仙传序》说“雨师炼五色以属天”“园客蝉蜕于五华”，当取材于《列仙传》，但其内容于今本均无载。

《隋书·经籍志》有题为刘向撰，鬷续、孙绰赞的三卷本《列仙传赞》及刘向撰、晋郭元祖赞的二卷本《列仙传赞》，故可知唐代流传有两个版本的《列仙传》，并皆有赞文。鬷续或是人名，与孙绰共为赞；或是某姓之鬷，续作《列仙传》一卷。至《旧唐书·经籍志》及《新唐书·艺文志》时却只录刘向撰《列仙传》二卷，而《世说新语》记录晋孙绰所作《列仙·商丘子赞》与今本完全不同。故一般认为，《隋志》之三卷本《列仙传赞》已亡佚，今本《列仙传》源自《隋志》之二卷本《列仙传》。今《列仙传》之传世版本有《说郛》本、《夷门广牍》本、《五朝小说》本、《道藏·云笈七签》本等，为一卷；有黄鲁曾《汉唐三传》本，不分卷；而更多则分为上下两卷，如《道藏·洞真部·记传类》本、宽永刊古活字本、《秘书廿一种》本、郝懿行《郝氏藏书》本（王照圆校正本）、《丛书集成初编》本（胡珽校讹本）等。

明陶宗仪《说郛》本有题为刘向所作之《列仙传序》，言："至成帝时，向既司典籍，见上颇修神仙之事，乃知铸金之术实有不虚，仙颜久视，真乎不谬，但世人求之不勤者。遂辑上古以来及三代秦汉，博采诸家言神仙事，约载其人，集斯传焉。"作者不详，当系伪作。明正统《道藏·洞真部·记传类》本（以下简称"正统道藏本"）收录七十位仙人，每位神仙传记下有赞语，全书后有总赞一篇，思想类似葛洪之《神仙传序》，而文笔却颇有不如，盖本出于晋人郭元祖之手笔；但此本《列仙传赞》与南朝梁刘孝标注《世说新语·文学》引《列仙传》"历观百家之中，以相检验，得仙者百四十六人。其七十四人已在佛经，故撰得七十，可以多闻博识者遐观焉"不同，或后人又有所增篡。郭元祖其人名不见经传，当为两晋道士。清王照圆校正本则搜罗唐代以来类书及注家所引而校订，并将正统道藏本各篇赞文移至全书后合为一卷。王氏为大儒郝懿行之妻，熟读经史，精于考据，此作为诸版本中考订最精详者；唯其补记三篇，并无可靠依据。

故下文所讨论的《列仙传》，主要依据正统道藏本正文记录的七十位仙人传记。

## 三、《列仙传》的内容与思想

《列仙传》记录的七十位仙人，见于以往史书的仅有赤松子、黄帝、偓佺、容成公、老子、关令尹、吕尚、务光、彭祖、介子推、陆通、范蠡、王子乔、江妃二女、东方朔、钩翼夫人等十余人。这些人物在《列仙传》之前的史料中，有的是历史上真实的人物，如吕尚、东方朔；有的是偏向传说的人物，如黄帝、彭祖；有的本来就是传说中的古仙人，如赤松子、江妃二女。《列仙传》对其中的历史人物与传说人物,进行了一定的艺术加工。如黄帝在《史记·五帝本纪》中是五帝之首,自幼有超人能力,去世后葬在桥山,这是较为平实的古史叙事方式;而在另一篇《封禅书》中,记录了西汉方士中流传的黄帝乘龙上天传说。《列仙传》则将两篇材料综合起来,并增加了黄帝能够招致鬼神及葬在桥山后不见尸身、空余剑舄的情节,即增加了黄帝的神性,并用道教"尸解"对黄帝的去世进行了改造。如此,黄帝在两种说法中就都成仙了。这是《列仙传》对以往史书人物的改造。

不见于以往史料的五十余位人物,是《列仙传》的书写重点,其中又有一大部分是秦汉时期的人物。尤其值得重视的是,这些人物大多并非达官显贵,而是普普通通的平民百姓,比如鹿皮公是淄川官府的木工、溪父是南郡鄘地卖瓜的农民、女丸是陈市上沽酒的妇人,甚至还有最为低贱的长安中渭桥下乞儿阴生。这些人很多甚至没有留下真名,如鹿皮公得名是因为穿着鹿皮衣,溪父是因住在溪边,负局先生是因身负磨镜局,赤斧是因手握赤斧。另外,这些人物的籍贯也是天南海北,如有泰山人崔文子、广陵人朱璜、陇西人山图,甚至还有巴地的戎人赤斧。这些人物来源于当时各地的民间传说,不少人在当地被供奉祭祀,如济阴郡祭祀园客,恒山下祭祀昌容道人,广陵国祭祀甯先生,西南地区祭祀邗子,《列仙传》将其故事汇编入传。《列仙传》之所以重视这些小人物,与早期道教发展有关。东汉时期道教出现在民间,自然需要凡人成仙故事来吸引教众。

《列仙传》用了比较大的篇幅来讲仙人修炼与成仙的经历。在修炼成仙的方式中,比较重要的是服食法,服食的对象主要有矿物、植物与水、气等。服用矿物的,如赤松子服用水玉、方回服用云母、邛疏服用石钟乳、赤斧服用水银炼制的丹砂和硝石;服用植物的,如赤将子舆服用百草花,偓佺服用松实,溪父服用瓜子与桂、附子、芷实,山图服用地黄、当归、羌活、独活、苦参散。其中不少矿物在今天看起来,对身体并无益处甚至可能还有剧毒，但古人受原始思维影响，认为服用矿物能够使得身体如矿物般不朽。同样，有些植物如常青的松柏的果实也受到修炼者推崇，其中一些对延年益寿有一定功效，至今还被作为药材使用。

除了服食法之外，还有一些养生术，如容成公擅长的补导之术，其中包括采补与导引。采补即房中术，又包括还精补脑、采阴补阳等；导引即导引术，又包括运气行气、伸缩导引等。这些方法在战国秦汉方士中就已流行。

成仙除了修炼之外，还有一种捷径是神遇。如甯封子遇异人教掌火术、服闾遇三仙人赌瓜、邗子误入仙境得符函、阮丘传朱璜七物药除却三尸等。这类神遇的经历，有些是积善而来的，如马师皇医治好不少马及龙，陵阳子明钓白龙而放之，骑龙鸣蓄养小龙；有些则看似是偶然经历，实则符合道教提倡的"仙缘"，即本身要有修仙的体质与成仙的意愿作为前提，才可能会神遇。有人因为神遇直接成仙，如龙将马师皇迎走、凤将萧史夫妇迎走、司命君将木羽迎走，这种"举形升虚"也被认为是仙之上品的"天仙"。

《列仙传》中的仙人大多有不同于凡人的异能、异相和异事。异能方面，不少仙人有一定法力，如甯封子、啸父等人都会生火术，鹿皮公、黄阮丘能预见自然灾害，修羊公能化身白石羊，萧史吹箫能招致凤凰，偓佺飞行能追逐奔马。虽然这些仙人法力不太强，但不少积极参与济世活动，如鹿皮公和黄阮丘虽不能阻止自然灾害，但也会通知民众及时转移；崔文子、负局先生以灵丹妙药救助世人。这些都是道教提倡的行为，也是《列仙传》的一个重要主题。异相方面，最典型的是修仙之后返老还童、青春永驻，如容成公"发白更黑，齿落更生"，赤斧"三十年反如童子，毛发生皆赤"，女丸"三十年颜色更如二十时"；生毛和长耳也是仙人的一大特征，如甯先生"毛身广耳"，毛女"形体生毛"，黄阮丘、务光均是"耳长七寸"；此外，还有桂父的脸"色黑而时白、时黄、时赤"，幼伯子"冬常着单衣，盛暑着襦袴"。这些均是异于常人的外貌特征，也表示这些仙人并非常人。仙人除了本身具有异能和异相，有时候也会伴随异事出现。如欺负阴生的“洒者之家室自坏，杀十余人”，介子推家“旦有黄雀在门上”，犊子遇见“眉生而连，耳细而长”的阳都女等。

《列仙传》中仙人的结局一般来说有三种，即葛洪《抱朴子内篇·论仙》提到的天仙、地仙和尸解仙。天仙即“举形升虚”之仙，如被龙迎走的马师皇、被凤迎走的萧史夫妇、被司命君迎走的木羽，他们在肉身保全的情况下，白日成仙，是修仙的最高境界，为仙之上品。“游于名山”的地仙是《列仙传》中最普遍的。他们最大的特征是长生不老和历世出现。如马丹在晋文侯时出任大夫，一百余年后的献公时又出任幕府正，几十年后的灵公时又出现；如商丘子胥“传世见之，三百余年”。他们的肉身完整，但并未升天，所以是仙之中品。因为山离天比较近，被古人认为是沟通天地的梯子，所以他们喜欢游宿名山。如仇生在尸乡北山作石室居住，邛疏数百年往来太室山，等等。尸解仙则为“先死后蜕”之仙，必须遗弃肉体仙去，如赤松子、甯封子入火自烧，这种是尸解中的“火解”；也有的假托一物遗世，如黄帝去世后棺木余下剑和舄，谷春去世后棺木留下衣服，这种是尸解中的“文解”。此外，还有“水解”（琴高投水）、“兵解”（冠先被杀），等等。因为有肉身死亡的经历，所以是修仙的最低境界，为仙之下品。

《列仙传》中不少仙人在当地被供奉，究其原因，一方面是不少仙人多有善行，如上文说到通过预测灾难和发放丹药来济世，民众修建祠堂祭祀是为报恩和祈福；另一方面，得罪了仙人将会有不好的下场，如孔甲杀师门后死于回宫途中、市人驱逐阴生被塌房压死、浑亭人不听骑龙鸣预言导致上万人被淹死等，所以民众祭祀仙人，某种程度上也是出于畏惧心理。这些都是作者在告诫世人：道教是积极行善的，民众应尊崇道教。其中也有一位有劣迹的仙人服闾，他因为盗窃庙中财物被处罚而丧失法力，后来不得不改过自新。

《列仙传》由七十篇七十一位仙人的传记组成，但实际上涉及的仙人不止七十一位。如《赤松子》篇有追随赤松子修仙的炎帝少女,《萧史》篇有和萧史一起乘凤上天的妻子弄玉。有的仙人虽然不是传主,但人物事迹却比传主多,如《子主》篇中的甯先生,无论人物形象还是本人法力,都比子主更胜一筹。还有的传主之间存在师徒关系,如啸父和师门、黄阮丘和朱璜、谷春和毛女。这些安排使得故事并非呆板单一,而是更加丰富多彩。

总体来说,《列仙传》作为早期仙传文学,篇幅短小、文字质朴、叙述平板,有着相对固定的模板。其主体内容是描写凡人修仙的过程,中心思想是突出"凡人均可修仙"这一主题,它是早期道教宣传神仙理论的产物。

## 四、《列仙传》对后世的影响

《列仙传》对后世的影响,主要表现为两个方面。一方面是文体对后世的影响,另一方面是内容对后世的影响。

《列仙传》作为仙传文学的鼻祖,开启了仙传文学这一流派,后世不少人对此加以效仿,涌现出了一大批仙传著作,如《神仙传》《仙苑编珠》《后仙传》《墉城集仙录》《续仙传》《洞仙传》《女仙传》《三洞群仙录》《历世真仙体道通鉴》《列仙全传》等。葛洪在《神仙传序》中,即言"则知刘向所述,殊甚简略,美事不举。此传虽深妙奇异,不可尽载,犹存大体,窃谓有愈于刘向多所遗弃也",直接认为《列仙传》内容过于简单,所以又另作《神仙传》。

《列仙传》中的不少仙人在后世都有记录。《搜神记》卷一抄录了《列仙传》中部分仙人的传记,《文选》中不少作品也化用了《列仙传》的典故,左思的《三都赋》就有不少《列仙传》的内容,如《魏都赋》说"昌容练色,犊配眉连。玄俗无影,木羽遇仙",《蜀都赋》说"山图采而得道,赤斧服而不朽",《吴都赋》说"桂父练形而易色,赤须蝉蜕而附丽"。也有的将《列仙传》仙人故事进一步发扬,如《历世真仙体道通鉴》中的王子乔故事、萧史故事，相对于《列仙传》更加丰富饱满。萧史、弄玉故事在后世尤为脍炙人口，不少戏剧、文学作品都对其进行了改编演绎。

《列仙传》中的一些故事主题在后世文学作品中也非常常见。如萧史、弄玉相恋并双双成仙、邗子误入仙境的经历，这些都成为古典文学经典的文学母题。《列仙传》中涉及的一些法术，如甯封子的生火术、偓佺的飞行术、江妃二女的隐身术、涓子的呼风唤雨术、修羊公的变身术以及不少仙人的长生不老、返老还童之术等，在后世神怪小说中广泛出现。

《列仙传》还传播了道教的神仙思想。宗教理论著作对于大众而言可能不太容易理解，但《列仙传》这种故事集无疑更容易让人喜爱和接受，对于传播道教理论有一定作用。其中的一些修仙方法（如服食法、采补法、导引法），对修仙的要求（如要诚心、行善、轻财），会有神遇等，这些都为世人"修仙"提供了指引。它同时还丰富了道教的神仙体系，不少仙人被收录入后世的道教典籍，如在南朝梁陶弘景编撰的第一部道教神谱《真灵位业图》中，《列仙传》中的赤须子、修羊公、崔文子、稷丘子等仙人都在榜。

《列仙传》也为正史补充了一些地方社会思想史、民俗史内容。正史对于这类"怪力乱神"的史料，一向较为轻视而缺乏记载，且东汉地方志史料本来也稀缺，而《列仙传》则可以填补空白。它介绍了东汉各地流传的一些社会民俗和祠庙信仰的来历，如济阴人世代祭祀蚕神和园客的故事、吴中人门户都贴神鱼画和子英的故事、嵩山的卧床石枕和邛疏的故事，长安民谣和阴生的故事，等等。

## 五、译注说明

本次译注所依据的底本，系正统道藏本收录的《列仙传》。之所以选取该版本为底本，一方面，由于该版本成书较早、影响力较大，王照圆校正本所依据"今本"，与该版本内容、文字相差不算大；另一方面，由于该版本收录了共七十位仙人的传记，在每篇仙人传记后又附有赞，全文后又有总赞一篇，内容较为完善丰富。但赞文的作者为晋人郭元祖，并非传记原文作者东汉人，读者在阅读时需加以注意。

近人王叔岷所撰《列仙传校笺》以王照圆校正本为底本，并广列六朝至唐的子、集诸部注语、类书等，对部分脱误文字复加校正，并就其重要辞句加以笺注，1995年由台北“中央研究院”中国文哲所出版，2007年由中华书局收入《王叔岷著作集》，是目前最完备的一个校本。本书在正统道藏本的基础上，大量参考了王叔岷先生的研究成果，并对正统道藏本进行了一定勘误。

本书对《列仙传》各篇进行了题解、注释和译文。题解方面，主要概述该篇的主要内容与主题思想，并注重与本书其他篇章的横向比较以及与其他历史文献的纵向比较，使读者能够全面、深入地了解作品的内涵。注释方面，主要对不常见的古汉语字、词进行解释，尤其对历史名词、道教名词进行较详细的解释，并对生僻字进行了注音；前文注释过的字词，后文重复出现时一般不再注释。译文方面，以直译为主、意译为辅，力求做到信、达、雅；对于各篇赞文，为了保持韵文美感，一律以七字韵文译出。

因本人水平有限，此次译注，勉力而成，完稿之余，仍觉多有不足之处，望读者加以批评指正。本书在写作过程中，得到中华书局编辑胡香玉、李丽雅老师诸多帮助，并参考了近现代学者的大量研究成果，如胡孚琛主编《中华道教大辞典》（中国社会科学出版社1995年版）、李剑雄《列仙传全译 续仙传全译》（贵州人民出版社1999年版）、张美樱《〈列仙、神仙、洞仙〉三仙传之叙述形式与主题分析》（花木兰文化出版社2007年版）等。无法一一列明，在此一并致谢。

林　屋

2021年1月

# 卷上

## 赤松子

**【题解】**

赤松子，又称赤诵子，是传说中的古仙人。战国后期就已有他的事迹流传，如《楚辞·远游》说“闻赤松之清尘兮，愿承风乎遗则”，《韩非子·解老》说“轩辕得之（道）以擅四方，赤松得之与天地统”。其人当起源于战国方士的神仙传说，且在战国时代就已经颇有盛名。

在汉代，赤松子神话被进一步发扬。汉初名臣张良上疏乞休，就称自己“愿弃人间事，欲从赤松子游耳”，成为一个著名的典故。西汉韩婴《韩诗外传》说“帝喾学乎赤松子”，赤松子又成了帝喾的老师，《汉书·古今人表》将其列为第二等的“上中仁人”。

赤松子在汉代又常与王子乔合称，西汉刘安《淮南子·泰族训》说“王乔、赤松，去尘埃之间，离群慝之纷，吸阴阳之和，食天地之精”，东汉王充《论衡》说“称赤松、王乔好道为仙，度世不死”。东汉画像镜背上也多见赤松子、王子乔形象，铭带上有“王子乔赤松子”字样。王子乔事迹详见后文《王子乔》篇。

在《列仙传》中，赤松子本是神农时的雨师，教给神农服用水玉的方法，并能在火中焚烧自己。之后又出没于昆仑山西王母石室，并带着炎帝的幼女一同升仙而去,后来在帝喾时他又担任雨师。赤松子教神农服用水玉,是一种修仙的方式。修仙多讲服食,其中有植物、矿物、丹药、水、气等。水玉即水晶,古代方士在交感巫术思维作用下,认为服用云母、水晶等矿物质能使身体坚硬不朽。《艺文类聚》引《列仙传》称赤松子"好食柏实,齿落更生",《文选·游天台山赋》注引《列仙传》又称赤松子"好食松实,绝谷",松、柏的果实被认为能够延年益寿,马王堆汉墓帛书《十问》中即有记载。这与松、柏在上古多用于祭祀有关,《论语·八佾》提到"夏后氏以松,殷人以柏,周人以栗",松、柏与栗、槐等均是用来祈福的神木。《历世真仙体道通鉴》引东晋葛洪《抱朴子内篇·仙药》称"赤松子以玄虫血渍玉为水而服之,故能乘烟上下也",与本文有异。

东晋干宝《搜神记》在讲述这个故事时,"入火自烧"作"入火不烧",显然突出其神仙异能;某些版本的引文也作"不烧"。在仙传文学中,神仙有入火不灼、入水不濡、刃射不中、变化万物等诸多超出常人的能力。然而,"自烧"本为尸解成仙之法,即赤松子用火来解化身躯,从而达到成仙的结果,炎帝少女追随的也是这种方式。之后帝喾时赤松子又担任雨师。如此,本文"自烧"相比"不烧"显得更妥当,与"随风雨上下"一样,亦能显示其神仙异能。王叔岷《列仙传校笺》疑"不"为浅陋之人所改。

《淮南子·齐俗训》又说"今夫王乔、赤诵(松)子,吹呕呼吸,吐故内新,遗形去智,抱素反真,以游玄眇,上通云天"。东汉高诱注称赤诵子是上谷人,因患有恶疾入山,而习得导引之术,与《列仙传》记载有异,当为传说之分歧。东晋葛洪《神仙传序》称"雨师炼五色以属天",所言也为《列仙传》事,但在本文无记录,所参或另有所本。

魏晋以后对于赤松子记录更多。《神仙传》称丹溪人皇初平改名赤松子,服用松脂、茯苓,活了五百岁。《历世真仙体道通鉴》引《丹台录》称赤松子为昆林仙伯,治南岳山。南朝梁陶弘景《真灵位业图》列其为第二个阶位的神仙,号太虚真人。《道藏》收录有伪托赤松子所撰《赤松子中诫经》,以黄帝与赤松子问答对话的形式来阐释道家思想。

赤松子者,神农时雨师也[①]。服水玉[②],以教神农,能入火自烧[③]。往往至昆仑山上[④],常止西王母石室中[⑤],随风雨上下。炎帝少女追之[⑥],亦得仙俱去。高辛时[⑦],复为雨师。今之雨师本是焉。

眇眇赤松[⑧],飘飘少女。
接手翻飞[⑨],泠然双举[⑩]。
纵身长风,俄翼玄圃[⑪]。
妙达巽坎[⑫],作范司雨。

**【注释】**

①神农:传说中的上古时期氏族首领,善种植、懂医药,其得名当系社会发展之缩影的反映。《尚书大传》等文献列其为“三皇”之一,系“五帝”之前的部落领袖,秦汉以后一般又称炎帝、烈山氏、厉山氏。炎帝为传说中的上古时期氏族首领,黄帝之兄弟,姜姓始祖,一作“赤帝”。其得名当系五行中的南方天帝,《吕氏春秋》列其为“五帝”之一,与神农本无涉。在先秦、秦汉一些文献中,以神农、炎帝为两人。如《史记·封禅书》明确提到“神农封泰山,禅云云;炎帝封泰山,禅云云”;《五帝本纪》中先称“神农氏世衰”“神农氏弗能征”,后称“炎帝欲侵陵诸侯”,以神农为一部落名,而炎帝非神农氏首领。但至迟在西汉末年刘歆《世经》中,已明确有了“炎帝神农氏”之说,之后文献多以炎帝与神农为同一人。在本文中,神农、炎帝是否为一人并不明显。雨师:掌管求雨的官长,师有官长之义;下文“今之雨师”则指司雨之神,古代神话之雨师还有毕宿(《周礼·春官上》郑玄注)、玄冥(《风俗通

义》)、屏翳(《山海经·海外东经》郭璞注)等。另,《路史》引此句"雨师也"作"为雨师",却误以为系《神仙传》文。

②水玉:水晶。方士认为服用云母、水晶等矿物对修仙有帮助。《搜神记》记此事,"水玉"作"冰玉散"。冰玉散,中药方剂名,可清热泻火。

③自烧:自焚。《搜神记》记此事,"自烧"作"不烧",《文选·游仙诗》注、《云谷杂记》亦引作"不烧";《艺文类聚》《史记·留侯世家》索隐仍引作"自烧"。按,当作"自烧"。说见"题解"。

④昆仑山:古仙山名。《山海经·海内西经》称其为天帝在人间的居所,方八百里、高万仞,有开明兽把守,赤水、河水、洋水、黑水、弱水、青水等六水分别出其四隅。到《尚书·禹贡》中则称其为西北雍州一座现实存在的山,因西戎部落昆仑氏居住在此而得名。汉代寻黄河之源,以于阗(今新疆和田)南山为昆仑,又在临羌(今青海湟源东南)置昆仑山祠、在敦煌置昆仑障。《云笈七签》又以昆仑、方丈、蓬丘为道教三神山,其中昆仑山岛在西海戌地、北海亥地,方圆一万里,距岸十三万里;岛上正东方有一昆仑官,为西王母统治。在本文中,昆仑山仍是一座神话的仙山,不必考证其具体所在。

⑤西王母:古仙人名。《山海经》称西王母居于昆仑之丘,是一种长得像人,豹尾、虎齿而善啸的神兽,这大概是传说中西王母的原始形态;而到了《穆天子传》中,西王母就成了西北地区的一位女性酋长,周穆王西游至昆仑之丘,与西王母互有酬唱。至《淮南子》中,西王母则成了赐不死药给后羿的女仙,于汉画像石中常与东皇公成对出现。《汉武内传》中,她成了一个三十来岁,容貌绝世的女神,并把三千年结果的蟠桃赐给汉武帝。其后世记录多为雍容华贵的女仙形象,成为与玉皇大帝配偶的王母娘娘,后也称瑶池金母。本文称赤松子止于西王母石室,是仙传文学中仙境游历

的主题内容。

⑥少女：小女儿。古文献中炎帝之女传说颇多，结局都很凄凉。如《山海经·北次三经》记载炎帝少女女娃在东海溺死，化身精卫鸟填海的神话；《文选·高唐赋》注引《襄阳耆旧传》记载赤帝女瑶姬未出嫁早逝，葬于巫山之阳并化身巫山神女；《太平御览》引《广异记》又有赤帝焚女升天的传说。

⑦高辛：即帝喾，也作帝俈，《五帝本纪》等列其为"五帝"之一，为黄帝之曾孙，玄嚣之孙，蟜极之子，周祖后稷、商祖契、帝挚与帝尧之父，在颛顼之后继承帝位。然据《左传》，高辛氏有二子，长子为阏伯，幼子为实沈。大概在早期传说中，高辛与帝喾亦是二人，至《大戴礼记》"蟜极产高辛，是为帝喾"才合二为一。《韩诗外传》称"帝喾学乎赤松子"，《汉书·古今人表》亦以赤松子为帝喾之师，与此处异。大概赤松子本为司雨之神，又有教导帝喾的说法，故被流传为司雨官员。

⑧眇（miǎo）眇：风吹动的样子，飘动的样子，与下文"飘飘"同义。

⑨接手：拉手。

⑩泠（líng）然：轻妙的样子。

⑪俄：通"峨"，高耸。翼：翅膀，此处比喻手。玄圃：昆仑山上的花园，《楚辞·天问》作"悬圃"。《水经注》引《昆仑记》称昆仑山有三级，下曰樊桐，一名板桐；中曰玄圃，一名阆风；上曰层城，一名天庭，也就是天帝之居。

⑫妙达：精通。巽（xùn）坎（kǎn）：据《易·说卦》，巽为风、坎为水。此处代指风雨。

**【译文】**

赤松子，是神农氏掌管求雨的官长。他服用水玉来修仙，并且教给神农氏，能入火自焚。他常到昆仑神山游玩，经常停留在西王母石室中，能随着风雨上天下地。炎帝的小女儿追随他习道，也成仙并与他一起离开尘世。到帝高辛时，他又担任掌管求雨的官长。现在掌管施雨的神仙正是他。

翩翩起舞赤松子，飘飘飞扬炎帝女。
手挽着手一起飞，身姿轻妙双上举。
纵身腾跃长风里，展翅高飞昆仑圃。
精通驾风驭雨术，充当模范掌降雨。

## 甯封子

**【题解】**

甯（nìng）封子，传说中的古仙人。“甯”为其所葬的甯地，“封”疑指埋葬其的封土，并非真名。《列仙传》本文是有关他最早的记载，据说他是黄帝时掌管制陶的官长，制陶时有异人教他生出神奇的五色烟火。之后他用柴火自焚升天成仙，残骸被当地人葬在甯北山中。这个故事反映的是道教尸解成仙的观念。《抱朴子内篇》引《仙经》提出仙有天仙、地仙、尸解仙三品，其中天仙“举形升虚”，可白日飞升；地仙“游于名山”，可长生不老；而尸解仙“先死后蜕”，为仙之下品，需要遗弃肉体仙去，或者假托一物遗世（如衣、剑、鞋、杖等）。尸解又分兵解、文解、水解、火解等，甯封子成仙是为火解。火解观念一方面可能来自先秦西方部族的火葬习俗，如《墨子·节葬》记载“秦之西有义渠之国者，其亲戚死，聚柴薪而焚之，熏上，谓之登遐”；而更多则可能与古代的“禋祭”有关，《周礼·大宗伯》称“以禋祀昊天上帝”，据东汉郑玄的注解，“禋”实际上是一种使物燃烧，使烟气上达于天的祭法。火在所有巫术中又都具有神圣性与洁净作用，道教火解的观念由此诞生；甯封子能够随烟气上下，因为烟正是沟通天地人神之间的管道。《神仙传序》称“甯子入火而陵烟”，所言即为此事。后文有《陶安公》篇，亦是因炼陶而被龙接走升仙，是因为炼陶之火也能生烟通天。

在《拾遗记》里，甯封系食用沙海的飞鱼而死，两百年后又转世重生，这也是一种尸解神话。《吴船录》称四川青城山的主峰丈人峰共有五峰，自唐朝以来被号为五岳丈人。《蜀中名胜记》引前蜀杜光庭《青城山记》称黄帝封青城山为五岳丈人，乃“岳渎之上司、真仙之崇秩”。五岳丈人亦即甯封，黄帝曾在丈人峰向其咨询龙跻飞行之术。《历世真仙体道通鉴》称其把《龙跻经》授予黄帝。今天青城山还有祭祀甯封真君的丈人观。袁珂《中国神话资料萃编》收集的蜀地民间传说中，却称甯封子是因架火烧陶而不慎葬身火窟，赋予其为制陶牺牲的悲壮色彩。

甯封子者，黄帝时人也[①]，世传为黄帝陶正[②]。有人过之[③]，为其掌火，能出五色烟，久则以教封子。封子积火自烧，而随烟气上下，视其灰烬，犹有其骨。时人共葬于甯北山中[④]。故谓之甯封子焉。

奇矣封子，妙禀自然。
铄质洪炉[⑤]，畅气五烟。
遗骨灰烬，寄坟甯山。
人睹其迹，恶识其玄[⑥]。

**【注释】**

①黄帝：传说中的上古时期氏族首领，详见后文《黄帝》篇。

②陶正：掌管制陶的主管官员，“正”与“师”都可指官长。本文称甯封为黄帝陶正，当为后起传说，早期史料中的黄帝陶正为昆吾。如据《吕氏春秋》，黄帝有陶正昆吾作陶，为陶器的发明者；而《太平御览》引《逸周书》又说神农耕而作陶。

③过：拜访。《搜神记》记此事，“人”作“异人”。

④甯：地名，今地不详。春秋晋国有甯邑，《左传》杜预注以为在汲

郡修武县(今河南修武);《历世真仙体道通鉴》称甯封子栖息在青城山的北岩,青城山在民间传说中亦有甯山之说。

⑤铄:熔化(金属)。洪炉:大火炉,道教内丹术也将人体喻为火炉,故此有双重含义。

⑥恶(wū):疑问代词,哪里。

**【译文】**

甯封子,是黄帝时候的人,世代相传他是黄帝掌管制陶的官长。有个神人拜访他,为他表演用火术,能出现青、赤、黄、白、黑五色轻烟,日子一久他就把用火术传授给了甯封子。后来甯封子积柴燃烧自焚,身体随着烟气徐徐升降,人们观察焚烧的灰烬,还能见到他的骸骨。当时人就把遗骨葬在甯地之北的山中。所以他就被叫作甯封子。

神奇非常甯封子,禀性神妙又自然。
熔化仙质洪炉焰,精气畅游五色烟。
遗骨留存余灰烬,坟墓所托在甯山。
人们只见其行迹,怎会洞彻其妙玄?

## 马师皇

**【题解】**

马师皇,传说中的古仙人,《列仙传》本文是有关他最早的记载。据说他是黄帝时的马医,只要看到马的外表症状,就能药到病除、起死回生,后来因为治好了多条龙的病,有一天被龙载上天再也没有回到人世,肉身成仙了。在仙传文学中道教济世行为很常见,其中包括治疗疾病、驱逐妖怪、解除灾害等。上古时期巫医不分,巫师往往可以治疗疾病,道家信仰又与原始巫术有关,因此修道之士亦多能行医治病。济世也与服食、神遇、试炼一样,是道家主张的修仙方式之一。《神仙传序》称"马皇见迎于护龙",所言亦为此事。

这个故事说的正是马师皇为龙治病而得以成仙。“龙”在现实中没有与其对应的动物，所以在后世常有虚幻、无常、神性等特征。东汉许慎《说文解字》释“龙”为“鳞虫之长，能幽能明，能细能巨，能短能长，春分而登天，秋分而潜渊”，那么龙自然能带上马师皇升天成仙了。《周礼·夏官·廋人》：“马八尺以上为龙，七尺以上为骒，六尺以上为马。”可见，八尺以上的高头大马也称为“龙”，故马师皇能医马而兼及龙，也有一定的内在联系。

《太平广记》引《传记》，记录了一段萧旷与洛水龙女的对话。萧旷问龙女：既然龙变化如神，为什么会生病去求助马师皇呢？龙女说师皇本身就是得道成仙之人，只因为怜惜病马而化身马医。天帝为了考验他，才把马的病变化到龙的唇内，所以并非是龙真的有病。这里以神话人物之口来解释马师皇医龙，又加入了仙传文学“试炼”的主题。

马师皇者，黄帝时马医也。知马形生死之诊，治之辄愈。后有龙下，向之垂耳张口。皇曰：“此龙有病，知我能治。”乃针其唇下口中，以甘草汤饮之而愈。后数数有疾龙出其波，告而求治之。一旦，龙负皇而去。

师皇典马①，厩无残驷②。
精感群龙，术兼殊类。
灵虬报德③，弥鳞衔辔④。
振跃天汉⑤，粲有遗蔚⑥。

**【注释】**

①典：主管。

②驷（sì）：本义为同驾一车的四匹马，或指有四匹马的一辆车，此处为马之代称。

③虬（qiú）：本义为有角（一作无角）的小龙，此处为龙之代称。

④辔（pèi）：驾驭牲口用的嚼子和缰绳。

⑤天汉：银河。

⑥粲：鲜亮，灿烂。

**【译文】**

马师皇，是黄帝时的马医。他看到马的外貌就能诊断生死，治疗后病马就会痊愈。后来有龙降临人世，向马师皇垂下耳朵、张开嘴巴。马师皇说："这条龙有病，知道我能治好它。"于是用针刺龙的唇下口中，又让龙饮用清热解毒的甘草汤就痊愈了。后来屡屡有病龙从水波中出来，将病情展示给马师皇请求医治。后来有一天，龙背负着马师皇离开了人间。

师皇主管医治马，马圈之中无病驷。

医德精深感群龙，法术兼顾不同类。

灵虬前来报恩德，满身披鳞口衔辔。

奋起踊跃抵云汉，灿烂之后留霞蔚。

## 赤将子舆

**【题解】**

赤将子舆，传说中的古仙人，《列仙传》本文是有关他最早的记载。据说他是黄帝时期人物，不服食五谷，而以吃各种花草度日。到帝尧时又成为木匠，能随风雨上天下地。他常常在市场上卖拴在弓箭上的生丝绳——缴，所以被世人称为"缴父"。道教修仙多讲服食，包括植物、矿物、丹药、气、霞等，植物是其中一大宗。在《列仙传》中，就有赤将子舆"啖百草花"、偓佺"好食松实"、关令尹与老子"服苣胜实"、师门"食桃李葩"等多处记载。服食植物可以延年益寿观念的形成，一方面是因为植物本身有药性作用，另一方面可能与日本学者小南一郎主张的"度荒年法"有关，即荒年时人们以植物来代替粮食，演变为仙传文学中以服食植物来修仙。赤将子舆是黄帝时人而在帝尧时又出现，类似于赤松子是神农时人在高辛时又出现，均能随风雨上下，表示其拥有神仙上天入地的不死之身。《神仙传序》称“赤将茹葩以随风”，所言亦为此事。《搜神记》亦记载此事，与本文基本一致。

在明朱权《天皇至道太清玉册》中，以天皇真人、广成子、洪崖先生、钱铿、赤松子、甯封子、马师皇与赤将子舆为“唐八仙”，八人皆是黄帝时人，到唐尧时代同游于终南山，为世人所见。钱铿事迹详见后文《彭祖》篇。

赤将子舆者，黄帝时人。不食五谷①，而啖百草花②。至尧帝时为木工③，能随风雨上下。时时于市中卖缴④，亦谓之缴父云⑤。

蒸民粒食⑥，孰享遐祚⑦。
子舆拔俗，餐葩饮露⑧。
托身风雨，遥然矫步⑨。
云中可游，性命可度⑩。

**【注释】**

①五谷：谷物通称，代指粮食。《周礼》郑玄注以为麻、黍、稷、麦、豆，《孟子》赵岐注又以为稻、黍、稷、麦、菽，《楚辞》王逸注则以为稻、稷、麦、豆、麻。五谷当视为谷物通称，不必拘泥于具体为哪五种。

②啖（dàn）：吃。

③尧帝：即帝尧。《史记·五帝本纪》等将其列为“五帝”之一，姓伊祁，名放勋。为黄帝之玄孙，帝喾与陈锋氏女庆都之子，帝挚之弟，在帝挚之后继承帝位。因其为陶唐氏故亦称唐尧。但在《吕氏春秋·古乐》里，陶唐氏是黄帝之前的人物，与帝尧并非同一人。《鹖冠子》也称“尧伐有唐”。大概在战国末到西汉初的《帝

系》《世本》等文献中，帝尧才与陶唐氏合并为一人。

④缴（zhuó）：拴在弓箭上的生丝绳。

⑤云：语气助词，常用于句尾，无实义。

⑥蒸民：百姓。蒸：同“烝”，众多，《诗经·大雅》有《烝民》篇。

⑦孰：谁。遐祚：绵绵不尽的福泽。遐，远。祚，福。

⑧葩：花。

⑨遥然：王照圆《列仙传校正》作“邈然”。邈、遥同义，为高远，遥远的样子。矫：高举。

⑩性命：生命。度：超度，佛道以灵魂超脱人世苦难为度。

**【译文】**

赤将子舆，是黄帝时的人。他不吃粮食，却服食各种花草。到尧帝时，他又以木匠为业，能够随着风雨上下。常常在市场上贩卖拴在弓箭上的生丝绳，当时人都尊称他为缴父。

百姓都以谷为食，谁能享此久福祚。

子舆超世而拔俗，服食花草饮甘露。

身体寄托风雨里，游荡天空高举步。

白云之间来遨游，凡人生命被超度。

## 黄　帝

**【题解】**

黄帝，传说中的上古时期氏族首领，《大戴礼记·五帝德》《帝系》与《史记·五帝本纪》将其列为五帝之首，为华夏民族的始祖。其得名当系五行中的中央天帝，以中央在五行五色中属黄所致。传说黄帝有四张脸，作为中央天帝的黄帝通过四张脸来管理四方。黄帝最有名的事迹，是讨伐蚩尤的故事。根据《山海经》，蚩尤发明兵器来攻打黄帝，黄帝命应龙在冀州之野抵御蚩尤。应龙蓄积大水，而蚩尤请风伯雨师放大风雨，黄帝又派旱魃发动干旱，于是风雨停止，黄帝也就诛杀了蚩尤。

春秋战国时期，黄帝被改造成了人王。战国初年齐威王所铸青铜器“陈侯因齐敦”铭文，最早以黄帝为始祖。随着春秋战国时大国兼并小国，各族不同的祖先神被编排入一个世系，黄帝也就成了各族的共同始祖。《史记·五帝本纪》最早为黄帝立传，说黄帝是少典氏之子，天生神异，当时神农氏衰微，诸侯们互相征伐侵略，于是黄帝训练士兵，讨伐诸侯使其归顺；之后在阪泉击败炎帝，又在涿鹿击杀蚩尤，最终取代神农成为天子。但相对《山海经》的记载，《史记·五帝本纪》中黄帝杀蚩尤的记载要雅驯得多，完成了神话历史化的转化。

后世又把黄帝与轩辕氏、有熊氏、缙云氏、帝鸿氏、帝轩氏等同，其实从名称来看，“轩辕”得名反映的应该是贵族车马和服饰的发明，东汉《越绝书》仍把轩辕与黄帝列为二人；“有熊”一地被认为在河南新郑，大概与楚人为熊氏，始祖祝融之墟在新郑有关；至于“缙云”“帝鸿”，亦是氏族族称，尧舜时期名列“四凶”的浑沌、饕餮，就分别是缙云氏、帝鸿氏的不肖子孙，这些氏族（首领）后来都与黄帝（氏族）融合。

战国时期，随着仙话的流行，黄帝又具备了仙人的属性。《庄子·大宗师》已有“黄帝得之，以登云天”之说，《楚辞·远游》说“轩辕不可攀援兮，吾将从王乔而娱戏”，屈原认为自己追不上黄帝升天，而能够与王子乔同游就满足了。黄帝与王子乔、赤松子一类仙家并列，足见其在传说中已经成仙。尽管在《史记·五帝本纪》中说黄帝去世葬于桥山，但太史公在《史记·封禅书》中又给出另一种说法。

汉武帝迷信神仙学说，宠幸方士李少君、少翁、上郡巫、栾大、公孙卿等人，当时汾阳地区名锦的巫师发现了一个特大号鼎，公孙卿就趁机对武帝进言：“当年黄帝在首山采铜，在荆山下铸鼎。鼎铸成后，有龙垂着胡须下凡迎接黄帝。黄帝骑上龙，群臣后宫跟随的也有七十多人，于是龙就往天上飞走。其他小臣上不去，于是就抓住龙的胡须，龙的胡须都断了，和黄帝的弓一起落在地上。百姓仰望黄帝上天，于是抱着帝弓和龙须哀号。后世就把这里叫鼎湖,弓叫乌号。"公孙卿的意思是,黄帝曾经铸鼎升天,而现在黄帝的鼎自动见于天日,陛下只要用此鼎封禅,不也就可以升天了吗?武帝大为高兴,说:"朕要是能像黄帝一样,会把离开妻儿也当作脱鞋一样轻易啊!"今天河南灵宝有黄帝铸鼎塬景区。

《列仙传》说黄帝号轩辕,负责审理评判各路神仙,能够召见并驱使他们。黄帝幼弱时就能言善辩,无所不通,预知未来。他还精通万物的规律,自封为云师一职。他外形长得像龙,选择自己死亡的日期,与群臣相别,去世后葬在桥山。桥山崩裂后,大家发现棺材里空荡荡的没有尸体,只余下随葬的宝剑和鞋子。《史记·五帝本纪》说黄帝葬于桥山,而《列仙传》用尸解神话之"文解"对其进行了改造。之后引用《仙书》的内容与《史记·封禅书》基本一致,不同的是在《封禅书》中,群臣后宫有七十多人跟随黄帝上天,后来的小臣和百姓没能上去;而在《列仙传》中,群臣都未能升天。《神仙传序》称"轩辕控飞龙于鼎湖",所言亦为此事。

早期道家即以黄帝、老子为尊,后人亦将自己的思想假托于黄帝、老子,产生了《黄帝内经》《黄帝四经》等著作,西汉初期也推崇"黄老无为"的统治思想。道教形成后,教徒更明确以"黄帝为宗,老子为教",东晋葛洪是炼丹派人物,其将以往的黄帝仙话进一步改造,一方面批判了黄帝以采阴补阳御女术升天的说法,另一方面又编造出《黄帝九鼎丹经》记载黄帝服用草木之药才升仙的说法。南朝梁陶弘景作《真灵位业图》,初步构建道教统一的神仙谱系,黄帝正式成为了道教主仙,位于七个阶层神仙中的第三层次。

《历世真仙体道通鉴》则以黄帝为神仙第一人,他在天下大治后问道求仙于四方,希望能够获得长生不老之术,拜访对象就包括《列仙传》中的甯封子、务光子、甯先生(或即甯封子)、广成子(或即容成子)、马师皇等七十二人,并在王屋山得到《九鼎神丹注诀》,在天台山得到金液神丹,在云台山被授予《龙跻经》,缙云山藏兵法,釜山合符瑞,终于得道成仙，成为太一君神，并居轩辕之宿。

黄帝者，号曰轩辕，能劾百神[①]，朝而使之[②]。弱而能言[③]，圣而预知，知物之纪[④]。自以为云师[⑤]，有龙形[⑥]。自择亡日，与群臣辞。至于卒，还葬桥山[⑦]，山崩，柩空无尸[⑧]，唯剑舄在焉[⑨]。《仙书》云[⑩]：黄帝采首山之铜[⑪]，铸鼎于荆山之下[⑫]，鼎成，有龙垂胡髯下迎帝[⑬]，乃升天。群臣百僚悉持龙髯，从帝而升，攀帝弓及龙髯，拔而弓坠，群臣不得从，望帝而悲号[⑭]。故后世以其处为鼎湖，名其弓为乌号焉。

神圣渊玄[⑮]，邈哉帝皇[⑯]。
暂莅万物[⑰]，冠名百王。
化周六合[⑱]，数通无方[⑲]。
假葬桥山，超升昊苍[⑳]。

**【注释】**

①劾（hé）：审理，判决。

②朝（cháo）：朝见。

③弱而能言：此句出自《史记·五帝本纪》："黄帝者，少典之子，姓公孙，名曰轩辕。生而神灵，弱而能言，幼而徇齐，长而敦敏，成而聪明。"弱，幼弱。

④纪：纲领，纲纪。

⑤自以为云师：此句说黄帝自封为云师一职。但据《左传》《史记·五帝本纪》，黄帝即位时出现了祥云，所以用云来命名所属的官职与军队。东汉应劭进一步指出，其中春官为青云，夏官为缙云，秋官为白云，冬官为黑云，中官为黄云。

⑥有龙形：战国秦汉时以龙来称帝王，故此处也说黄帝有龙形。《墨

子》说天帝杀北方黑龙、东方青龙、南方赤龙、西方白龙，银雀山汉简《孙子兵法》又有黄帝胜四帝之说，故帝与龙能对应。

⑦桥山：山名，《汉书·地理志》以为在上郡阳周县（今陕西子长西），而《魏书·地形志》却误以为桥山与黄帝陵在赵兴郡阳周县（今甘肃正宁），唐代宗时遂在正宁子午岭东麓的陕西坊州（今陕西黄陵）为黄帝修陵祭祀，今黄陵县有桥山黄帝陵景区。《抱朴子·极言》引《列仙传》："黄帝自择亡，七十日去，七十日还，葬于乔山。"较今本为详。

⑧柩（jiù）：棺材。

⑨舄（xì）：古代一种复底鞋。西晋崔豹《古今注》："舄，以木置履下，干腊不畏泥湿也。"

⑩《仙书》：不明何书，此处内容与《史记·封禅书》记载基本一致，不同的是在《封禅书》中，群臣后宫有七十多人跟随黄帝上天，后来的小臣和百姓才没能上去；而在《列仙传》中，群臣都未能升天。

⑪首山：山名，清顾祖禹《读史方舆纪要》认为在今河南襄城南。也有说就是首阳山，在山西永济南或河南偃师西北。据《史记·封禅书》，公孙卿称天下名山有八，其五在中国，三在蛮夷。在中国的五座山为华山、首山、太室、泰山和东莱，是黄帝经常游览并与神相会的地方。

⑫荆山：《读史方舆纪要》认为在今河南灵宝南。

⑬胡髯：胡须。

⑭号（háo）：拖长声音呼叫。

⑮渊：深远。

⑯邈：远。帝皇：清胡珽《列仙传校讹》作"帝黄"。

⑰暂：去，到。莅（lì）：到。

⑱化：改变。周：遍及。六合：天、地、东、南、西、北，代指世界。

⑲数（shù）：规律，命运。无方：无定式，变化无穷。

⑳昊苍：广阔的苍天。

**【译文】**

黄帝，号为轩辕氏，能够审理评判各路神仙，召见并驱使他们。幼弱时就能言善辩，聪明而能预知未来，了解世界万物的准则。他自封为云师一职，有龙的外貌。自己选择去世日期，与大臣们道别。黄帝去世后，葬在桥山，后来山崩，棺木空荡荡的没有尸体，只有他的宝剑和鞋子在。《仙书》说：黄帝开采首山铜矿，在荆山之下铸鼎，宝鼎铸成后，有一条龙垂着胡须从天而降迎接黄帝，于是黄帝就乘龙升天。群臣百官们都手握龙须，跟随黄帝一起飞升，他们抓住黄帝的弓和龙须，结果龙须被拔断而弓也跟着掉落，群臣不能跟随黄帝升天，只好看着黄帝而悲号。所以后世把这里称为鼎湖，把这把弓叫作乌号。

神圣高深又玄妙，遥远缥缈的帝皇。
君临天下治万物，冠名号百王之王。
变化遍及六合中，命运通达无定方。
假意葬于桥山里，超然升天入昊苍。

## 偓佺

**【题解】**

偓（wò）佺，传说中的古仙人。《史记·司马相如列传》引司马相如《上林赋》说“偓佺之伦暴于南荣”，意思是偓佺之类的仙人在南檐下沐浴阳光，可见《列仙传》之前就有了偓佺的传说。偓佺是帝尧时期人物，在槐山采药为生，喜好吃松子。他遍体生毛，有数寸之长，双眼呈正方形，能飞行追逐奔马。他把大松树的松子送给帝尧，但帝尧没空服食。当时有服用的人，都活到了两三百岁。《搜神记》亦记载此事，与本文基本一致。三国嵇康《答难养生论》：“偓佺以柏实方目。”所载亦为此事。本篇赞文称其“足蹑鸾凤”，而原文未涉及，或另有所本。

偓佺有毛能飞、双目方形，是一种仙人形貌的异相，《列仙传》中务光耳长七寸、桂父脸色变化均是如此。偓佺传说当来自战国秦汉流传的羽人神话，羽人是一种像鸟一样长有翅膀、能够飞行的仙人，其形象在曾侯乙墓内棺漆绘上就有出现，至汉画像石中则广泛普及。而“方目”在后世也成为形容仙人外貌的标志，李白《游泰山》就说“山际逢羽人，方瞳好容颜”，苏辙《服茯苓赋》也说希望自己在服用茯苓后“颜如处子，绿发方目”。

明周履靖编著气功导引图书《赤凤髓》，把“偓佺飞行逐走马”列为赤凤髓四十六式的第一式，具体是用托布势行功，向左运气九口，转身向右运气九口，可治疗赤白痢疾。此法当系伪托。

偓佺者，槐山采药父也①。好食松实，形体生毛，长数寸②。两目更方③，能飞行逐走马④。以松子遗尧⑤，尧不暇服也。松者，简松也⑥。时人受服者，皆至二三百岁焉⑦。

偓佺饵松，体逸眸方。
足蹑鸾凤⑧，走超腾骧⑨。
遗赠尧门，贻此神方⑩。
尽性可辞⑪，中智宜将⑫。

**【注释】**

①槐山：山名，在今陕西兴平。《山海经·中山经》有槐山，在朝歌之山东五百里，山谷多金锡，当非此槐山。《文选·甘泉赋》注、《锦绣万花谷》均引作“槐里”，《草堂诗笺》引作“槐里山”，槐里在今陕西兴平。

②数寸：《搜神记》作“七寸”。

③更（gēng）：更改，改换。

④逐：《文选》《艺文类聚》引作“逮”。走：跑。

⑤遗（wèi）：赠予。

⑥简：大。

⑦二三百岁焉：《搜神记》作“三百岁”。

⑧蹑（niè）：踩踏。鸾凤：鸾鸟和凤凰。鸾鸟和凤凰均是瑞鸟，据《山海经》，凤、凰、鸾为三种羽毛五色有纹路的五彩鸟，其中凤的头上呈现“德”字，翅膀呈现“顺”字，背上呈现“义”字，胸部呈现“仁”字，腹部呈现“信”字，出现的时候预示天下安宁。西汉刘向《九叹·远游》：“驾鸾凤以上游兮，从玄鹤与鹪明。”

⑨骧（xiāng）：马昂首腾跃的样子，此处代指马。

⑩贻（yí）：赠送。

⑪尽性：儒家用语，尽量发挥出根性。《礼记·中庸》：“唯天下至诚，为能尽其性；能尽其性，则能尽人之性；能尽人之性，则能尽物之性。”汉郑玄注：“尽性者，谓顺理之使不失其所也。”只有至诚之人才能发挥自己的根性，进而发挥众人的根性。此处指具有上等根性的人。辞：推辞，不接受。此句是说拥有上等根性的人不需要服用松子。

⑫中智：中等智慧的人，指普通人，与“尽性”相对。将（jiāng）：带领，帮扶。此句是说普通人才需要依靠松子调养。

**【译文】**

偓佺，是槐山上采药的老人。喜欢服食松树的果实，遍体长满了毛，长达数寸。两只眼睛变成了方形，能飞行追逐奔跑的马。他把松子赠送给帝尧，帝尧却没有闲暇来服食。长这种松子的松树，是大松。当时从偓佺处得到松子服用的人，都活到了两三百岁。

偓佺服食大松子，身体轻逸双目方。

双足踩踏鸾凤鸟，行走超越奔腾骧。

松果送给帝尧食，人世留下神仙方。

上等根器自不必，中智之人需帮将。

# 容成公

**【题解】**

容成公，又叫容成子、容成氏，是传说中的古帝王、古仙人。早在战国时道家就有容成氏的传说，在《庄子·胠箧》中，容成氏是那个“邻国相望，鸡狗之音相闻，民至老死而不相往来”的美好时代的第一位古帝王，在轩辕氏、祝融氏、伏羲氏、神农氏之前，故容成氏也被后世道教赋予了神仙属性。《庄子·则阳》记载容成氏说：“除日无岁，无内无外。”意为没有日就没有年，没有内就没有外。《列子·汤问》说黄帝和容成子住在崆峒山（今甘肃平凉）上，一齐斋戒三个月，心同死灰，形如枯木，这时再徐徐以精神视察，可以看到蚊子睫毛上的小虫焦螟的形体如嵩山一般大；慢慢用元气来谛听，可以听到焦螟的声音如雷霆般巨响。《吕氏春秋》说容成氏发明了历法。上海博物馆藏战国竹简也整理出了一篇叙述古史传说的文献，从“讼成氏”开始一直讲到周文王、周武王，整理者李零认为“讼成氏”即为“容成氏”。

进入汉代，关于容成氏的传说更多。《淮南子》也把容成氏的时代当作理想，说当时人们在道路上行走像大雁一样井然有序，可以把婴儿放在鸟巢上，粮食放在田地头，任意牵着虎豹的尾巴，踩踏着毒蛇的身体。《汉书·古今人表》将其列为“上中仁人”，《汉书·艺文志》收录托名容成氏的《容成子》十四篇与《容成阴道》二十六卷。可见，容成氏又被附会为可以通过养生法来延年益寿，马王堆帛书《十问》就有黄帝与容成就养生术方面的问答。《列仙传》也说容成公自称是黄帝之师，又被西周中期的周穆王召见，善于采补、引导之类的养生方法，从玄牝吸取精气。其要领就是保持元神真性不灭，护卫生命、养护真气。后来他的白发变成黑发，牙齿掉落长出新牙，这都说明容成子长生不老、青春永驻。他的事迹与老子类似（一说他侍奉过老子），也有说他是老子的老师。

到后世，容成氏被赋予为房中术的代表。《后汉书·方士列传》说方士泠寿光活了一百五六十岁,会“行容成公御妇人法”;方士甘始、东郭延年、封君达,也会“行容成公御妇人术”,曹操还向他们学习过。《后汉书·艺文志》也有《甘始容成阴道》十卷。《历世真仙体道通鉴》称“或曰容成公得御女之卫,握固不泄,还精补脑。今不取此说,盖后世谬相继也”,其实这样的说法在汉晋是很寻常而普遍的。《云笈七签》说黄帝仰慕容成公之道,于是建造五城十二楼,专候神人来访。《古今图书集成》引《太平县志》说黄帝与容成子、浮丘公同游黟山,故黟山又名黄山,即今安徽黄山的得名。浮丘公事迹详见后文《王子乔》篇。

《列仙传校笺》认为容成子大概就是广成子,因在《艺文类聚》引《列子·汤问》中,“容成子”作“广成子”;《庄子·在宥》亦称黄帝至崆峒山见广成子。广成子事迹详见《神仙传·广成子》。

容成公者,自称黄帝师,见于周穆王①。能善补导之事②。取精于玄牝③,其要,谷神不死④,守生养气者也。发白更黑,齿落更生,事与老子同⑤。亦云,老子师也。

亹亹容成⑥,专气致柔⑦。
得一在昔⑧,含光独游⑨。
道贯黄庭⑩,伯阳仰俦⑪。
玄牝之门,庶几可求⑫。

**【注释】**

①周穆王:西周第五位天子,周武王玄孙,周昭王之子,姓姬,名满,“夏商周断代工程”认为其在位时间是前976—前922年。据说其志在周游天下,到处都有他的行迹,故后世不少神仙传说与其相关。《列子·汤问》说周穆王时西极国来了个人,向穆王表演幻术,带周穆王去了巨蒐氏国,见了黄帝宫殿,又拜访了西王母;后

来穆王活到一百岁去世，后人还以为他登仙了。又说周穆王北游至终北国，三年都忘记回国；等到回国之后，怅然若失，不进酒肉、不召嫔妃，数月才恢复。

②补导：采补与导引，养生术中的房中术与导引术。采补，包括还精补脑、采阴补阳；导引，包括运气行气、伸缩导引。

③玄牝（pìn）：道家用语，指衍生万物的本源。玄，玄妙。牝，本义为雌性，也指雌性生殖器。玄牝最早出自《老子》："谷神不死，是谓玄牝。玄牝之门，是谓天地根。"就是说空虚的神妙不会消亡，这就是玄妙的母体；玄妙的母体之门，就是天地万物的根本。其在养生术中又指生命的根基所在，至于具体在身体哪个部位，则有争议。《修真十书》认为在口鼻，《阴符髓》认为在心脏，《碧虚子亲传直指》认为在肾间空窍之处，《胎息经》认为在脐下三寸气海穴处。

④谷神不死：此句出自《老子》，谷本义为山谷，象征空虚；神有变幻莫测之意。本义是老子说"道"有空虚无形、变幻莫测、永恒不灭的特性。在养生术中"谷神"又指先天元神、虚灵真性。

⑤事与老子同：事情与老子相同。《文选·游仙诗》注引作"事老子"，则说容成公侍奉老子。

⑥亹亹（wěi wěi）：勤勉不倦的样子。容成：正统道藏本作"容城"。

⑦专气致柔：此句出自《老子》，聚集精气以达到身体像婴儿般柔顺，道教修炼法之一。专，通"抟"，聚集。

⑧一：道家重要思想观念，指天地万物产生形成、正常运作的本质。《老子》："道生一，一生二，二生三，三生万物。"又："天得一以清，地得一以宁，神得一以灵，谷得一以盈，万物得一以生，侯王得一以为天下正。"《淮南子》："一也者，万物之本也，无敌之道也。"《抱朴子内篇》："道起于一，其贵无偶，各居一处，以象天地人，故曰三一也。""春得一以发，夏得一以长，秋得一以收，冬得一以藏。"

⑨含光：本义为剑名。《列子·汤问》说周代卫国人孔周有商代流传下来的三把剑，一把叫含光、一把叫承影、一把叫宵练。其中含光之剑是最上等的一把，看上去见不到形状，挥舞时感觉不到存在，剑锋过处没有缝隙，刺过身体感觉不到。此处指无形而实有的境界。

⑩黄庭：道教术语，指身体中空之处，生理的总机关。《太上黄庭内景玉经》梁丘子注称，黄是中央的颜色，庭是四方的中央，外指天中、人中、地中，内指脑中、心中、脾中。具体在身体的哪个部位也有争议。

⑪伯阳：即老子。俦（chóu）：同类。

⑫庶几（jī）：贤者。

**【译文】**

容成公自称是黄帝的老师，被周穆王召见。他通晓采补、引导的方术。可以从玄牝中吸取精气，其要领就是保持元神真性不灭，护卫生命、养护真气。后来他的白发变成黑发，牙齿脱落又再生新牙，他的事迹与老子相同。也有人说，他是老子的老师。

勤勉不倦容成公，聚集精气致体柔。

求得道法在昔日，身如含光独自游。

道法贯通黄庭里，老子敬仰为同俦。

玄牝之门万物本，唯有贤者可探求。

## 方　回

**【题解】**

方回，传说中的古仙人。《淮南子·俶真训》记载尧舜时期有许由、方回、善卷、披衣等贤士，可见《列仙传》之前就有了方回的传说。《列仙传》说方回是帝尧时期的隐士，被帝尧聘请担任闾士。方回平时烧炼云母服食，也给有病的民众吃，他后来隐居在五柞山中。夏启（一说夏桀）末年，他成为贵族的家奴，被人劫持关在宫室内，别人要向他学道法，方回变化脱身而去，之后把家里门户盖上印泥封了起来。当时人都流传一句话："得到方回一丸封泥涂在门上，门始终都打不开。"《答难养生论》称"方回以云母变化"，《神仙传序》称"方回变化于云母"，所言亦为此事。服食云母与为民治病两件事，反映的是道教的服食与济世主题。云母是主要成分为铝硅酸盐的矿石，被列为上等仙药，其坚硬特质使得古人相信，服食它之后肉身也能如云母一般不朽；而用封泥封门让人无法打开，反映的则是道教里的神仙异能。清唐孙华《乙酉元旦》："衰年报谒心情懒，欲取丸泥锢两扉。"即用此典故来比喻自己愿意隐居。

《汉书·古今人表》把方回列为"上中仁人"，《后汉书·周磐列传》也说方回和支父能够保养精神，不因为功名利禄错过养生之术。东晋王嘉《拾遗记》里说帝舜葬在苍梧之野，有一种凭霄雀口衔青石珠堆成一座珠丘。据说人吃了青石珠就可以长生不老，带上青石珠就可以举步轻盈。故方回写下《游南岳七言赞》曰："珠尘圆洁轻且明，有道服者得长生。"

方回者，尧时隐人也。尧聘以为闾士①。炼食云母②，亦与民人有病者，隐于五柞山中③。夏启末④，为宦士⑤，为人所劫，闭之室中，从求道。回化而得去。更以泥作印掩封其户⑥。时人言：得回一丸泥涂门户⑦，终不可开。

方回颐生⑧，隐身五柞。
咀嚼云英，栖心隙漠⑨。
却闭幽室⑩，重关自廓⑪。
印改掩封，终焉不落。

【注释】

①闾士：据《周礼·地官·大司徒》，五家为比，五比为闾，闾士即掌闾之士，闾之长官。但唐尧时无此基层组织，系后世的伪托。

②云母：一种矿石，主要成分为铝硅酸盐，白色、黑色或金黄色，带有不同的褐色或棕色。在外丹黄白术中，云母被列为上药。《抱朴子内篇·仙药》称服用云母可令人飞行长生，并详尽介绍了云母的服用方法，又将其分为五种，称"五云"，其中五色并具多青者叫云英，适合春天服食；五色并具多赤者叫云珠，适合夏天服食；五色并具多白者叫云液，适合秋天服食；五色并具多黑者叫云母，适合冬天服食；只有青黄二色叫云沙，适合季夏服食。

③五柞（zuò）山：山名，今地不详。西汉时有行宫五柞宫，在今陕西周至东南，因宫内有五棵柞树而得名。

④夏：即夏朝。据"夏商周断代工程"，前2070年，大禹建立夏朝，都阳城，在今河南登封；前1600年，夏桀在位时亡于商汤。其核心区域位于今山西南部、河南西部一带。启：夏朝第二任帝王，夏禹与涂山氏女娇之子。因汉朝避景帝讳，"启"多作"开"。《随巢子》说涂山氏化为石，石裂生启；《楚辞·天问》又说大禹腹中生启。《史记·夏本纪》说大禹建立夏朝后，去世前将天下传给伯益，但伯益不能服众，于是诸侯推举启即位。《韩非子》则说大禹传位于伯益，但伯益却被启的部下驱逐；古本《竹书纪年》也说伯益篡启位，被启所杀。这是上古传说之分歧，一般认为此事标志着禅让制结束、世袭制开始。《山海经》也有关于夏启的神话，说他以龙为坐骑，以蛇为耳饰，以重云为伞，左手拿着华盖，右手持着玉环，腰间佩有玉璜，升天得到了《九辩》《九歌》。《历世真仙体道通鉴》及《北堂书钞》亦引作"夏启"，而《太平御览·居处部》《仪式部》则引作"夏桀"。夏桀，为夏朝末代帝王，历史上著名的暴君。他曾自比太阳，永生不灭，结果在鸣条之战为商汤所

败，夏朝从而灭亡。从上下文来看，此处似以“夏桀”为宜。夏桀末年系王朝乱世，故方回亦为人所劫持。今译暂从原文。

⑤宦士：帝王或贵族的家奴。

⑥泥作印：正统道藏本作“方回”，《历世真仙体道通鉴》作“方回印”，皆不通。据《北堂书钞》引改。

⑦丸泥：即封泥，文书信函上盖有印章的标志。战国秦汉时，已有用黏土做成的封泥，平时搓成丸状，用时湿水使用。当时的公文书信写在简牍缣帛上，为防私拆，于简牍之外盖上一块有方槽的木块，再用绳子将其捆绑在一起，并将绳结放在方槽内，再用封泥封上，最后用印章盖上封检的印记。近现代出土了许多当时的封泥文物。

⑧颐生：养生。

⑨隙：空闲。漠：空旷。

⑩却：退却。

⑪重关：层层的宫殿或屋门。廓：通“郭”，外城，此处指住宅。

**【译文】**

方回，是帝尧时的隐士。帝尧聘请他担任闾士。方回烧炼云母服食，也给有病的百姓吃，他隐居在五柞山中。夏启末年时，他成为贵族的家奴，被人劫持，关在宫室内，要向他学习道法。方回变化脱身而去。又用带印的封泥把家里的门窗封了起来。当时人都说：得到方回印章盖过的一颗印泥涂在门上，门就始终不能被打开了。

方回擅长颐养生，隐藏身形于五柞。

平日烧炼云母食，心神休栖近空漠。

退却关闭在深室，重重屋门皆闭廓。

印泥改用掩封户，自始至终不脱落。

# 老　子

**【题解】**

老子，古代思想家、哲学家，道家学派创始人、传说中的古仙人。其人是否真实存在，存在一定疑问。在《史记·老子韩非列传》中，记录了关于老子的三种说法。一说老子姓李名耳，字聃，楚国苦县（今河南鹿邑东）厉乡曲仁里人，为周代管理藏书的史官。他讲修道德，学说以韬光养晦、不求闻达为主旨。孔子入周，问礼于老子。老子建议孔子去掉骄傲与欲望、故意做作的姿态与不切实际的志向，孔子认为老子像乘云上天的龙一样，捉摸不透。之后老子看到周室衰微就离开了，经过河南灵宝函谷关（一说陕西宝鸡大散关）时，关令尹喜请他为自己著述，于是老子便写下《道》《德》两篇共五千余字，然后飘然而去，没有人知道他的下落。此说是流传最为广泛的说法，但在记录春秋历史较翔实可靠的《左传》《国语》与孔子弟子编纂的《论语》中，均无老子其人的记录，更无孔子问礼于老子的记载。老子（老聃）其人与孔子问礼记载始见于《庄子》，疑为庄子学派为贬低儒家学说虚构出的人物。在《庄子》中，老子是通贯古今、学识渊博的圣人，孔子、士成绮、阳子居等多名学者经常向其请教，而老子对儒家主张的"仁义"则持否定、批判态度。因其活动年代在孔子之前，故被后世奉为道家学派始祖。此后《吕氏春秋》《礼记》《史记》与《列仙传》中的老子形象基本上由此因袭而来。

另一说称老子即是楚国人老莱子，也与孔子同时，著书十五篇，论述道家的体用，因为讲修道德也长寿，大概活了一百六十多岁或两百多岁。老莱子其人在《庄子》亦有记载，是孔子同时人；《战国策》称老莱子"教孔子事君乎？示之其齿之坚也"，似乎老莱子就是老子；但在《史记·仲尼弟子列传》中又把周之老子与楚之老莱子明确分作两人。《艺文类聚》引《列女传》讲述老莱子七十岁时还能对父母尽孝，经常穿着五色彩衣像婴儿一样戏耍，上到堂前故意假装摔跤，来博得父母一笑。这就是

“二十四孝”之“老莱娱亲”的典故。

再一说老子是周朝的太史儋,在孔子去世一百二十九年后,太史儋见到了秦献公,对秦献公说秦与周合并五百年分离,分离后七十年则会出现霸王。此事在《史记·周本纪》《秦本纪》《封禅书》中亦有提及。老子的儿子叫宗,做过魏国将领,封在段干,宗的儿子叫注,注的儿子叫宫,宫的玄孙叫假,假在汉文帝时做官,假的儿子解担任胶西王刘卬的太傅,定居在齐地。此说应为段干氏家谱之伪托。

《列仙传》承接《史记》中老子身世第一种说法,但又进行了一定改造,说老子姓李名耳,字伯阳,陈国人。他生在商朝,在周朝又担任柱下史。善于保养精气,推崇交接不泄。后来他又担任守藏史,共计八十多年,谥号为聃。相对于《史记·老子韩非列传》,《列仙传》将老子的生活时间拉长,自是为了暗示他是长寿仙人。至于老子为什么能长寿,又是因为其“好养精气,贵接而不施”的房中术。房中术在古文献中又被称为“混气”“合气”“行气”“赤气”“御妇人术”“容成”“阴道”之术等,在战国时即有出现,至西汉开始流行,马王堆汉墓出土的《合阴阳》内容即为男女性交姿态与性技巧;东汉时房中术被道教纳入养生术之中。

东汉末年道教创立,因其以黄老道学为基础,故老子被尊为教主,脱胎换骨成了一位仙人。在《神仙传》中,对老子身世又有多种说法。有说老子是母亲因流星受孕而降生在李家;也有说老子先天地而生,是万物本原、天之精魄;还有说老子是母亲怀孕七十二年或八十一年,从左腋下所生,因为在母胎里时间太长,出生就白发苍苍,所以被称“老子”;另有说老子是母亲走到李树下生的,生下来指着李树说是自己的姓;《事类赋》《事文类聚》《合璧事类》引此为《列仙传》说,当误。道教最为推崇的说法是:老子秉承天地精神化育而生,所以无世不出,故在上三皇时是玄中法师、在下三皇时是金阙帝君、在伏羲时是郁华子、在神农时是九灵老子、在祝融时是广寿子、在黄帝时是广成子、在颛顼时是赤精子、在帝喾时是禄图子、在帝尧时是务成子、在帝舜时是尹寿子、在夏禹时是真行子、在商汤时是锡则子、在周文王时是文邑先生、在越国是范蠡、在齐国是鸱夷子、在吴国是陶朱公。

随着道教的发展,老子也被不断神化。在北魏时老子被冠上“太上老君”的尊号,位于三清的第三位。至唐朝因老子与皇族同姓,故特别受到尊崇,又有“玄元皇帝”“先圣宗师”等称号,在全国立庙祭祀。《西游记》中有孙悟空偷吃太上老君仙丹的情节,《封神演义》中又有老子破诛仙阵、万仙阵的情节,均系老子传说的进一步演绎。此外,道教徒为了抬高道教,还根据老子出关不知所踪的传说设计出“老子化胡”,认为老子至天竺化身为佛,教化胡人而产生佛教。

老子,姓李名耳①,字伯阳②,陈人也③。生于殷时④,为周柱下史⑤。好养精气,贵接而不施⑥。转为守藏史⑦,积八十余年。《史记》云⑧:“二百余年,时称为隐君子,谥曰聃⑨。”仲尼至周⑩,见老子,知其圣人,乃师之⑪。后周德衰⑫,乃乘青牛车去入大秦⑬。过西关⑭,关令尹喜待而迎之⑮,知真人也⑯。乃强使著书⑰,作《道德》上下经二卷⑱。

老子无为,而无不为⑲。
道一生死,迹入灵奇⑳。
塞兑内镜㉑,冥神绝涯㉒。
德合元气㉓,寿同两仪㉔。

**【注释】**

①姓李名耳:《史记·老子韩非列传》称其“姓李氏,名耳”。周代姓、氏有别,如老子是先秦时人,“李”当为其氏而非姓;至汉代姓、氏不分,方有“姓李氏”“姓李”之称。然李氏在战国末年始

发扬光大,如其人真实存在,则当出自春秋宋国老氏,后“老”讹为“李”。

②字伯阳:《列仙传》之前无此说。《墨子》《吕氏春秋》有上古贤人伯阳,是尧舜时期人物;《史记·周本纪》有西周末年太史伯阳,或为老子为周史之原型。

③陈:即周代陈国,都宛丘,在今河南淮阳。陈国先祖据传为虞舜,西周初年时,虞阏父为周武王之陶正,周武王嫁女于虞阏父之子,即陈国初任国君陈胡公。前479年,陈闵公在位时为楚国所灭,同年孔子去世。《史记·老子韩非列传》称老子为春秋末年楚苦县人,苦县在今河南鹿邑,春秋时期此地为陈国领土。老子既为孔子同时人,故又有老子为陈人之说。

④殷:即商朝。据“夏商周断代工程”,前1600年,商王成汤灭亡夏朝,建立商朝,都亳,在今河南郑州(一说今河南商丘);前1300年,商王盘庚迁都殷墟,在今河南安阳,故商朝又称殷朝;前1046年,商被周所灭。

⑤周:即周朝,也指周都洛邑。据“夏商周断代工程”,前1046年,周武王灭亡商朝,建立周朝,都镐京,在今陕西西安;洛邑为东都,在今河南洛阳;前771年,西周灭亡,镐京一带遂为戎人占有;周平王元年(前770)东周开始,都洛邑,故洛邑也称“周”;周赧王五十九年(前256),周朝亡于秦国。柱下史:即御史,秦朝御史职掌“柱下方书”,掌天下图书计籍。《史记·张丞相列传》称张苍“秦时为御史,主柱下方书”,唐司马贞《史记索隐》称“周秦皆有柱下史,谓御史也,所掌及侍立恒在殿柱之下”。

⑥接而不施:交接(性交)而不施泄(泄精)。

⑦守藏史:职掌藏书之官,《庄子·天道》:“周之征藏史有老聃者。”《史记·老子韩非列传》中作“周守藏室之史”。

⑧《史记》:即西汉司马迁所撰《史记》,分十二本纪、八书、十表、

三十世家、七十列传，共130篇，为“二十四史”之首，被鲁迅誉为“史家之绝唱，无韵之《离骚》”。《史记》最初并无书名，《汉书·艺文志》以《太史公》称之，后世也称《太史公书》《太史公记》。下文“二百余年，时称为隐君子，谥曰聃”，来自对《史记·老子韩非列传》原文的摘抄改编，原句为“字聃……盖老子百有六十余岁，或言二百余岁，以其修道而养寿也……老子，隐君子也”。《文选·征西官属诗》注引文亦称“盖百六十余岁，或言二百余岁”，与《史记》同而与今本异。

⑨谥（shì）：周朝天子、诸侯、卿大夫及夫人去世后的尊号，老子其人即使存在，亦不应有谥号。《史记·老子韩非列传》称老子“字聃”，更可能接近事实。聃（dān）：本义为耳朵长大的样子。《庄子》即称老子为老聃，则“聃”本为老子之名，“李耳”之“耳”当由此而衍生。

⑩仲尼：即孔子（前551—前479），名丘，字仲尼，春秋鲁国人，古代思想家、教育家，“六经”整理者，儒家学派创始人。记录孔子最早的文献《左传》《国语》《论语》中，均无孔子与老子交往的记录；至战国中期《庄子》方有此说，大约是道家学派拔高道家、贬低儒家的说法。而《庄子》之后此说大盛，《礼记》与《史记·孔子世家》《老子韩非列传》中均用此说。

⑪师之：指孔子以老子为师。

⑫德：道德，德行。

⑬大秦：即周代秦国。据说秦国先祖为颛顼孙女女修之子大业，至西周中期，周孝王封非子于秦，在今甘肃天水，为周之附庸；前770年，秦襄公护送周平王东迁有功，被立为诸侯；前361年，秦孝公即位，任用商鞅变法，秦国迅速富强；秦王政二十六年（前221）灭齐，统一六国，建立秦朝。《庄子·寓言》有“老聃西游于秦”一说，《史记·秦本纪》将太史儋入秦年定为秦献公十一

年（前374）。但在汉代文献中，“大秦”可泛指西域某国，却并非周代秦国，此处有意将“秦”改造为“大秦”，暗含“老子化胡”一说。

⑭西关：西方之关。《史记·老子韩非列传》仅言“关”，后人一般解为周之西关，即今河南灵宝之函谷关；而据《史记正义》引《抱朴子》，老子出关为大散关，在今天陕西宝鸡，则老子之出为秦之西关。但此说近于寓言故事，不必考证其现实所在。

⑮关令尹喜：西关之守关长官，见后文《关令尹》篇。

⑯真人：道教术语，指能洞悉宇宙本原的得道高人。

⑰强（qiǎng）：勉强，勉力。

⑱《道德》上下经二卷：即老子所作《道德经》，分为《道》《德》两篇，又称《老子》；因其有五千余字，故又称《五千言》。今本《老子》主要有汉河上公《道德经章句》、三国曹魏王弼《老子道德经注》与唐傅奕《道德经古本》等，从宋代开始，不少学者怀疑《老子》文本书写年代在孔子之后，甚至在庄子之后乃至汉朝初年。故《老子》作者并非春秋末年的老子，或者说老子其人并非春秋末人物。1973年，长沙马王堆汉墓出土了一批汉初《老子》帛书，分为甲、乙两个版本，与传世本相反而与《韩非子·解老》相合，均为《德》前而《道》后，文句、结构与传世本亦有偏差。1993年，在郭店楚墓又出土了一批战国《老子》竹简，分为甲、乙、丙三个版本，为目前《老子》最早的版本，绝大部分文句与今本《老子》相近或相同，但不分《道》《德》篇，章次与今本也不相对应，思想偏重于君主实用之术，而缺少对“道”的理论阐述。其全部文字相当于今本的五分之二，因其缺失而无法精确估计原有数量。2009年，北京大学收到捐赠的一批西汉竹简《老子》，相对于马王堆帛书本与郭店楚简本保存更完好，分为《上》《下》篇，分别对应传世本的《德》《道》。总之，老子其人身处何年代未可知，而

《老子》其书亦非成于一时一人之手。

⑲无为，而无不为：不做，而没有不做的。出自《老子》“道常无为而无不为”句，指人要顺应自然变化，切忌强作妄为，那么没有一件事做不好，短期无为的目标是长远的无所不为。

⑳灵奇：神异，神奇。

㉑塞兑：闭口。出自《老子》“塞其兑，闭其门，终身不勤”，人体八种器官对应八卦，则口为兑。内镜：道教术语，又叫内照、内视，指在修炼时摒除杂念，收视返听，通过元神返现来内照躯体内的某一部位。

㉒冥神：使精神超脱于生死。绝涯：没有边际，遥远。

㉓元气：道家术语，构成天地万物的原始物质。

㉔两仪：哲学术语，阴与阳。出自《周易·系辞上》“易有太极，是生两仪，两仪生四象，四象生八卦”。也有认为是天与地。

**【译文】**

老子，姓李名耳，字伯阳，是陈国人。生于殷商之时，在周朝担任柱下史。喜好蓄养精气，推崇交接而不施泄。又转任守藏史，共计八十多年。《史记》说：“二百多年，当时人称他为隐居的君子，谥号是聃。”孔子到周都洛邑，见到老子，知道他是圣人，于是就拜他为师。后来周朝德行衰微，老子就乘着青牛驾驶的车去大秦。经过西方关卡的时候，关令尹喜等待于此迎接，他知道老子是真人。于是勉强他写书，老子就写下了《道德经》上下两卷。

老子短期常不为，长远而无所不为。

大道可超越生死，踪迹却遁入神奇。

闭口修炼生内照，精神超脱远无涯。

德行高远合元气，寿命悠久同两仪。

# 关令尹

**【题解】**

关令尹喜，春秋、战国人物，后为仙人。在《庄子》中就有其人记载，但仅称“关尹”。在《庄子·达生》中，列子向关尹请教，为什么超凡脱俗的“至人”在物体里潜行没有障碍，进入火中不受灼热，行走于万物之上而不恐惧战栗？关尹认为，这是因为圣人保全了自然的本性、保持了天然的状态。在《庄子·让王》中，列子见过郑国国相驷子阳，驷子阳于前398年被杀，关尹为列子同时代人物，故应生活在老子之后。在《庄子·天下》中，又引用关尹“未尝先人而常随人”的言论，并将其与老子并列，认为关尹、老子都是古代宽宏博大的“真人”，这样看来，关尹还在老子之前，甚至修为可能高过老子。《吕氏春秋·不二》曰：“老耽贵柔，孔子贵仁，墨翟贵廉，关尹贵清，子列子贵虚。”说关尹主张无欲无积、保持内心清净。总体来看，在先秦史料中，关尹与老子是齐名的人物，但相互没有直接交往的记录。

在《史记·老子韩非列传》中，则有老子离周出关，“关令尹喜曰：子将隐矣，强为我著书”的记载，后世一般认为关令尹名“喜”，但“关令尹喜”称呼仅此一见，不排除是关令尹“喜悦”之义。而既把“关尹”称为“关令尹”，则将关尹身份确定为守关之令尹。但周朝关卡守将并无“令尹”之称，“令尹”乃楚国首相称呼；《国语·周语》有“关尹”一职，故“关尹”其人被解释为关卡守将，但亦有可能“关尹”本身就是人名。在《老子韩非列传》中，关尹只是次要人物，故没有展开叙述，而仅将其作为一位寻常官吏对待。但关尹与老子的交流从此得以建立，关尹既然得到老子真传，那自然也是得道之士了。

在《列仙传》中，将关尹本为得道高人的传说，与关尹见老子的记载结合，改造成了一个新的神仙故事。文中说关令尹喜本是周朝大夫，擅长道教导养之学，也经常服用芜菁花，隐藏德行修炼道法，当时没有人知道他。之后老子西行，关尹通过观望云气得知有真人要经过，于是从外貌上辨认并加以阻拦，果然遇到了老子。老子也知道关尹的奇异，于是就写书传授给关尹。之后关尹和老子一起游行，到达西北沙漠地区教化胡人，服用芝麻的种子，没人知道他的结局。关尹自己也写了九篇文章，这部书就叫《关尹子》。《汉书·艺文志》道家类有《关尹子》九篇，注曰："名喜，为关吏，老子过关，喜去吏而从之。"但《隋书》与《旧唐书·经籍志》及《新唐书·艺文志》均无此书著录，当在六朝时已亡佚。宋代《关尹子》九篇又重见天日，有刘向的校序与葛洪的后序，杂糅儒、释、道之说，南宋陈振孙《直斋书录解题》、明宋濂《诸子辨》、清张心徵《伪书通考》等均认为此书非汉晋古本，更非春秋著作，当系宋人之伪作。后世道教徒把关尹奉为"无上真人""文始先生"。

《神仙传》还将关尹见老子一事加入一些桥段，说老子有个姓徐的仆人，跟随了老子两百年。当年约定报酬为每日一百钱，所以老子总计欠他七百二十万钱。徐某见老子要出关，知道自己更难得到工钱，就让人写信给关尹，希望让他截住老子。写信人发现徐某可以得到很多钱，就提出把自己的女儿嫁给他，徐某见女子漂亮就答应了。关尹收到信后截住老子和徐某，老子情知其中原委，就说如果不是自己使用太玄清生符，徐某早就死了，本拟到安息国用黄金偿还徐某，徐某为何就不能等等呢？于是老子让徐某张口吐出符，徐某马上变成一具骷髅。关尹知道老子是神人，就磕头请求老子救徐某一命，自己替老子偿还给徐某两百万钱。老子复生了徐某，徐某拿到钱就走了，而关尹也拜老子为师，学会了长生之术。后来关尹又请老子写下《道德经》，他遵照老子的道术修炼，后来也成了仙。

关令尹喜者，周大夫也[①]。善内学[②]，常服精华[③]，隐德修行[④]，时人莫知。老子西游，喜先见其气[⑤]，知有真人当过，物色而遮之[⑥]，果得老子。老子亦知其奇，为著书授之。

后与老子俱游流沙[⑦],化胡[⑧]。服苣胜实[⑨],莫知其所终。尹喜亦自著书九篇,号曰《关尹子》。

尹喜抱关[⑩],含德为务[⑪]。
挹漱日华[⑫],仰玩玄度[⑬]。
候气真人,介焉独悟[⑭]。
俱济流沙[⑮],同归妙趣[⑯]。

【注释】

①大(dà)夫:周代爵称,位于卿之下、士之上,又分为上大夫、中大夫、下大夫等。关尹仅是守关之官,似应无大夫之位。

②内学:指道教所习神仙导养之学。

③精华:芜菁之花。

④隐德:隐藏德行。

⑤气:云气。古天象学以观望天空的云彩、光色来定吉凶。

⑥物色:按照形貌辨认。遮:遮挡,阻拦。

⑦流沙:流动的沙漠,在先秦、秦汉文献里泛指我国西北地区,《史记·五帝本纪》说帝颛顼的势力范围"西至于流沙"。此处代指西方极远之地。

⑧化胡:教化胡人。东汉时期西方佛教传入,乃有"老子化胡"一说。据《后汉书·襄楷传》,襄楷于166年上疏提到"老子入夷狄为浮屠"的说法。浮屠即佛,是谓老子化身为佛。据《三国志·魏书》裴松之注引魏鱼豢《魏略·西戎传》,老子"西出关过西域之天竺,教胡浮屠属弟子",是谓老子教化佛教徒为弟子。魏晋以来,随着佛教不断壮大,晋道士王浮编著《老子化胡经》,系统修订了过去的老子化胡说,从此佛道两教围绕老子化胡的真伪展开长期激烈辩论,《老子化胡经》至唐代被增订至十卷;直到元

世祖至元年间道士辩论输给僧人，《老子化胡经》才全部被焚毁。现存敦煌残抄本五件，讲述了老子自商汤以来历代变化法身，与尹喜到西域和天竺化身为佛、创立佛法的故事，宣传道教、佛教和摩尼教三教同源。正统道藏本作“化明”，误。

⑨苣（jù）胜：即芝麻，也作巨胜、胡麻。道教认为芝麻（胡麻）在稻、麦、稷、黍、粱、禾、菽、麻八谷中最胜，可还丹入口，故也称“巨（苣）胜”。《周易参同契》：“巨胜尚延年，还丹可入口。”

⑩抱关：守关。

⑪含：隐藏。务：事务，追求。

⑫挹（yì）：舀，汲取。漱：饮。日华：日光的精华。

⑬玄度：玄妙的道法，又指月亮。

⑭介：孤介，孤高。

⑮济流沙：越过遥远的西北边境。济，越过。

⑯妙趣：精妙的旨趣。

**【译文】**

关令尹喜，是周朝的大夫。擅长道教导养之学，经常服用芜菁花，隐藏德行而修炼道法，当时没有人知道他。老子西行，关尹先通过观望云气，得知有真人要经过，于是从外貌上辨认并加以阻拦，果然遇到了老子。老子也知道关尹的奇异，于是就写书传授给他。之后关尹和老子一起游历到达西北沙漠地区，教化胡人。关尹服用芝麻的种子，没人知道他的结局。关尹自己也写了九篇文章，书名就叫《关尹子》。

尹喜据守周西关，隐德修行以为务。

汲取饮用日精华，仰首赏玩月玄度。

守候云气待真人，孤介清高自领悟。

相伴真人过流沙，同归精妙之旨趣。

# 涓子

**【题解】**

涓子，传说中的古仙人，《列仙传》本文是有关他最早的记载。余嘉锡《世说新语笺疏》以涓子为《汉书·艺文志》中道家人物蜎子，蜎子名渊，为老子弟子，有《蜎子》十三篇，系楚人。而据《列仙传》，涓子为齐人，晋人伏滔亦以涓子为春秋齐国人。本文说涓子喜爱服饵术，广泛服食矿物、药材；又精通房中术，并服食自己的精液，通过这两种方式来延年益寿。等他活到三百岁时，又出现在齐地，并著有《天地人经》四十八篇。他后来又在菏泽垂钓，得到鱼腹中的仙人符咒，从而有了呼风唤雨的异能。之后在宕山隐居，得到老子的《伯阳九仙法》。他还著有内容明晰又有条理的内丹术专著《琴心》三篇。西汉淮南王刘安少年时，得到他写下的文字书籍，但不能解开其中要旨。《答难养生论》称“涓子以求精久延”，《神仙传序》称“涓子饵术以著经”，所言亦为此事。

后世有伪托涓子的导引术，如宋曾慥称涓子得到《内想篇》后传授给苏林。后世道教还把涓子列为北海公，掌管天下十大洞天之十的括苍山。《太平御览》引《上元宝经》则称涓子少年时服用术黄精，修炼守一玄丹之道，活了三千八百年。《赤凤髓》四十六式第七式为“涓子垂钓荷泽”。《列仙传赞》引《周书序》有桑蟜与涓子的对话，桑蟜问人的死亡与仙人的存在能同时成立吗？涓子认为是可以两存的。

涓子者，齐人也[①]。好饵术[②]，接食其精[③]，至三百年乃见于齐[④]。著《天地人经》四十八篇[⑤]。后钓于荷泽[⑥]，得鲤鱼，腹中有符[⑦]。隐于宕山[⑧]，能致风雨，受《伯阳九仙法》[⑨]。淮南王安[⑩]，少得其文，不能解其旨也。其《琴心》三篇[⑪]，有条理焉。

涓老饵术，享兹遐纪[12]。
九仙既传，三才乃理[13]。
赤鲤投符，风云是使。
拊琴幽岩，高栖遐峙[14]。

**【注释】**

①齐：古地名。西周初年，周成王将功臣吕尚封于薄姑国旧地，建立姜姓齐国，都营丘，后迁临淄，在今山东淄博；齐康公十九年（前386），齐国大夫陈（田）和篡位，建立妫姓齐国，仍都临淄，姜姓齐国灭亡；齐王建四十四年（前221），妫姓齐国为秦国灭亡。其核心区域在今山东北部。秦二世元年（前209），狄县人田儋自立为齐王，仍都临淄。汉高祖元年（前206），项羽灭秦后分封诸侯，将齐地一分为三，以齐王田市为胶东王，齐将田都为齐王，齐王建孙田安为济北王，史称"三齐"。后田市相国田荣统一三齐，自立为齐王，于汉高祖三年（前204）为汉将韩信灭亡。四年（前203），汉王刘邦以韩信为齐王；五年（前202），将韩信徙为楚王。六年（前201），封庶长子刘肥为齐王，仍都临淄。汉武帝元朔二年（前127），除国为齐郡。元狩六年（前117），以皇子刘闳为齐王。元封元年（前110），又除国为郡。后也泛指今山东北部、东部地区。

②饵术：先秦、秦汉仙道方术的一种，通过服食朱砂、枣、白术、人参、灵芝、天门冬、云母、首乌、玉石等矿物、药材来达到延年益寿的目的。

③接：交接（性交）。精：精液。

④年：岁。见：通"现"，出现。

⑤《天地人经》：涓子著作，共四十八篇，内容不详。正统道藏本作《天人经》，此据《历世真仙体道通鉴》改，与赞文"三才"相应。

⑥荷泽：即菏泽，在今山东菏泽。古济水自定陶西南与菏水会合，流至定陶东北于济水之东形成菏泽，至北宋时菏泽已干涸。

⑦符：又称“神符”“道符”，道教重要工具。符本为调动军队的信物，汉代方士模拟之，假托神仙颁布，施于鬼神世界，称用其可以驱使鬼神，镇压精怪。符由文字和书写材料组成。文字由单个符字或多个符字组成，常用的字体有云篆、复文等；书写材料主要包括纸张、木简、桃板、铁札等，也有被刻在玉石、铜钱、铜镜上用来压胜的。其中用来超度亡灵的符为阴符，延寿祈嗣的符为阳符。

⑧宕（dàng）山：山名，即砀山，在今河南永城芒砀山。

⑨伯阳：即老子。《伯阳九仙法》：传为老子著作，内容不详。《三国志·艺文志》有《九仙经》，道教亦有“九仙”之说，包括一上仙、二高仙、三大仙、四元仙、五天仙、六真仙、七神仙、八灵仙、九至仙等九种仙人。《九仙法》或为此九仙的修炼之道。

⑩淮南王安：正统道藏本作“淮南山安”，误，据《文选·琴赋》注、《太平御览》引及《历世真仙体道通鉴》等改。淮南王安，即西汉淮南王刘安（前179—前122），沛郡丰县（今江苏丰县）人。汉高祖刘邦之孙，淮南厉王刘长之子。汉文帝前元八年（前172），封阜陵侯，前元十六年（前164）封淮南王，都寿春，在今安徽寿县。他任淮南王期间广招宾客方士，组织编写集道教思想大成的《淮南子》一书。武帝元狩元年（前122），刘安因谋反事泄自杀。

⑪《琴心》：涓子著作，共三篇，内容不详。据下文“拊琴幽岩”，似为琴术专著；但道教内丹术语有“琴心三叠”之说，即修炼者做到上、中、下三丹田如弹琴一样心悦神和，内丹就炼成了，则《琴心》当为内丹术专著。

⑫兹：这个，此。遐：长久。纪：年龄。

⑬三才：指天、地、人。理：治理，调理。

⑭高栖：隐居。峙：耸立，屹立。

**【译文】**

涓子是周代齐国人，爱好服饵之术，也喜欢在交接时服用自己的精液，到三百岁时还在齐地出现过。著有《天地人经》四十八篇。后来在菏泽垂钓，得到一条鲤鱼，鱼腹中有仙人的符咒。涓子到宕山隐居，能够呼风唤雨，并得到老子著作《伯阳九仙法》。淮南王刘安，少年时得到他的文章书籍，却不能理解其中要旨。涓子所作的《琴心》三篇，内容明晰而有条理。

涓子老人善服食，享有如此高年纪。
九仙经既已传授，天地人自可调理。
红色鲤鱼送神符，风云亦能来驱使。
弹琴幽静青岩上，傲然隐居久立峙。

## 吕 尚

**【题解】**

吕尚，古代著名政治家、军事家，商末周初人，西周太师，姜姓齐国创建者。吕氏，姜姓，名望，一名牙，字尚父，在史书上有师尚父、吕尚父、吕尚、吕望、吕牙、太公、太公望、齐太公等称呼，后世亦称为姜尚、姜子牙、姜太公，然周代男性一般不以姓名合称。在《列仙传》中，其被神化为仙人。

关于吕尚的早期经历，在战国秦汉文献中多有记录，其活动范围主要在今山东、河南两地。《史记·齐太公世家》记录了三种不同的说法。其一是说吕尚年老贫困，借着钓鱼向周文王求取名位。文王在出猎前占卜出“所获非龙非螭，非虎非罴，所获霸王之辅”；后来就在渭水之阳见到了吕尚，一番交谈后非常高兴，把他聘用为臣佐。《战国策》也说他先在齐地被悍妻休弃，在商都朝歌做屠户又经营破产，后来担任子良的家臣也被驱逐，在棘津自售都没人要。他最终知遇于周文王，辅佐其称王天下。其二是说吕尚博闻强识，曾经侍奉纣王，因为纣王无道而离去，游说诸侯又不被任用，最后才投靠了周文王。《孟子》亦持此说，说吕尚是天下极有声望的长者，为了躲避纣王住在东海之滨，听说文王善待长者主动前来投奔。其三是说吕尚本是居住在海边的隐士，周文王被囚禁在羑里时，散宜生、闳夭等大臣前往招揽吕尚，吕尚认为文王贤能又能养老，所以被聘用前往。另外，在《楚辞·天问》中，也提出吕尚在市场贩卖牛肉，为文王所提拔的说法；在上海博物馆藏战国楚竹书《古公见太公望》中，则说文王的祖父亶父就曾拜访过吕尚。

实际上，以上诸说可能都只是战国诸子记录的寓言故事，历史上真实的吕尚大概本来就是姜姓吕国的高级贵族。甲骨文中商朝称西方部族为“羌（姜）方”，周文王祖母太姜为有吕氏姜姓女，周祖后稷之母姜嫄亦为姜姓。可见吕国本就在西方，为周国长期的盟友姻族，而吕尚本身就是吕国人。在三代氏族社会中，吕尚能担任周朝太师，地位应该不低，很可能本人就是吕国国君。战国时期世袭政治结束，士人得以在一夜之间出将入相，这才产生吕尚卑微年老的传说。

在商周兴替中，吕尚起到至关重要的作用。《史记·齐太公世家》说周文王从羑里脱困回国后，和吕尚商议修明德政以颠覆商朝，其中涉及不少奇谋妙计，所以后世兵权谋家、兵阴阳家都尊奉吕尚为祖师，后来周文王做到“天下三分，其二归周”，其中也多出于吕尚的计谋。文王去世之后，子武王即位，吕尚之女邑姜为王后，吕尚继续辅佐武王。武王伐纣最初占卜不吉利，唯独吕尚强烈劝谏武王前行。周军行进至牧野，吕尚亲自率先领兵下场挑战商军，可见吕尚的年龄不会像战国秦汉人说的那么老迈。周军众志成城，一举击溃商军主力，连夜攻入朝歌，商纣自焚而亡。《诗经·大雅·大明》称颂吕尚曰：“牧野洋洋，檀车煌煌，驷騵彭彭。维师尚父，时维鹰扬！”称其像苍鹰一样翱翔于战场。

武王去世后，子成王即位，周公旦辅政。此时东夷反叛，周公旦主持东征，消灭了东夷薄姑、奄等国。成王将吕尚分封到薄姑故地建立齐国，齐地当时并不太平，吕尚赴任时还碰到东夷莱侯前来争地，经历一番战争后才得以入主齐国。周成王非常重视吕尚，特赐齐国拥有代表天子征伐东方的权力。吕尚进入齐国后,采取兼容并蓄的建国方针,尊重土著习俗,因俗简礼,仅仅三个月就稳定了国内局势。之后又利用国家近海的优势,发展工商、鱼盐产业,并推行尊贤尚功的政策,任人唯贤唯功,使得齐国迅速发展起来。吕尚最终在齐国去世,以周太师身份礼葬于周,此年据古本《竹书纪年》称是周康王六年(据“夏商周断代工程”为前1015年)。

后世流传不少托名吕尚的著作,《战国策》说苏秦得到《太公阴符》,《史记》说张良得到《太公兵法》,《汉书·艺文志》有《太公》二百三十七篇,其中《谋》八十一篇、《言》七十一篇、《兵》八十五篇,这些著作基本已经失传,唯有《六韬》流传于世,但经历后人增饰,早已并非原貌。山东临沂银雀山与河北定州八角廊中亦出土汉简《六韬》,为目前最早的《六韬》版本,但却残缺不全。古代官方对吕尚也非常尊崇。唐玄宗开元十九年(731),正式把吕尚列入国家祀典;肃宗上元元年(760),封吕尚为武成王,按照文宣王孔子庙的同等规格建立武庙,至此,吕尚成为武圣人。宋真宗大中祥符元年(1008),加封吕尚为昭烈武成王。宋神宗元丰年间编订《武经七书》,把《六韬》列为武经必读书目。

汉代开始,吕尚身上也具备了不少神话因素。《列仙传》正是这个时候的产物。在《列仙传》中,称吕尚为冀州人,说他出生时就有道家的智慧,能够预见事物的存亡。为了躲避商纣王之乱,他隐居辽东长达四十年之久,后来又到终南山隐居,并在磻溪垂钓。但他三年都没有钓到鱼,乡邻都说可以停止了,吕尚却认为,我要做的不是你们能做到的。然后吕尚果然在鱼腹中得到了兵法著作。周文王梦见自己得到圣人,听说吕尚,就乘车搭载他回来。到武王伐纣时,吕尚编写《阴谋》百余篇。又服用泽芝和地黄等药物,整整两百岁时才去世。当时遇到灾难没有下葬,后来儿子吕伋安葬他,但棺中已经没有了尸体,只留下六篇刻在玉版的兵书,这应该就是《六韬》了。

这段记录与《史记》的记载大体一致,不同之处是除了称吕尚为冀州人隐居辽东外,其他情节都是对吕尚的神化。吕尚钓鱼三年在鱼腹中得到兵法,周文王梦见得到圣人,吕尚活到两百岁时才去世,去世后棺中不见尸体,只留下兵书六篇,这些都代表他已经成仙。后世的一些文学作品也对吕尚有不同程度的神仙化。如《太平御览》引《六韬》及《太公金匮》,就说吕尚已经能够驱使句芒、祝融、蓐收、玄冥、后土与风伯、雨师等七神来为周朝效力了;明代神魔小说《封神演义》又将元明时期的玄帝收魔神话移植到吕尚身上,并结合历史记载、平话小说等创造出了一个深入人心的姜子牙形象。

吕尚者,冀州人也①。生而内智②,预见存亡。避纣之乱③,隐于辽东四十年④。西适周⑤,匿于南山⑥,钓于磻溪⑦。三年不获鱼,比闾皆曰⑧:“可已矣。”尚曰:“非尔所及也。”⑨已而⑩,果得兵钤于鱼腹中⑪。文王梦得圣人⑫,闻尚,遂载而归。至武王伐纣⑬,尝作《阴谋》百余篇⑭。服泽芝地髓⑮,具二百年而告亡⑯。有难而不葬,后子伋葬之⑰,无尸,唯有玉钤六篇在棺中云⑱。

吕尚隐钓,瑞得赪鳞⑲。
通梦西伯,同乘入臣。
沉谋籍世⑳,芝体炼身。
远代所称,美哉天人㉑。

【注释】

①冀州:战国秦汉学者观念中的古九州之一,但先秦时期并未成为现实的行政区划。汉武帝元封五年(前106)设置十三州,冀州成为监察区域的名称,辖赵、广平、真定、中山、河间、信都六国与

魏、常山、巨鹿、清河四郡，大约包括今河北西部、南部地区。商都朝歌（今河南淇县）在西汉属河内郡，《周礼·夏官·职方氏》称“河内曰冀州”，此处称吕尚为冀州人，或与文献记录其在朝歌的经历有关。但《周礼》之“河内”本是地理概念，并非特指汉代河内郡。

②内：当指道术，相对于非道术的“外”而言。

③纣（zhòu）：即商纣，子姓，名受，为商朝最后一任国王，日名为辛，故又称帝辛，父为帝乙，兄为微子启、微仲。汉高诱注《吕氏春秋》、蔡邕《独断》均以纣为谥号，不确，“纣”当为“受”之通假。据“夏商周断代工程”，前1046年，周武王、吕尚率领诸侯联军攻入商朝都城朝歌，商纣自焚，商朝灭亡。商纣与夏桀同样以暴虐闻名于后世，但其罪名明显存在一个“历史层累化”现象，详见顾颉刚《纣恶七十事的发生次第》。

④辽东：古郡、国名，初置于战国燕国，秦沿置，郡治襄平，在今辽宁辽阳，辖约今辽宁大凌河、医巫闾山以东与朝鲜清川江以西的平安北道地区，为秦长城之东至。秦朝末年，韩广自立为燕王，辽东郡属燕。后项羽立燕将臧荼为燕王，徙韩广为辽东王，臧荼又杀韩广并其地。汉初复为燕国辽东郡，武帝时收归中央。《孟子·离娄上》称“太公辟纣，居东海之滨”，当本指今山东一带。

⑤周：古国名，都岐，在今陕西岐山、扶风一带，即周朝建立之前的国家。

⑥南山：山名，即今陕西终南山。

⑦磻（pán）溪：古水名，在今陕西宝鸡。据《史记·齐太公世家》，文王与吕尚相遇在渭水之北。《韩诗外传》：“太公望少为人婿，老而见去，屠牛朝歌，赁于棘津，钓于磻溪。”最早指出吕尚钓鱼在磻溪。今陕西宝鸡磻溪镇有姜子牙钓鱼台景区，然其在渭水以南。

⑧比间：战国学者构想的周代户籍编制单位。据《周礼·地官·大司徒》，五家为一比，五比为一间，也泛指乡里邻居。

⑨及：达到。

⑩已而：不久，后来。

⑪兵钤（qián）：兵书。

⑫文王：即周文王，古代著名思想家、政治家，姬姓，名昌，为商纣册封之西伯（西方诸侯之长），又称西伯昌。文王父亲季历为商纣之祖父文丁所杀，商纣又听信崇侯虎之教唆，将西伯昌关押在商朝羑里监狱，西伯昌在狱中将伏羲八卦推演为六十四卦。周大臣闳夭通过行贿商纣宠臣费仲，才让商纣释放西伯昌。回归周国后，西伯昌与吕尚等大臣商议覆商之事，一方面修明德政使诸侯主动归附，另一方面攻打不肯归附的犬戎、密须、黎、邘、崇等国，并称“文王”，从而形成“天下三分，其二归周”的局面。文王在位共五十年，迁都丰京（在今陕西西安）后去世。圣人：指吕尚。然据《史记·齐太公世家》，文王仅是占卜出“所获非龙非螭，非虎非罴，所获霸王之辅”，并未梦见圣人。

⑬武王：即周武王（？—约前1043），古代著名政治家，姬姓，名发，周文王次子，文王去世后即位。武王继承文王伐纣的遗志，将都城从丰京迁到镐京（今陕西西安长安区），以吕尚为太师，立吕尚之女邑姜为王后。周武王九年，周军行至盟津阅兵，有八百诸侯参会，武王却认为伐纣时机未到。又过了两年，商纣杀比干、囚箕子，太师疵、少师强奔周，武王才下定伐纣的决心。据“夏商周断代工程”，前1046年二月甲子日清晨，武王、吕尚率领诸侯联军在牧野（今河南新乡）大败商军主力，当晚攻入商都朝歌灭亡商朝，周朝建立。四年后，武王去世。

⑭《阴谋》百余篇：据《史记·齐太公世家》，“周西伯昌之脱羑里归，与吕尚阴谋修德以倾商政，其事多兵权与奇计，故后世之言兵及周之阴权皆宗太公为本谋”，则吕尚本人并未创作《阴谋》。

⑮泽芝：荷花。地髓：地黄。

⑯具：尽、全、齐。

⑰伋（jí）：即齐丁公吕伋，吕尚之子，齐国第二任国君。据《左传》及《史记·三代世表》，吕伋在周康王之时在位；据《史记·楚世家》，吕伋在周成王时即已在位。结合古本《竹书纪年》称吕尚去世于周康王时，前说较为可信。《晏子春秋》中，齐相晏婴将丁公与太公并列为先君之杰出代表。据《礼记·檀弓上》，太公、丁公等前五世齐君均“反葬于周”。

⑱玉钤六篇：玉版兵书六篇，疑即《六韬》。古人有把国家大事和重要言论刻于金版或玉版的做法。《汉书·艺文志》儒家类有《周史六弢》六篇，《庄子·徐无鬼》提到的《金版六弢》，盖皆为《六韬》之别称。

⑲赪（chēng）鳞：赤色的鳞片，指赤色鳞片的鲤鱼。

⑳籍：通“藉”，踩踏。

㉑天人：道家指洞悉宇宙本原的人，也指仙人。

**【译文】**

吕尚，是冀州人。生下来就有道家的智慧，能够预见事物的存亡。为了躲避商纣王之乱，他隐居辽东四十年。后来又往西到周国，在终南山隐居，并在磻溪垂钓。三年都没有获得鱼，乡邻都说可以停歇了。吕尚说：“这不是你们能做到的啊！”不久后，吕尚果然在鱼腹中得到了兵法著作。周文王梦见得到圣人，听说吕尚，就乘车搭载他回去。到武王伐纣时，吕尚编写《阴谋》百余篇。他服用荷花和地黄，到整整两百岁时才去世。当时国家遇到灾难没有下葬，后来儿子吕伋安葬他时，棺中已经没有了尸体，只留下刻在玉版上的六篇兵书在棺中。

吕尚隐迹钓磻溪，瑞兆出现得红鳞。
梦里神交西伯昌，同乘入朝任周臣。
深谋远虑行于世，服食芝草健体身。
远世尚有称颂道，多么美啊天上人！

# 啸 父

**【题解】**

啸父，传说中的古仙人，据后文《师门》篇，啸父当是夏朝时人。他是冀州人，年少时在曲周（今河北曲周）集市上补鞋，数十年都没人知道他的异能。啸父虽有异能，但却大隐于市，类似赤将子舆在市场卖缴，偓佺在槐上采药，符合道家提倡的出世观念；相对后世记载的神仙多隔绝人世，这种仙人的形态较为朴素。他容颜一直不衰老，渐渐为大家所好奇，于是就有好事者造访他，想寻求他的长生之术，但大家都没有学到。本篇说只有一个叫梁母的人得到他传授生火的法术，但据《师门》篇，师门也向啸父学习了作火法。后来啸父与梁母告别并登上三亮山，之后在大地上排列燃烧了几十堆火，最后乘着青烟缓缓飞升而去，曲邑不少人家一直祭祀他。后世有伪托啸父的导引术，如《赤凤髓》四十六式第七式为“啸父市上补履”。《神仙传序》称“啸父别火于无穷”，所言亦为此事。

啸父者，冀州人也。少在曲周市上补履[①]，数十年人不知也。后奇其不老，好事者造求其术[②]，不能得也。唯梁母得其作火法[③]，临上三亮山[④]，与梁母别，列数十火而升，曲邑多奉祀之[⑤]。

啸父驻形[⑥]，年衰不迈[⑦]。

梁母遇之，历虚启会[⑧]。

丹火翼辉，紫烟成盖。

眇企升云[⑨]，抑绝华泰[⑩]。

**【注释】**

①曲周：正统道藏本作“西周”，当误，据《文选·魏都赋》注及《水经注》为“曲周”。县名，汉高祖六年（前201）封郦商为曲周侯，景帝中元二年（前148）年除国为乡，武帝建元四年（前137）置曲周县，属冀州，即今河北曲周。

②造：前往，到。

③梁母：人名，生平不详。

④三亮山：山名，其地不详。正统道藏本作“三亮上”，当误，据《历世真仙体道通鉴》为“三亮山”。

⑤曲邑：即曲周县。正统道藏本作“西邑”，当误。

⑥驻形：驻颜，保持形貌。

⑦迈：老迈。

⑧历：经历。虚：空虚。启：启发。会：领会。

⑨眇：风吹动的样子，飘动的样子。企：踮起后脚跟。

⑩抑绝：遏止、断绝。华泰：山名，即华山（今陕西华阴华山）与泰山（今山东泰安泰山），汉时被封为西岳、东岳。

**【译文】**

啸父，是冀州人。年少时在曲周集市上补鞋，数十年都没人知道他的异能。后来大家奇怪他一直容颜不老，有好事者就访求他的长生之术，但都没有学到。只有梁母得到他传授生火的法术，啸父临上三亮山，与梁母相告别，排列燃烧几十堆火，在轻烟中飞升而去，曲邑不少人家祭祀他。

啸父善于保形貌，岁月悠长不老迈。

梁母遇其曲周市，历经虚空终领会。

红火相翼生光辉，紫烟互绕成华盖。

踮足轻飘上白云，超越绝断华与泰。

# 师　门

**【题解】**

师门,传说中的古仙人,《列仙传》本文是有关他最早的记载。据说他是仙人啸父的弟子,也能够使用生火术,平常服用桃花、李花。他担任夏王孔甲负责驯养龙的官长,孔甲是夏朝后期的国君,末代暴君夏桀的曾祖父。一般认为孔甲好事鬼神,行为放纵,是导致夏朝衰落的关键。而孔甲果然不能顺从师门的心意,两人发生了矛盾,最终孔甲将师门杀了埋在野外。忽然有一天雷雨交加,风雨迎接师门升仙而去。风雨完毕后,山上的草木全部被焚毁。晋左思《魏都赋》:"师门使火以验术,故将去而林燔。"认为师门为试验生火术而焚烧草木。此事让昏庸无道的孔甲大吃一惊,他终于醒悟到师门是个仙人,连忙过去祭祀师门为自己祈祷,但还是遭到了报应,在返还宫中的路上离奇去世了。

这个故事反映的是王者要敬重仙人,否则将可能遭到报应,类似的有孙策杀于吉而创裂、姚苌斩王嘉而寻亡的传说。《历世真仙体道通鉴》评此事曰:"为人上者,可不谨诸。使有道之尊贤乐士,宁得有此。《道德经》曰:奈何万乘之主而以身轻天下,轻则失臣,躁则失君。此之谓也。"《左传》还记载了一位孔甲的驯龙师刘累,据说孔甲得到天帝赐予的雌雄双龙,便聘请豢龙氏的弟子刘累来驯龙,并赐封其为御龙氏。刘累却把雌龙养死了,于是将龙肉做给孔甲吃。孔甲觉得不错,还来索要,刘累害怕事情败露逃跑了。这类龙的传说都是夏朝王权已衰的象征。《搜神记》亦记载此事,与本文基本一致。

师门者,啸父弟子也①,亦能使火,食桃李葩②。为夏孔甲龙师③,孔甲不能顺其意,杀而埋之外野。一旦④,风雨迎之,讫⑤,则山木皆焚。孔甲祠而祷之⑥,还而道死⑦。

师门使火,赫炎其势⑧。

乃豢虬龙[9]，潜灵隐惠[10]。
夏王虐之[11]，神存质毙[12]。
风雨既降，肃尔高逝[13]。

【注释】

①啸父：古仙人名，详见前文《啸父》篇。

②桃李葩（pā）：《搜神记》作“桃葩”。葩，花。

③夏孔甲：即夏王孔甲，夏朝第十四代国王，夏桀的曾祖父。《国语·周语下》：“孔甲乱夏，四世而陨。”《史记·夏本纪》：“帝孔甲立，好方鬼神事，淫乱，夏后氏德衰，诸侯畔之。”《史记·封禅书》：“至帝孔甲，淫德好神，神渎，二龙去之。”均将其视为导致夏朝衰落的国王。龙师：主管驯养龙的官长。

④一旦：某一天。

⑤讫（qì）：截止，完结。

⑥祠：祭祀。

⑦还而道死：《搜神记》作“未还而死”，义同。

⑧赫炎：大火燃烧状。

⑨豢（huàn）：喂养（牲畜）。

⑩灵：精神，意志。惠：通“慧”，聪明，才智。

⑪虐：虐待，残害。

⑫质：实体。

⑬肃尔：肃然，庄严的样子。

【译文】

师门，是啸父的弟子，也能够使用生火术，服用桃花、李花。他担任夏王孔甲负责驯养龙的官员，但孔甲不能顺从他的心意，将他杀了埋在野外。一天，风雨大作迎接师门而去，风雨停歇后，山上的草木全部焚毁。孔甲去祭祀而祈祷，在返还途中死在路上。

师门善于生火术，熊熊烈火衬威势。
为职夏官养虬龙，潜藏意志隐才慧。
孔甲不满虐杀他，精神犹存仅形毙。
狂风暴雨既来临，师门肃然高飞逝。

## 务　光

**【题解】**

务光，夏末商初隐士，在先秦、秦汉文献中常见其人其事，如《庄子》《韩非子》《吕氏春秋》《战国策》《淮南子》《史记·伯夷列传》中均有提到，也作瞀光、牟光。在《庄子·让王》中，提到商汤伐桀前先找卞随谋划，卞随认为不关自己的事，商汤问谁可以，卞随说不知道。商汤又找到务光谋划，务光两次回答均与卞随一样。商汤问那么伊尹如何？务光说他有毅力能忍辱，其他的也不知道了。于是商汤与伊尹谋划灭亡了夏桀，然后提出让位给卞随，卞随认为商汤攻打夏桀找自己谋划，一定认为自己是残忍的人；打胜了之后让位给自己，一定认为自己是贪婪的人。自己生于乱世，被无道者用耻辱玷污，不忍受屡次被骚扰，于是投椆水而死。之后汤又提出让位给务光，说有智慧的人来谋划，勇武的人来完成，仁义的人来即位，这是自古以来的道理，你为什么不即位呢？务光也和卞随一样推辞，他说："废除君上是为不义，杀害别人是为不仁，别人犯险自己坐享其成是为不廉。我听闻'不合于义的不接受他的利禄，无道的世界不能出任官职'，更何况还这么尊重我呢？我不忍心长久目睹下去了！"于是背着石头自沉于庐水。《吕氏春秋·离俗》与《庄子·让王》的说法基本一致，唯独说卞随自投于颍水，务光自投于募水。

《韩非子》则对卞随、务光这种人持批判的态度，在《韩非子·说疑》里提到卞随、务光和伯夷、叔齐等十二人不能被奖赏勉励，也就不能被刑罚威慑，上古帝王都不能驱使他们，放到现代就更不能使用了。而在

《韩非子·说林上》中更是不惜篡改前说,称商汤伐桀后怕天下人说自己贪婪,这才把天下让给务光;而怕务光真的接受,所以又让人去对务光说:商汤杀君而想把坏名声传给你,所以才将天下让给你。务光因此才投河自杀。如此来看,务光不是不愿即位,而是不敢即位。可见,对于历史传说,诸子百家都喜爱根据自己的立场和喜好来剪裁史料。

《列仙传》的务光故事亦是如此,其一方面吸收了《庄子》中关于务光的记录,另一方面又赋予了神仙元素,将务光改造为仙人。文中提到务光是夏朝人,耳朵长七寸,喜好弹琴,服食蒲韭根。耳长七寸是一种仙人异相,如后文睢山道士黄阮丘亦是耳长七寸。商汤攻打夏桀,找到务光商议,之后的情节与《庄子》基本一致,务光背着石头自沉于蓼水。只不过他没有死,而是隐居起来。四百多年后在商王武丁时,他又重新出现。武丁想聘请他做相国,他不接受。武丁又派专车去迎接他,却不使用礼节而是逼迫他。所以务光又避世到了浮梁山,后来又游于尚父山。《答难养生论》称"务光以蒲韭长耳",《神仙传序》称"务光游渊以哺薤",所言亦为此事。《历世真仙体道通鉴》评曰:"以务光折汤之非,明君臣之分,至于负石沉水,处生死之际,不改其操,其所以立万世忠义之标杓者,端在于此。其后有盟津之会,伯夷叔齐叩马而谏,饿死首阳,岂非本于光之道欤?"作者站在统治者立场,对务光进行了赞颂。

务光者,夏时人也。耳长七寸,好琴,服蒲韭根[①]。殷汤将伐桀[②],因光而谋[③]。光曰:"非吾事也。"汤曰:"孰可?"曰:"吾不知也。"汤曰:"伊尹何如[④]?"曰:"强力忍诟[⑤],吾不知其他。"汤既克桀,以天下让于光,曰:"智者谋之,武者遂之[⑥],仁者居之,古之道也。吾子胡不遂之[⑦]?请相吾子[⑧]。"光辞曰:"废上,非义也;杀人,非仁也;人犯其难,我享其利,非廉也。吾闻非义不受其禄,无道之世,不践其位[⑨],况于尊我，我不忍久见也。”遂负石自沉于蓼水[10]，已而自匿。后四百余岁，至武丁时复见[11]。武丁欲以为相[12]，不从。武丁以舆迎而从，逼不以礼，遂投浮梁山[13]，后游尚父山[14]。

务光自仁，服食养真。
冥游方外[15]，独步常均[16]。
武丁虽高，让位不臣。
负石自沉，虚无其身[17]。

**【注释】**

①蒲韭：一种植物。据《世说新语·巧艺》刘孝标注引为“菖蒲韭”，菖蒲为一种多年生草本水生植物，有香气。地下有根茎，可作香料和健胃药。叶为九节，似韭菜。据《神仙传序》为薤，薤为一种多年生草本植物，地下有鳞茎，鳞茎和嫩叶可食。

②殷汤：即商汤，子姓，名履，又称唐、大乙、天乙、高祖乙、成、成汤等，主（示）癸之子，商王朝的开创者。因后世商王盘庚迁殷，故商朝亦称殷朝。桀：夏朝末代国君，正统道藏本作“纣”，误。

③因：依靠，凭借。

④伊尹：也称伊、伊小臣、阿衡、保衡，夏末商初杰出政治家，商汤灭夏的得力助手。战国秦汉有不少关于伊尹的史料记录，《史记·殷本纪》记录了伊尹见商汤的两说，一说来源于《孟子》，称伊尹本是有莘氏的处士，乐于尧舜之道，商汤三顾茅庐才将他聘任过来；另一说来源于《墨子》，说伊尹本是有莘氏从事庖厨的小臣，因为担任陪嫁的媵臣投靠商汤。此外还有《鹖冠子》说伊尹是酒保出身。这类记录与吕尚的情况极为相似，皆不可信。伊尹大约为伊氏贵族，随姻族有莘氏而弃夏投商。据《孙子兵法》《吕氏春秋》、古本《竹书纪年》、清华简《赤鹄之集汤之屋》，伊尹

投商后还入夏从事大量间谍活动。商汤灭夏后去世，由孙太甲即位。据《殷本纪》，太甲德行不善，伊尹将其放逐桐宫，自己摄政三年之久，等到太甲改过自新才让其复位；而据古本《竹书纪年》，伊尹实为篡位，后太甲杀伊尹复辟。从出土卜辞来看，商代对伊尹的祭祀颇为隆重，篡夺一说不甚可靠。

⑤强力：坚忍有毅力。诟：耻辱、辱骂。

⑥遂：称意，成功。

⑦吾子：敬称，您。胡：为什么。

⑧相：辅佐。

⑨位：职位。《世说新语·巧艺》注引作“土”，《庄子》《吕氏春秋》《高士传》亦作“土”，土地。

⑩蓼（liǎo）水：古水名，《水经注》有蓼水，在今山西永济。而《庄子》《高士传》《世说新语》注引皆作“庐水”，《吕氏春秋》作募水。唐陆德明《释文》称庐水“水在辽西界，一云在北平郡界”。《文选·北山移文》注引则作“窾水”，此说当来自《庄子·外物》“汤与务光，务光怒之。纪他闻之，帅弟子而踆于窾水”，是入窾水为纪他而非务光，《文选》注引有误。

⑪武丁：即商王武丁，子姓，名昭，又称高宗，商王小乙之子，商王朝第二十三位国王。“夏商周断代工程”以其在位时间为前1250—前1192年。据《尚书·无逸》，武丁年轻时在民间与平民一起劳作，在位之初三年不敢轻易说话，不敢荒废安逸，勤于政事，群臣百姓没有不支持他的，被周公旦认为是与商中宗、商王祖甲、周文王齐名的圣王。据《史记·殷本纪》，武丁在位之初三年不语，事皆决断于冢宰。后梦到圣人，根据形貌在傅险中找到刑徒傅说，任命其为相，从而使得商朝中兴。近代出土了大量甲骨卜辞、青铜彝器，广泛记录其在位期间的政治、经济、军事、社会活动。

⑫相：相国，宰相。商代尚无此官职。

⑬浮梁山：山名，其地不详。《历代真仙体道通鉴》作“河浮山”。

⑭尚父山：山名，其地不详。

⑮冥：潜心，专心。方外：世俗之外，神仙居住的地方。

⑯常均：庸人，常人。

⑰虚无：清静无欲，无所爱恶。

**【译文】**

务光，是夏朝人。耳朵长七寸，喜欢弹琴，服食蒲韭根。商汤将要攻伐夏桀，依靠务光一起谋划。务光说：“这不是我的事。”商汤问：“谁可以呢？”务光说：“我不知道。”商汤问：“伊尹怎么样呢？”务光说：“有毅力能忍辱，我不知道其他。”商汤既已消灭了夏桀，把王位让给务光，说：“智者谋划，勇者达成，仁者即位，这是自古以来的道理。您为什么不这样做？请让我来辅佐您。”务光推辞说：“废除君上，是为不义；杀害他人，是为不仁；他人犯险，我享其利，是为不廉。我听说不要接受不义的利禄，无道的世界，不能出任官职，何况还这么尊重我，我不忍心长久目睹下去了。”于是背着石头自沉于蓼水，然后隐居了。之后四百余年，到商王武丁时又出现于世。武丁想聘任他为相国，他不肯接受。武丁又用车来迎接他，却逼迫他而不以礼相待，于是他就进了浮梁山，之后又游玩于尚父山。

务光天生有仁德，服食蒲韭养性真。

潜心周游在世外，独步不同于常人。

武丁虽然地位高，务光辞让不为臣。

背负大石沉蓼水，清净无欲孑然身。

## 仇　生

**【题解】**

仇生，传说中的古仙人，《列仙传》本文是有关他最早的记载。《艺文类聚》《玉海》引“仇生”下有“赤”字，大概仇生名赤。文中说他在商汤时担任掌管木作的官长，三十年后却老当益壮。这样大家都知道他是奇人，争相把他当作老师来尊奉。他本来隐藏自己的仙人属性，却因永葆青春引发世人关注，前文《啸父》篇也有类似情节。仇生经常服食松脂来延年益寿，并在商朝西亳的尸乡北山上为自己建造了石室。石室为山中石洞制成的宫室，在仙传文学中多指神仙洞府，如前文《赤松子》篇说赤松子曾至昆仑山西王母石室，后文《修羊公》篇说修羊公住在华山石室中。尸乡北山在后文《祝鸡翁》篇也出现过，仙人祝鸡翁在山下养鸡一百多年。到五百多年后的周武王时，天子还亲临石室去祭祀仇生。《神仙传序》称“仇生却老以食松”，所言亦为此事。

仇生者，不知何所人也①。当殷汤时，为木正三十余年②，而更壮。皆知其奇人也，咸共师奉之。常食松脂③，在尸乡北山上④，自作石室。至周武王，幸其室而祀之⑤。

异哉仇生，靡究其向⑥。
治身事君，老而更壮。
灼灼容颜⑦，怡怡德量⑧。
武王祠之，北山之上。

【注释】

①何所人：何许人，什么人。“不知何所人也”“不知何许人也”为古籍常用语。

②木正：掌管木作的官长。

③松脂：松树树脂。《北堂书钞》引作“松柏”，王叔岷《列仙传校笺》疑其因松字联想而误。

④尸乡：古地名，在今河南偃师，《汉书·地理志》：“尸乡，殷汤所都。”即为商朝西亳所在地，在今偃师商城。

⑤幸：古代帝王到某地去。

⑥靡（mí）：没有。

⑦灼灼：明亮的，鲜艳的。

⑧怡怡：和顺的样子，安然的样子。德量：道德涵养和胸怀气量。

**【译文】**

仇生，不知道是什么人。在商汤的时候，他担任掌管木作的官长三十多年，而更加健壮。大家都知道他是奇人，都把他当作老师来尊奉。他经常服食松脂，在尸乡的北山之上，为自己建造了石室。到周武王时，天子还亲临石室祭祀他。

神异奇怪的仇生，无人知道他来向。
调养身体事国君，年龄已老更健壮。
明亮鲜艳的容颜，和顺安然的气量。
武王亲往祭祀他，尸乡北山石室上。

## 彭　祖

**【题解】**

彭祖，古仙人，历史上有名的长寿者、养生家，在先秦、秦汉文献中常见其人其事。在《大戴礼记·帝系》中，帝颛顼生老童，老童生重黎、吴回兄弟，吴回生陆终。后陆终娶鬼方氏之妹女隤（tuí）氏，女隤氏最初三年不孕，后来剖开左胁才产下六子，分别为樊（昆吾）、惠连（参胡）、篯（彭祖）、莱言（郐人）、曹安与季连。《史记·楚世家》在颛顼与卷章（老童）之中多出称一世。《史记·五帝本纪》中，彭祖在帝尧、帝舜时期均有任职。而他作为尧舜时期人物，在其他史料中后世仍有出现。如清华简《殷高宗问于三寿》中记载商王武丁向上寿、中寿、下寿三个不同年龄阶段的老者垂询治国之道，彭祖为上寿，即年满百岁。文章借彭祖的长寿谈治国，体现以儒家为主体的观念。而《庄子》则借彭祖的长寿来谈养生,《大宗师》说"彭祖得之(道),上及有虞,下及五伯"。彭祖为何如此长寿?《刻意》指出他正是按照道家的导引法和行气法养生。上博简《彭祖》有记录耇(gǒu)老与彭祖的答问,耇老其人在马王堆帛书《十问》出现过,曾向商王盘庚传授房中术。《列子·力命》也称"彭祖之智不出尧舜之上而寿八百",均认为彭祖年寿极长。

彭祖寿八百的传说实际上源于史料之讹传。据《国语·郑语》,祝融的后人有八支,分别是己姓(昆吾、苏、顾、温、董氏)、董姓(鬷夷、豢龙氏)、彭姓(彭祖、豕韦、诸稽氏)、秃姓(舟人)、妘姓(邬、郐、路、偪阳氏)、曹姓(邹、莒氏)、斟姓和芈姓(楚氏),与《帝系》的"陆终六子"基本能对应。其中彭姓有彭祖、豕韦、诸稽三国,其中大彭与豕韦还担任过商朝的诸侯长,但彭祖、豕韦、诸稽到商代就灭亡了。彭祖或称大彭,本为古国名,在今江苏徐州(古称彭城)一带,今徐州有彭祖墓、彭祖庙、彭祖井景区。彭祖国从虞夏历经至商朝灭亡,故被诸子误读为彭祖其人年寿极长。后世更是有"彭祖活了八百八,有事莫对妻子说"的民间故事。

在《列仙传》中,也称彭祖为商朝的大夫,姓篯(后也作钱)名铿,本为颛顼之孙陆终氏排行居中的儿子,经历夏朝到商末有八百多岁。他经常服食灵芝,善于导引术和行气术。后来他还在历阳一带住过,当地人在他住过的仙室祈祷风雨,没有不马上响应的。经常有两头老虎守卫在祭祀者的左右,祭祀完毕后地上就出现老虎的行迹,老虎后来也升仙去了。《搜神记》亦有记载此事,与本文基本一致,但未言老虎升仙之事。在《神仙传》中,也有《彭祖》篇,主要叙述商王派二百七十岁的采女向七百六十七岁高龄的彭祖请教养生之道,彭祖自称是遗腹子,三岁丧母,又逢犬戎之乱,流离到西域百余年,共有四十九个妻子、五十四个儿子先后去世。后采女将要领传授商王,商王为了道术保密,想杀死彭祖,于是彭祖就离开了,此后七十多年还有人在流沙之西见到他。商王虽然不常修炼彭祖道术,也活了三百岁,气力还像五十岁的样子,但因后宫郑女妖邪淫乱,商王最终背弃彭祖道术而死。《历世真仙体道通鉴》称钱铿进雉羹于帝尧而被封彭城，有二子名武、名夷，其隐居之山即为武夷山，帝舜时尹寿子传道于彭祖；引《庐山名贤传》称彭祖曾过彭蠡之滨并造访庐山，后世长江边上的钓鱼台，就是彭祖当年钓鱼化龙升天的遗迹。这些都是历史传说层累化的结果。

彭祖者，殷大夫也①。姓篯名铿②，帝颛顼之孙陆终氏之中子③，历夏至殷末八百余岁④。常食桂芝⑤，善导引行气。历阳有彭祖仙室⑥，前世祷请风雨⑦，莫不辄应。常有两虎在祠左右，祠讫，地即有虎迹，云后升仙而去。

遐哉硕仙，时惟彭祖。
道与化新⑧，绵绵历古⑨。
隐伦玄室⑩，灵著风雨⑪。
二虎啸时，莫我猜侮⑫。

**【注释】**

①大夫：周代爵称，位于卿之下、士之上，又分为上大夫、中大夫、下大夫等，商代尚无此职。《文选·幽通赋》《征西官属送于陟阳侯作诗》《辨命论》诸篇注引“大夫”上均有“贤”字。

②姓篯（jiǎn）名铿：《史记·楚世家》索隐：“《系本》云：三曰篯铿，是为彭祖。”《系本》即《世本》，为战国秦汉间谱牒著作，因避唐太宗李世民讳改。彭祖当姓彭。后“篯”讹传为“钱”。

③帝颛顼：传说中的上古时期氏族首领，《大戴礼记·宰予问五帝德》《帝系》与《史记·五帝本纪》等将其列为“五帝”第二位。颛顼与传说的氏族（首领）高阳氏合流，故又称高阳氏；又与五行学说之北方天帝合流，故亦称玄帝。据上述文献，颛顼为黄帝之孙，昌意之子；然据《山海经》，颛顼为昌意之孙，韩流之子。颛顼

执政期间最为后世称道的是“绝地天通”,即命南正重与火正黎将原本有交通勾连的天地分开,并令二人分别掌管天事与地事。战国秦汉时期帝系拟构,以其为虞、夏、楚等族祖先。陆终氏:据《帝系》,颛顼生老童,老童生重黎、吴回,吴回生陆终。陆终娶鬼方氏之妹女隤氏,三年不孕,剖开左胁产六子,为樊(昆吾)、惠连(参胡)、篯(彭祖)、莱言(郐人)、曹安与楚祖季连。《史记·楚世家》的记载与之大同小异,唯在颛顼与卷章(老童)间多出称一代。郭沫若、杨宽、童书业等均认为陆终来源于祝融的分化,此说可从。《国语·郑语》有“祝融八姓”一说,即祝融的后世己姓(昆吾、苏、顾、温、董氏)、董姓(鬷夷、豢龙氏)、彭姓(彭祖、豕韦、诸稽氏)、秃姓(舟人)、妘姓(邬、郐、路、偪阳氏)、曹姓(邹、莒氏)、斟姓和芈姓(楚氏),与“陆终六子”基本可以对应,当为传说之分化。中子:排行居中的儿子。

④八百余岁:关于商末彭祖年寿,有七百与八百两说。《艺文类聚》《太平御览》引文及《搜神记》皆作“号七百岁”;《神仙传》作“殷末已七百六十七岁而不衰老”;《太平御览》引《风俗通》作“彭祖年寿八百岁,犹恨唾远”。

⑤桂芝:灵芝的一种。

⑥历阳:县名,秦始置,汉沿置,在今安徽和县。

⑦前世:以前的时代。

⑧化新:革新。

⑨绵绵:连续不断的样子。

⑩隐伦:也作“隐沦”,隐居。玄室:暗室。

⑪著(zhù):显著,显明。

⑫猜:猜疑,侮:轻侮。

**【译文】**

彭祖,是商朝的大夫。姓篯名铿,是帝颛项之孙陆终氏排行居中的儿子，经历夏朝到商末有八百多岁。经常服食灵芝，善于导引术和行气术。历阳县有彭祖住过的仙室，以前的人在这里祈祷风雨，没有不马上响应的。经常有两头老虎守卫在祭祀人的左右，祭祀完毕后，地上就有老虎的行迹，据说后来也升仙去了。

年代久远的大仙，当时唯独数彭祖。

大道与同化革新，绵延不断越千古。

隐逸栖居于暗室，显示灵验祈风雨。

二虎长啸祭祀时，勿要猜疑与轻侮。

# 邛　疏

**【题解】**

邛（qióng）疏，传说中的古仙人，《列仙传》本文是有关他最早的记载。据说他是周朝的封史，周朝有“太史”“内史”等各种史官，然并无“封史”一职，或是传抄有误。他会行气与炼形的道法。所谓行气，是道教修炼常用的方法，主要指吐纳锻炼，有时也指内气运行。早期行气法往往以吸气为主，吸气之后停闭；后来则又有了以呼气为主的长息法，南朝梁陶弘景《养性延命录》总结了长息吐气的六字诀：吹、呼、唏、呵、嘘、呬。所谓炼形，也是道教修炼常用的方法，主要是一种以人体为鼎炉修炼的内丹术，包括玉液炼形、金液炼形、太阴炼形、太阳炼形、内观炼形、真空炼形等六种。《抱朴子内篇》认为行气虽然不如服药能长生不老，但方法得当也能延年数百岁，故邛疏仍要依靠平时煮石钟乳来服食。到他几百岁时，还往来于太室山之中，可谓是仙之中品——地仙了。后世太室山还留有当年他躺卧的石床、石枕。《答难养生论》称“邛疏以石髓驻年”，《神仙传序》称“邛疏煮石以练形”，所言亦为此事。《太平御览》引文称“太室山中有地仙邛疏卧床几案”，即太室山石洞除了他使用过的石床、石枕，还有石几、石案，为今本无载。

邛疏者，周封史也[①]。能行气炼形[②]。煮石髓而服之，谓之石钟乳。至数百年，往来入太室山中[③]，有卧石床枕焉。

八珍促寿[④]，五石延生[⑤]。

邛疏得之，炼髓饵精。

人以百年，行迈身轻[⑥]。

寝息中岳，游步仙庭。

**【注释】**

①封史：不详，周代无此官职。《北堂书钞》作“封吏”。

②行气：道教修炼常用的方法，也称食气、服气、炼气，主要指吐纳锻炼，有时也指内气运行。炼形：修炼身体而长生，也可指具体修炼的内丹术，《性命圭旨》分为玉液炼形、金液炼形、太阴炼形、太阳炼形、内观炼形、真空炼形等六种。

③太室山：在今河南登封北，为中岳嵩山之东峰（西峰为少室山）。

④八珍：八种珍贵的食品，最早见于《周礼·天官》，据东汉郑玄注，八珍包括淳熬、淳母、炮豚、炮牂、捣珍、渍、熬和肝膋。后世也有其他说法。此处泛指各种珍稀食物。

⑤五石：五种矿石。据《抱朴子内篇》，包括丹砂、雄黄、白矾、曾青、慈石，道教常用来炼制丹药。

⑥行迈：远行。

**【译文】**

邛疏，是周朝的封史。会使用运行真气和锻炼形体的道法。煮石髓来服食，并把它称作石钟乳。到几百岁时，还往来于太室山之中，那里还有他躺卧的石床石枕。

八味珍馐来促寿，五种矿石以延生。

邛疏深得此中法，炼制石髓饮其精。

岁月已过数百年，远行无虑体态轻。

睡卧栖息在嵩岳，信步漫游于仙庭。

# 介子推

**【题解】**

介子推，春秋晋国人，又称介推、介之推。在先秦、秦汉文献中常见其人其事，如《左传》《庄子》《吕氏春秋》《韩非子》《韩诗外传》《史记·晋世家》《说苑》《新序》均有提到。据《左传》，晋献公宠妃骊姬诬陷太子申生想谋害献公，公子重耳、夷吾也知情。前656年，申生自杀，重耳、夷吾出奔，此时介子推已跟随重耳。三年后，献公去世，大夫里克杀骊姬及子奚齐，夷吾在秦穆公支持下回国为晋惠公。但晋惠公随即与秦穆公翻脸，导致穆公对惠公产生怨恨。前637年，晋惠公去世，子圉从秦国逃归，即位为晋怀公。秦穆公大怒，产生以重耳取代怀公的念头。重耳自前655年出奔白狄，后又流亡到卫、齐、曹、宋、郑、楚等国，至前636年终得以入主晋国，即位为晋文公。晋文公即位后要赏赐跟随自己逃亡的人，介子推没有主动请求，晋文公也没有赏赐。介子推就对母亲说，献公的儿子只有文公一人在世，那么文公一定会是国君，但其他人却贪天之功以为己，文公却还对他们加以赏赐。这样上下互相欺骗，自己不能与他们相处，而且自己口出怨言，也不能再享用文公俸禄。于是介子推与母亲隐居而死。文公派人找他却找不到，就将绵上之田封给他，想以此来记载自己的过失。

《左传》对春秋史事记录当最翔实可靠，而关于介子推的记载，在后世则多有演变。《庄子·盗跖》："介子推至忠也，自割其股以食文公，文公后背之，子推怒而去，抱木而燔死。"说介子推对晋文公忠心耿耿，甚至能割大腿肉给晋文公吃，但晋文公却辜负了他。于是他生气出走，抱着树木自焚了。《韩非子》则说："昔者介子推无爵禄而义随文公，不忍口腹而仁割其肌，故人主结其德，书图著其名。”也提到了割肉事君的典故。而《吕氏春秋》中还增加了介子推的赋诗：“有龙于飞，周遍天下。五蛇从之，为之丞辅。龙反其乡，得其处所。四蛇从之，得其露雨。一蛇羞之，桥死于中野。”《韩诗外传》也指出正是在晋文公流亡期间，有人偷走了全部食物，此时介子推割股奉君。到《新序》则说：“文公待之，不肯出，求之，不能得，以谓焚其山宜出。及焚其山，遂不出而焚死。”又将介子推自焚改为被文公烧死了。至两汉之交，太原地区就用起源于禁火、改火的上古习俗寒食来纪念介子推，也就产生了一个节日——寒食节。在《左传》中，是没有割股与焚死这两处戏剧化情节的，当为传说之增饰所致。《说苑·尊贤》称“介子推行年十五而相荆，仲尼闻之，使人往视”，则传说介子推年少时还做过楚相；而《孔子家语》称“荆公子行年十五而摄荆相事”，可见《说苑》“介子推”当为“荆公子”之误。

在《列仙传》中，也将介子推改造为仙人。说他姓王名光，晋国人，隐居而无名气，喜欢晋国的赵衰而与他来往交游。其实介子推即是人名，王光一名为后世谬传。之后一天有黄雀到介子推家门上，赵衰所侍奉的公子重耳认为他很神异，于是就招聘他为辅臣。后来重耳出逃国外，介子推也一直跟随重耳流亡十九年，不辞劳苦。等回国后到介山时，伯子常一早过来，叫介子推离去。于是介子推辞别母亲，跟随伯子常游于山中。晋文公派遣数千人用玉帛来礼聘介子推，介子推也不肯出来入仕。三十年后，介子推在东海边出现，为王俗卖扇子。再往后数十年，就没人知道他的所在之处了。

介子推者，姓王名光，晋人也①。隐而无名，悦赵成子②，与游。旦有黄雀在门上，晋公子重耳异之③。与出居外十余年，劳苦不辞。及还介山④，伯子常晨来呼推曰⑤：“可去矣。”推辞母入山中，从伯子常游。后文公遣数千人以玉帛礼之，不出。后三十年，见东海边[⑥]，为王俗卖扇[⑦]。后数十年，莫知所在。

王光沉默，享年遐久[⑧]。
出翼霸君[⑨]，处契玄友[⑩]。
推禄让勤[⑪]，何求何取。
遁影介山[⑫]，浪迹海右[⑬]。

【注释】

①晋：即周代晋国，核心区域在今山西南部，都绛，在今山西侯马。西周初年，周成王将弟唐叔虞封于祁姓唐国故地，建立姬姓唐国；唐叔虞子燮父迁于晋，自此唐国改称晋国；晋静公二年（前376），韩、赵、魏三国瓜分晋国仅有土地，并废晋静公为庶人，晋国灭亡。后也泛指今山西地区。

②悦：喜悦，仰慕。赵成子：即赵衰（？—前622），嬴姓，谥成，字季，又字子余，子为卿大夫通称，也称成季、原季。系春秋晋国赵氏宗主，晋文公称霸的重要辅佐。晋文公还是公子重耳时，赵衰就已经追随文公。之后文公流亡异国，赵衰亦跟随文公。文公回国即位后，赵衰被任命为原（今河南济源北）大夫。之后多次让贤，最后在中军佐的职位上去世。时人狐射姑评价其为“冬日之日”，其子赵盾为“夏日之日”。

③公子重耳：即晋文公（前697或前671—前628），姬姓，谥文，名重耳，公为周代诸侯国君通称，公子为诸侯国君子女通称。晋文公系春秋中期晋国国君，“春秋五霸”之一。父为晋献公，母为大戎狐姬。晋献公为骊姬与骊姬子奚齐，逼太子申生自杀，并派人杀公子重耳、夷吾，重耳、夷吾逃至封邑蒲、屈。前655年，重耳逃至白狄；次年，夷吾逃至梁国。后晋献公去世，大夫里克发动政变，

杀骊姬与奚齐，立夷吾为君，是为晋惠公。惠公即位后继续派人杀重耳，重耳从而离开白狄继续流亡，到达卫、齐、曹、宋、郑、楚等国。前636年，流亡十九年的重耳在秦穆公的支持下，回国杀死惠公之子怀公，即位为晋文公。前635年，文公勤王，平定周襄王弟甘昭公之乱；前632年，文公联合诸侯在城濮之战击败楚国令尹成得臣，战后在践土会盟诸侯，襄王册封晋文公为诸侯伯主。

④介山：山名，《水经注》对介子推隐居之介山有二说，一说在晋中之介休绵山，一说在晋南之万荣孤山。其实在西周及春秋前、中期，晋国的疆域主要仍在今天山西南部一带，后期晋国赵氏向北扩张后，不少晋国的传说才被移花接木至晋中。如晋国初封本在今山西临汾境内，但自今太原地区始称晋阳后，后世则有晋国初封在太原之说。故当为万荣孤山。

⑤伯子常：人名，其事不详。《太平御览》引作“伯阳”，伯阳即老子。

⑥东海：先秦之东海，大约当今天之黄海；秦汉时领土扩大至东南沿海地区，东海则大约当今天之黄海与东海。

⑦王俗：人名，其事不详。《太平御览》引作“王治”。

⑧享年：享有年岁，敬称，多指死者活的岁数，此处指生者。

⑨翼：辅佐。霸：称霸。

⑩玄友：道友。

⑪勤：劳绩。

⑫遁影：隐藏形影。

⑬海右：大海之西的地区，古人从北看南，以西为右。

**【译文】**

介子推，姓王名光，周代晋国人。隐居而无名气，喜欢赵成子，和他来往交游。一天有黄雀到他家门上，晋公子重耳认为他很神异。后来介子推随重耳流亡外国十多年，不辞劳苦。等回国到介山时，伯子常一早过来叫介子推说：“可以离去了。”介子推辞别母亲进入山中，随伯子常一起交游。后来晋文公派遣数千人用玉帛礼聘介子推，介子推也不肯出来。三十年后，在东海边出现，为王俗卖扇子。再往后数十年，就没人知道他的所在之处了。

王光沉默而寡言，享有年岁却长久。
出山辅佐霸晋君，归隐交游合道友。
推辞俸禄让劳绩，何所需求何所取。
隐藏形影于介山，浪迹天涯至海右。

## 马　丹

**【题解】**

马丹，传说中的古仙人，《列仙传》本文是有关他最早的记载。据说他本是耿国人，在一代明君晋文侯当政时，马丹进入晋国担任大夫。到晋献公时，又担任幕府的官长。晋文侯为晋献公曾祖伯，从晋文侯去世至晋献公即位长达八十年之久，可见马丹长寿不死的仙人异能。但晋献公于前661年灭亡马丹的祖国耿国，前656年又诛杀颇有贤名的太子申生，导致马丹厌恶献公的无道而离去。等到前601年晋国由赵盾执政时，马丹又乘着小车进入晋国都城，并问候诸位大夫。晋灵公想让他做官，但却采取逼迫而非礼敬的方式。此时有疾风吹开了屋顶，马丹顺势进入旋风中，乘风上天而去，北方人很尊崇他并时常祭祀。马丹在国家有道时出现，在国家无道时退隐，有些类似孔子赞颂卫国贤臣蘧伯玉的“邦有道，则仕；邦无道，则可卷而怀之”。《淮南子》也记载子贡问蘧伯玉何以治国，蘧伯玉回答说“以弗治治之”，正类似道家主张的无为而治，可见蘧伯玉也是道家推崇的人物。唯独把赵盾当作贤臣，而将晋灵公当作暴君，当受《左传》等文献影响，然现实背后应当反映的是君卿权力之争，晋灵公作为失败者，被赵氏后人抹黑。《神仙传序》称“马丹回风以上徂”，所言亦为此事。《汉武帝别国洞冥记》称海边有一种长十丈、须八尺，有两翼，鼻如锯的丹虾，马丹曾经折断丹虾的胡须作为手杖，之后又弃杖飞走，丹须化作丹石，也在海边。

马丹者，晋耿之人也①。当文侯时②，为大夫。至献公时③，复为幕府正④。献公灭耿，杀恭太子⑤，丹乃去。至赵宣子时⑥，乘安车入晋都⑦，候诸大夫。灵公欲仕之⑧，逼不以礼，有迅风发屋，丹入回风中而去⑨。北方人尊而祠之。

马丹官晋，与时污隆⑩。
事文去献，显没不穷⑪。
密网将设⑫，从礼迅风。
杳然独上⑬，绝迹玄宫⑭。

【注释】

①耿：地名，在今山西河津。本为西周古国，前661年，为晋献公所灭，将其赐给大臣赵夙做封邑。

②文侯：即晋文侯（前805—前746），姬姓，名仇，谥文，字义和，两周之际晋国国君。为了区分晋国同谥国君重耳，史书一般称仇为文侯，称重耳为文公。实际上侯为诸侯之称，公为国君通称，与五等爵位无关，详见傅斯年《论所谓五等爵》。前805年，晋穆侯伐条戎失败，故给出生于本年的太子命名为仇。前785年，穆侯去世，弟殇叔篡位，太子仇出逃。前781年，太子仇杀殇叔复位，是为文侯。西周灭亡后，晋文侯成为周平王的重要辅佐，但幽王之弟携王在虢国支持下，与平王形成“二王并立”局面。前760年（一说前750年），晋文侯攻杀周携王，被周平王册封为方伯。前746年，晋文侯去世，子昭侯伯即位。晋文侯是一代明君，故马丹到晋国来辅佐。

③献公：即晋献公（？—前651），姬姓，名诡诸，谥献，春秋前期晋国国君。晋文侯去世后，晋文侯之弟成师割据曲沃分裂，号曲沃桓叔。至前679年，桓叔之孙武公灭亡在翼都的晋侯缗，被周僖王册封为晋侯，史称"曲沃代翼"。前677年，晋武公去世，子献公即位。前672年，晋献公伐骊戎得骊姬与骊姬妹。骊姬为儿子奚齐顺利即位，诬陷太子申生欲谋害献公，申生得知后自杀身亡。此事从表面看是献公受骊姬蛊惑，实则为"曲沃代翼"之贻害，献公对公族大开杀戒，近亲几乎被屠戮殆尽。故晋国公室缺少近亲辅弼，最终为异姓与疏族韩、赵、魏三家取代。前651年，晋献公去世，子奚齐即位。

④幕府：军中将帅办公处，始见于《史记·廉颇蔺相如列传》，后也指衙署，但春秋无此称呼。

⑤恭太子：即太子申生（？—前656），姬姓，名申生，谥共，通恭。前661年，晋献公作二军，自为上军将，太子为下军将，灭亡耿、魏、霍三国。前660年，在骊姬的策划下，献公以申生为上军将，罕夷为下军将，攻打东山皋落氏，希望借申生战败治其罪，或让申生战胜增加野心。罕夷、狐突诸大夫均认为晋国祸乱形成，劝说申生逃亡他国。申生不听，在稷桑大败皋落氏。前656年，骊姬趁献公出猎，诡称献公梦申生母齐姜，命申生前往宗庙曲沃献祭献公。骊姬趁机在祭品中下毒，并谗言太子想害献公。献公大怒，杀申生傅杜原款，申生出逃新城。有人劝他申辩或逃亡，他不愿意蒙受不忠不孝之名，遂自缢身亡。献公既灭耿国又杀申生，马丹不愿意在晋国为官，故离去。

⑥赵宣子：即赵盾（？—前601），嬴姓，名盾，谥宣，字孟，又称赵孟、宣孟，春秋晋国赵氏宗主，晋大夫赵衰之子。前622年，赵衰去世，赵盾任赵氏宗主。前621年，晋襄公在董地阅兵，任命赵盾为中军将，成为晋国执政官。同年，晋襄公去世，年幼的太子夷皋被

奉为国君，是为晋灵公。灵公年幼又无公族支持，国家大权落到赵盾手上。此后，赵盾对内铲除政敌，对外会盟诸侯。政敌狐射姑称其为“夏日之日”，其父赵衰为“冬日之日”。随着灵公年岁渐长，与赵盾发生冲突。前607年，赵盾族弟赵穿杀灵公，赵盾又立文公子成公，自己继续专权，执政期间晋国霸业逐渐为楚国所侵。前601年，赵盾去世。

⑦安车：可以安坐的小车。《礼记·曲礼上》：“大夫七十而致事……适四方，乘安车。”郑玄注：“安车，坐乘，若今小车也。”孔颖达疏：“古者乘四马之车，立乘。此臣既老，故乘一马小车，坐乘也。”

⑧灵公：即晋灵公（？—前607），姬姓，名夷皋，谥灵，春秋中期晋国国君，晋襄公之子，母为穆嬴。襄公去世后，赵盾立年幼的灵公即位。随着灵公年岁渐长，与赵盾发生了矛盾。按《左传》的说法，晋灵公剥削民众来修饰宫室，在高台上用弹丸打人，厨子因烧不熟熊掌而被杀死。赵盾屡次劝谏无效，反而引发灵公反感，派刺客钼麑刺杀他，而钼麑却被赵盾敬业而感动自杀。前607年，晋灵公宴请赵盾，又埋伏甲士准备攻杀赵盾，而赵盾在车右提弥明的掩护和灵公卫士灵辄的倒戈下逃走。同年，赵盾族人在桃园杀死晋灵公。故《列仙传》亦以灵公为无道之君，但童书业《春秋史》认为《左传》记载偏袒赵氏，相关记载不可信。

⑨回风：旋风。

⑩污隆：升与降，常指世道的盛衰。

⑪显没：进退。不穷：无穷。

⑫纲：提网的总绳。

⑬杳然：渺远的样子。

⑭玄宫：仙人居住的宫殿。

**【译文】**

马丹，是晋国的耿地人。当晋文侯时，担任晋国大夫。到晋献公时，又担任幕府的官长。晋献公灭亡耿国，杀死共太子申生，马丹就离去了。到赵宣子执政时，马丹乘着可以坐乘的小车进入晋国都城，问候诸位大夫。晋灵公想让他做官，但却逼迫而不礼敬他，有疾风吹开了屋顶，马丹就进入旋风中离去。北方人尊崇并祭祀他。

马丹出仕入晋国，时而低微时兴隆。
侍奉文侯离献公，显赫归隐无尽穷。
密网设来将逼迫，顺从礼仪乘疾风。
高渺独升云霄上，隐身绝迹于仙宫。

## 卒常生

**【题解】**

卒常生，传说中的古仙人，《列仙传》本文是有关他最早的记载。正统道藏本与《搜神记》作“平常生”，而《北堂书钞》引作“卒常生”，据下文，“平常生”简称“平”不通，故本文“平”当皆为“卒”之误。卒常生当为谷城乡卒的役卒，名常生，故称“卒常生”。本文说他曾经多次死而复生，但当时的人并不相信他。这大概是因为他的异能并没有给人带来影响。后来谷城一带发生大洪水，给很多地方造成灾害。出于道教的济世观念，卒常生就站出来到缺门山的山头上大喊道：“卒常生在此！”吸引了民众的注意力后，他说雨水再下五天一定会停止。结果五天后果然雨停水退，大家这才佩服卒常生的神通。因为知道他的异能能够帮助人，于是纷纷上山祭拜他并向他祈求。只见他戴着披肩、围着皮带，仍然是一幅平常役卒的模样。之后的几十年，卒常生又到华阴县做了守门役卒。其之后做了守门卒一事，类似汉朝的梅福传说。据《汉书·梅福传》，汉平帝年间王莽专政，梅福一天早上抛妻弃子，去了九江，东汉初年都传言他成仙了，之后又有人在会稽郡见到梅福，当时他已经改名换姓担任吴市门卒了。《搜神记》亦有记载此事，与本文基本一致。

谷城乡卒常生者[①]，不知何所人也。数死复生，时人以为不然。后大水出，所害非一。而卒辄在缺门山头大呼言[②]："卒常生在此！"云复水雨五日必止。止则上山求祠之，但见卒衣帔革带[③]。后数十年，复为华阴门卒[④]。

谷城妙匹[⑤]，谲达奇逸[⑥]。
出生入死[⑦]，不恒其质[⑧]。
玄化忘形[⑨]，贵贱奚恤[⑩]。
暂降尘污[⑪]，终腾云室。

**【注释】**

①谷城：古地名，秦置谷城县，西汉沿置，在今山东平阴西南东阿镇；另一谷城县为东汉置，在河南洛阳西北。此处应为东汉谷城县，故本篇当不作于前汉。

②缺门山：又作阙门山、铁门山，因青龙、凤凰二山对峙于涧河两岸，成"龙凤拱阙"之状而得名，在今河南新安。

③帔：披肩。革带：皮带。

④华阴：地名，西汉置华阴县，在今陕西华阴。守门卒：守门役卒，《搜神记》作"华阴市门卒"，为市场守门的役卒。

⑤匹：匹夫，平民男子，也泛指平民百姓。

⑥谲（jué）：奇异怪诞。

⑦出生入死：从生到死。出自《老子》："出生入死，生之徒十有三，死之徒十有三。"《韩非子·解老》："人始于生而卒于死，始谓之出，卒谓之入，故曰出生入死。"

⑧恒：恒定，固定。质：形质。

⑨玄化：神妙的变化。

⑩奚：怎么，什么。恤：怜悯，体恤。

⑪尘污：尘垢污染。

**【译文】**

谷城乡的小卒常生，不知道是什么人。多次死而复生，当时的人认为不是这样。后来发生大洪水，给很多地方造成灾害。而卒常生就站在缺门山山头上大喊道："卒常生在此！"又说再下五天雨一定会停止。雨停后，人们都上山祭祀他并向他祈求，只见卒常生仍然戴着披肩、围着皮带。几十年后，卒常生又做了华阴的守门小卒。

谷城玄妙的男子，诡谲放达而奇逸。

从生到死许多次，并无固定之形质。

变化玄妙忘形体，贵贱又何须悯恤。

只是暂时降污尘，终究腾飞入云室。

## 陆　通

**【题解】**

陆通，春秋楚国隐士，又称楚狂、接舆。在先秦、秦汉文献中常见其人其事，如《左传》《庄子》《荀子》《韩非子》《战国策》《新语》《韩诗外传》《史记》《新序》《列女传》均有提到，但均无"陆通"之名，仅言"楚狂接舆"。据清曹之升《四书摭余说》的观点，《论语》的隐士都以事情来命名，"接舆"不过是"接孔子之舆者"，并非真实姓名，可从。在《论语·微子》中，楚国的狂人接舆一面走过孔子的车子，一面唱着歌，说"凤兮凤兮，何德之衰？往者不可谏，来者犹可追。已而，已而，今之从政者殆而！"意为：凤凰啊凤凰啊，为什么每况愈下呢？过去的不可挽回，未来的还赶得上。算了吧，算了吧！现在执政的诸公危险呢！孔子下车想和他交谈，但他却快步离开了，孔子没能与他对话。《论语·子罕》记录孔子曾说："凤鸟不至，河不出图，吾已矣夫。"意为：凤鸟没有到来，黄河不见河图，我也就这样了吧！凤凰、河图这样的祥瑞在盛世才出现，孔子在此以凤凰、河图自比;故接舆要称你这个凤凰已经每况愈下,为什么不考虑以后远离政坛呢?《史记·孔子世家》在“往者不可谏”后多一“兮”字,在“来者犹可追”后多一“也”字。《庄子·人间世》则记录孔子到楚国,楚狂接舆登门唱歌一首,内容相对于《论语》有所增饰。李白《庐山谣寄卢侍御虚舟》一诗中“我本楚狂人,凤歌笑孔丘”的典故即来源于此,体现了诗人不为官禄羁绊的心理。

《庄子》另一篇《应帝王》记录了肩吾和狂接舆的对话。肩吾提到日中始口中的国君应该凭借自己意愿制定法度,这样人民就会听从而被感化;狂接舆却认为这完全是骗人的,圣人治理天下,不是用法度绳之于外,而是先端正自己的性命再去感化他人,任人各尽所能。《逍遥游》又记录了肩吾与连叔的对话,肩吾称接舆言语不着边际,好像银河漫无边际,比如说姑射山上住着一位神人,肌肤如冰雪般洁白,容仪如处女般柔美,不食五谷而以清风露水为食,乘着云气驾驭飞龙遨游四海。他的精神凝聚,可以使事物不受灾害,谷物丰熟,但肩吾却对这样的言论不以为然。连叔认为以肩吾的心智理解不了,这位神人光被万物,当然不会去管世间俗事,外物伤害不了他,洪水淹没不了他,大旱也熔化不了他,即使他身上的尘埃秕糠都可以化作尧舜。总之,在《庄子》里,接舆是一位境界很高的道家理想化人物。

西汉儒家典籍《韩诗外传》里,又有了接舆妻子的故事。说的是楚王派使者带黄金百镒聘任接舆去治理河南,接舆只笑笑不说话,使者就离开了。后来接舆的妻子回来得知此事,说如果不听从国君就是不忠,如果听从了就是不义,不如我们夫妻离开这里吧。结果接舆和妻子带着家当,一起改名换姓离开了。《列女传》也有类似故事,但接舆一开始是想答应的,后来被妻子劝说才改变主意,妻子认为不听从国君就是不忠,答应了又悔改就是不义,于是两人一起离开了。

《列仙传》中也记录了楚狂接舆的故事,并首次称其姓名为陆通。说陆通喜好养生,爱服食橐庐木的果实和芜菁的种子。又好游历各大名山，到四川峨眉山上，世世代代都有人见到他，历时数百年才离去。《神仙传序》称“陆通匝遐纪于橐庐”，所言亦为此事。接舆本是道家非常推崇的人物，所以《列仙传》将其改造为了神仙。西晋皇甫谧《高士传》则把《论语》《庄子·人间世》《韩诗外传》《列仙传》的内容整合，创造出了一篇最详细的接舆传记。

陆通者，云楚狂接舆也[①]。好养生，食橐庐木实及芜菁子[②]。游诸名山，在蜀峨嵋山上[③]，世世见之[④]，历数百年去。

接舆乐道[⑤]，养性潜辉[⑥]。
见讽尼父[⑦]，谕以凤衰[⑧]。
纳气以和，存心以微。
高步灵岳[⑨]，长啸峨嵋。

**【注释】**

①云：是。

②橐庐木：植物名。芜菁：植物名，即蔓菁，大头菜。

③蜀峨嵋山：即今四川峨眉山，一作娥媚山，有两峰相对如蛾眉，故名。

④世世：累世，代代。

⑤乐道：喜爱修道。

⑥潜辉：掩藏才智。

⑦尼父：即孔子。

⑧谕：告诉。凤衰：指接舆讥讽孔子每况愈下，仕途不顺。《论语·微子》：“楚狂接舆歌而过孔子曰：凤兮凤兮！何德之衰？往者不可谏，来者犹可追。已而，已而，今之从政者殆而！”宋邢昺疏：“知孔子有圣德，故比孔子于凤。”《庄子·人间世》：“孔子适楚，楚狂接舆游其门曰：凤兮凤兮，何如德之衰也！来世不可待，

往世不可追也。天下有道，圣人成焉；天下无道，圣人生焉。方今之时，仅免刑焉。福轻乎羽，莫之知载；祸重乎地，莫之知避。已乎已乎，临人以德！殆乎殆乎，画地而趋！迷阳迷阳，无伤吾行！吾行却曲，无伤吾足！”较《微子》为详。

⑨高步：大步，也指高蹈，即隐居，此处皆通。灵岳：灵秀的山岳。

**【译文】**

陆通，就是楚狂接舆。他喜好养生，服食橐庐木的果实和芜菁的种子。又好游历各大名山，在四川峨眉山上，世世代代都有人见到他，历时数百年才离去。

楚狂接舆爱修道，休养品性隐光辉。
见面讥讽仲尼父，告知凤衰啊凤衰。
吸纳元气来中和，保存真心以精微。
高步仙山灵岳上，放歌长啸蜀峨眉。

## 葛　由

**【题解】**

葛由，传说中的古仙人，《列仙传》本文是有关他最早的记载。据说葛由是羌人，《搜神记》称其为蜀地羌人，清《四川通志》称其为蓬州（今四川蓬安）人，这表明并非只有华夏人才能成仙。在周成王的时候，他喜爱用木头雕刻成羊在市场上卖，有一天忽然骑着木羊进入西蜀。《列仙传》中记录的木工仙人有赤将子舆、仇生、葛由、鹿皮公四人，木工成仙的观念可能与其雕刻偶像有关，不过只提到葛由雕刻的羊显示出了神异，能够载着他行走并一起成仙。当时蜀地的王公贵族都追随他（一作派人追随他），一路上了峨眉山西南的绥山。绥山高得没有尽头边际，跟着他的人都得道成仙了。这即是说葛由点化了众人。山上的桃子有很多，所以当地的谚语也称：“得到绥山一个桃子，即使成不了仙，也足以自豪。”山下人为葛由立了数十处祠堂用来祭祀。《搜神记》亦有记载此事，与本文基本一致。《神仙传序》称“葛由策木羊于绥山”，所言亦为此事。

葛由者，羌人也①。周成王时②，好刻木羊卖之。一旦，骑羊而入西蜀③，蜀中王侯贵人追之上绥山④。绥山在峨嵋山西南，高无极也⑤。随之者不复还，皆得仙道。故里谚曰：“得绥山一桃，虽不得仙，亦足以豪。”山下立祠数十处云。

木可为羊，羊亦可灵。
灵在葛由，一致无经⑥。
爰陟崇绥⑦，舒翼扬声。
知术者仙，得桃者荣。

**【注释】**

①羌：羌族。羌族是我国古老的部族，但在古代并非某部族专名。在甲骨文即有“羌方”，为商代对西方部族的通称；周代又将西北部族称为“西羌”“羌戎”；汉时分布于今甘肃西北、新疆南部、青海西南、西藏东北、四川西部一带。可见，随着时间推移“羌”作为对西方部族的称呼逐渐被安置于更边缘处，今之羌族与商之羌方已关系不大。《搜神记》称葛由为“蜀羌人”，是四川西部的羌人。

②周成王：姬姓，名诵，谥成，西周第二任天子，周武王之子，母为吕尚女邑姜。据“夏商周断代工程”，其在位期间为前1042—前1021年。周武王去世时，周成王尚年幼，由周武王弟周公旦辅政，代王命行事。武王派去监视商民的三个弟弟管叔鲜、蔡叔度、霍叔处反勾结商纣之子武庚叛乱，周公旦东征消灭“三监”及武庚，并进攻东夷。之后周公旦在商夷故地主持大分封，并还政于

成王。成王与其子康王在位期间是西周王朝发展时期，政治清明，君臣有序，被后世称为“成康之治”。

③西蜀：今四川一带古为蜀国，在中原之西，故后世将蜀地又称西蜀。据汉扬雄《蜀王本纪》，古蜀国有蚕丛、柏濩、鱼凫三朝，各延续数百年。之后有杜宇称帝，即望帝，后为相国鳖灵篡位，即开明帝。开明王朝传至第五代帝尚时，为秦惠文王所灭。据晋常璩《华阳国志》，古蜀国为帝颛顼庶子建立，至周天子失去天下纲纪（当指西周灭亡）时，古蜀国君蚕丛先称王，后又有柏濩、鱼凫二王。之后杜宇称帝，即望帝，后为相国开明篡位，即丛帝。丛帝之孙保子帝传至第九代时，于前316年为秦国所灭。秦设蜀郡进行管辖，治所成都，即今四川成都，汉沿置。今成都平原出土先秦时期宝墩文化、三星堆文化、十二桥文化、晚期蜀文化遗址，被认为与古蜀国有关。后以蜀泛指今四川一带。

④贵人：贵族。王照圆《列仙传校正》、钱熙祚《列仙传校正》据《艺文类聚》引文，以“贵”为“遣”之误，意为王侯派人追随葛由，亦通。然王叔岷《列仙传校笺》称《艺文类聚》引文“贵”不作“遣”，或与《艺文类聚》不同版本有关。绥山：山名，在峨眉山西南，即中峨山，覆蓬山。

⑤无极：无尽头，无边际。

⑥无经：没有常规或法度。此处指木羊只听从葛由的法术，不按照其他的规则。

⑦爰（yuán）：于是。陟（zhì）：登。崇：高。

**【译文】**

葛由，是羌人。周成王的时候，葛由喜欢用木头雕刻成羊去卖。有一天，他骑着木羊进入西蜀，蜀地王公贵族都追随他一路上了绥山。绥山在峨眉山的西南边，高得没有尽头边际。跟着他的人没有回来，都得道成仙了。所以当地的谚语称：“得到绥山一个桃子，即使成不了仙，也足以自豪。”山下为葛由立了数十处祠堂。

木头可以雕作羊，木羊也可显威灵。

灵异全在葛由处，相互一致不缘经。

于是登高上绥山，舒展羽翼放开声。

领悟道术成真仙，获得桃子也尊荣。

## 江妃二女

**【题解】**

江妃二女的传说最早可以追溯到《诗经·周南》的《汉广》篇，其中有“汉有游女，不可求思”一句，意为：汉水之滨有游女，士人不可追求啊。安徽大学藏战国竹简亦有《汉广》篇，“有”作“又”，为通假字。此句本类似于“窈窕淑女，君子好逑”，为春秋时代普通男女之间的情事，但在汉代则被附会上郑交甫与汉水神女传说。

在《列仙传》中，说江妃二女不知道是何人，即汉水神女当有二人，又称为江妃，并非江妃的两个女儿。《山海经·中山经》说洞庭之山，“帝之二女居之”，晋郭璞注称“天帝之二女，而处江为神，即《列仙传》江妃二女也”，认为江妃二女为上帝之女。她们出行游玩在江汉一带的水边，遇到了郑交甫。郑交甫见到她们非常喜欢，却不知道对方是神仙，于是对自己的仆人说，想下车去请求她们的玉佩。仆人认为江汉一带的人能言善辩，还是不去好，恐怕会后悔。郑交甫不听，还是下车过去打招呼慰问。二女也回礼说，客人您才辛苦。郑交甫说，我把橘柚作为聘礼，装在竹篮让它们顺水而下，我跟着它们顺水而行，无意中邂逅你们，所以想请求你们的玉佩定情。二女也作了一样的回答，然后将玉佩解下交给郑交甫。郑交甫非常喜悦，接下放在怀中，玉佩中央还对着自己的心口。但走了几十步后再去看时，玉佩已经不见了，而二女也不见了。

其他文献也记录了此事，内容与今本《列仙传》基本一致。《说文解字》引《韩诗传》曰："郑交甫逢二女，魃服。"似言二女竟穿着鬼服。宋吴淑《事类赋》引《列仙传》曰："郑交甫至汉皋台下，见二女佩两珠，大如荆鸡卵，二女解与之，即行反顾，二女不见，佩珠亦失。"则郑交甫与二女相遇于汉皋台（今湖北襄阳西北）下，二女赠给郑交甫的不是玉佩，而是佩戴的珍珠。《太平广记》及《锦绣万花谷》《合璧事类》《文选·南都赋》注等引文亦均称二女佩两明珠，今本似有脱落。《文选·琴赋》注引《列女传》（疑为《列仙传》之误）："游女，汉水神。郑大夫交甫于汉皋见之，聘之橘柚。"言郑交甫为郑国大夫。

江妃二女者，不知何所人也。出游于江汉之湄[①]，逢郑交甫[②]。见而悦之，不知其神人也。谓其仆曰："我欲下请其佩[③]。"仆曰："此间之人，皆习于辞，不得，恐罹悔焉[④]。"交甫不听，遂下与之言曰："二女劳矣[⑤]。"二女曰："客子有劳[⑥]，妾何劳之有？"交甫曰："橘是柚也，我盛之以笥[⑦]，令附汉水[⑧]，将流而下[⑨]。我遵其傍[⑩]，采其芝而茹之[⑪]。以知吾为不逊也[⑫]，愿请子之佩。"二女曰："橘是柚也，我盛之以筥[⑬]，令附汉水，将流而下。我遵其傍[⑭]，采其芝而茹之[⑮]。"遂手解佩与交甫。交甫悦受，而怀之中当心。趋去数十步[⑯]，视佩，空怀无佩。顾二女，忽然不见。《诗》曰[⑰]："汉有游女，不可求思[⑱]。"此之谓也。

灵妃艳逸[⑲]，时见江湄。
丽服微步[⑳]，流眄生姿[㉑]。
交甫遇之，凭情言私[㉒]。
鸣佩虚掷，绝影焉追？

**【注释】**

①江汉:长江和汉江交汇地区,今江汉平原一带。《文选·南都赋》:"耕父扬光于清泠之渊,游女弄珠于汉皋之曲。"李善注引《韩诗外传》:"郑交甫将南适楚,遵波汉皋台下,乃遇二女,佩两珠,大如荆鸡之卵。"汉皋,山名,在今湖北襄阳西北万山。湄:河岸,水草交接的地方,《北堂书钞》引作"滨",与"湄"同义;而《艺文类聚》引作"渚",渚为水中小块陆地。

②郑交甫:人名,事迹不详,或以郑为国名。《文选·琴赋》注引《列女传》:"游女,汉水神。郑大夫交甫于汉皋见之,聘之橘柚。"

③下:似为下马、下车之意。

④罹(lí):遭遇。悔:悔恨;李剑雄《列仙传全译》以为"侮",侮辱。

⑤劳:辛苦,劳苦。

⑥客子:客人,旅居异乡的人。

⑦笥(sì):盛饭或衣物用的竹器。

⑧汉水:今汉江。

⑨将(jiāng):沿着,顺着。

⑩遵:沿着,顺着。傍(páng):同"旁",旁边。

⑪茹:吃。

⑫不逊:不恭敬,没有礼貌。

⑬筥(jǔ):盛物的圆形竹筐。

⑭傍:正统道藏本作"旁"。

⑮茹:正统道藏本作"如"。

⑯趋:快走。数十步:《北堂书钞》引作"数十里"。

⑰《诗》:即《诗经》,儒家"五经"之一。今本《诗经》分为《风》《雅》《颂》三部分共305篇。《风》亦称《国风》,包含周南、召南(南至江汉流域)、邶、鄘、卫、王、郑、桧、齐、魏、唐(晋)、秦、豳、陈、曹等十五个国家、地区的民歌;《雅》包含《大雅》与《小雅》。

《颂》包含《周颂》《鲁颂》与《商颂》。其中《雅》《颂》两部分相对更早，大多为西周时期诗篇；《国风》相对更晚，大多为春秋时期诗篇。“汉有游女，不可求思”一句见于《周南·汉广》篇。《毛诗传》称“德广所及也。文王之道被于南国，美化行乎江汉之域，无思犯礼，求而不可得也”，以政治附会民歌，不可取。另，“《诗》曰”至“此之谓也”一段不见于正统道藏本，系据《历世真仙体道通鉴后集》卷五校补。

⑱思：语气助词，无实义。

⑲艳逸：美艳飘逸。

⑳微步：轻步，缓步。

㉑流盼（pǎn）：眼波流转，顾盼生姿的样子。

㉒私：偏爱。

**【译文】**

江妃二女，不知道是什么人。出行游玩在江汉一带水边，遇到了郑交甫。郑交甫见到江妃二女非常喜欢，不知道对方是神仙。就对自己的仆人说：“我想下车去请她们把玉佩给我。”仆人说：“这里的人，都能言善辩，还是不去好，恐怕会遭遇悔恨。”郑交甫不听，还是下车去对二女说：“你们辛苦了。”二女说：“客人辛苦了，我们有什么辛苦呢？”郑交甫说：“橘子啊柚子啊，我把它们装在竹篮里，让它们漂在汉水上，顺着水流而下。我沿着竹篮漂流在岸边走，采摘岸边的灵芝品尝。我知道我没有礼貌，还是请求得到你们的玉佩。”二女说：“橘子啊柚子啊，我把它们装在竹筐里，让它们漂在汉水上，顺着水流而下。我沿着竹筐漂流在岸边走，采摘岸边的灵芝品尝。”于是用手解下玉佩交给郑交甫。郑交甫非常喜悦，接下放在怀中，以玉佩中央对着自己的心口。快走了几十步，再去看玉佩时，却已不见了。回视二女，也已不见了。《诗经》说：“汉水之滨有游女，士人不可追求啊。”说的就是这件事。

美艳飘逸的神妃，时而现身在江湄。

衣着华丽缓步行，眼波流转生芳姿。

交甫邂逅江妃女，凭借真情言偏私。

玉佩鸣锵空投掷，倩影绝去从何追？

## 范　蠡

**【题解】**

范蠡，春秋越国人，古代著名政治家、商人、隐士，又称陶朱公、鸱夷子皮、渔父等。在先秦、秦汉文献中常见其人其事，如《国语》《墨子》《韩非子》《吕氏春秋》《新书》《韩诗外传》《史记》《说苑》《新序》《越绝书》《吴越春秋》及清华简《越公其事》均有提到，其作为越王勾践的近臣出现，在辅佐越王勾践灭吴过程中立下大功。但对于其结局，则有不同的说法。《吕氏春秋·悔过》说："所不至，说者虽辩，为道虽精，不能见矣。故箕子穷于商，范蠡流乎江。"另一篇《离谓》也说"比干、苌弘以此死，箕子、商容以此穷，周公、召公以此疑，范蠡、子胥以此流"，则范蠡与伍子胥一样，都是被"流杀"，即淹死。西汉贾谊《新书·耳痺》称："事济功成，范蠡负石而蹈五湖，大夫种系领谢室，渠如处车裂回泉。"《史记·韩信卢绾列传》里，韩王信写给柴将军的信里也提到"夫种、蠡无一罪，身死亡"，则范蠡与文种一样，均系被越王勾践杀死的忠臣。在《国语·越语下》中，却说范蠡在灭吴之后"遂乘轻舟以浮于五湖，莫知其所终极"，泛舟归隐于太湖之上了。《史记·越王勾践世家》亦称范蠡在灭吴之后"乃装其轻宝珠玉，自与其私徒属乘舟浮海以行，终不反"，但却又交代其之后的下落，原来他到达齐国后改名鸱夷子皮，后因务农致富被招聘为国相。但其不愿意受到官禄羁绊，归还相印散尽钱财，并到四通八达的宋国陶邑经商，很快又富可敌国，号称陶朱公。

此说最早将范蠡与鸱夷子皮、陶朱公联系在一起，但却漏洞极大。据《墨子》《韩非子》记载，前481年齐国大夫陈恒杀齐简公，其重要帮手就是鸱夷子皮。如果范蠡在前473年吴国灭亡后才到达齐国，那么他就决计不是鸱夷子皮。“鸱夷”本义为革袋，战国流传伍子胥被吴王夫差赐死并盛在鸱夷流入江上的说法，则范蠡被称为鸱夷或许也与其被流杀有关。至于陶朱公，在《新书》中最早提到，他是梁惠王时富可敌国的平民富豪，前361年魏国都城迁大梁始称梁国，则陶朱公与范蠡时代相差百年之久，明显亦非范蠡。这样的漏洞为后人所注意，但道家却借此来神化范蠡，《列仙传》说他侍奉吕尚，那么其在商末周初就存在了。东汉应劭《风俗通义》说“俗言东方朔太白星精，黄帝时为风后，尧时为务成子，周时为老聃，在越为范蠡，在齐为鸱夷子皮，言其神圣能兴王霸之业，变化无常。”北魏贾思勰《齐民要术》引《陶朱公养鱼经》记载威王对陶朱公说：“闻公在湖为渔父，在齐为鸱夷子皮，在西戎为赤精子，在越为范蠡。”《陶朱公养鱼经》应该是托名陶朱公的著作，威王可能是齐威王或楚威王，都是战国时期人物。

在《列仙传》中，称范蠡字少伯，徐国人，不知何据。《越绝书》称其为楚国宛县（今河南南阳）人，楚有范氏，则范蠡似为楚国联越抗吴的人物。他在商末周初时就侍奉周朝太师吕尚，喜欢服食丹桂和喝水。几百年后担任越国大夫，辅佐越王勾践灭吴。之后乘着小舟入海，改名换姓，到了齐国，叫作鸱夷子。再往后一百多年，范蠡出现在陶邑，叫陶朱君，财富累积亿万，号称陶朱公。“陶朱君”一称号，不见于之前史料记载，唯有《战国策·秦策三》中燕人蔡泽对秦相范雎说：“范蠡超然避世，长为陶朱，君独不观博者乎！”《史记·范雎蔡泽列传》中“陶朱”后多一“公”字。故“君”为蔡泽对范雎之敬称，《列仙传》或因此而误。之后范蠡又抛弃了财产，到兰陵去卖药。后人世世代代都有见到并认出他的。这又是在《史记·越王勾践世家》上更进一步，将范蠡活动的时间拉长，有意改造为神仙人物了。

关于范蠡的结局还有一种浪漫的说法，说他在灭吴后与西施泛舟太湖。但此说来源较晚，见于唐《吴地记》引《越绝书》“西施亡吴国后，复归范蠡，同泛五湖而去”，不可信。而“泛”字或为“浮”字之误，意为沉杀。《绎史》引《修文御览》引《吴越春秋》称：“吴亡后，越浮西施于江，令随鸱夷以终。”西施被沉杀一事，在早期史料中即有涉及，如《墨子•亲士》说“比干之殪，其抗也；孟贲之死，其勇也；西施之沉，其美也；吴起之裂，其事也”，但直到《越绝书》《吴越春秋》中，西施始与吴越战事有了联系，或许西施与范蠡两人皆沉水而死，故在后世传说中变为双双泛舟而去。

范蠡，字少伯，徐人也①。事周师太公望，好服桂饮水。为越大夫②，佐勾践破吴③。后乘轻舟入海，变名姓，适齐为鸱夷子皮④。后百余年，见于陶⑤，为陶朱君，财累亿万⑥，号陶朱公。后弃之，兰陵卖药⑦。后人世世识见之。

范蠡御桂⑧，心虚志远。
受业师望，载潜载惋⑨。
龙见越乡⑩，功遂身返。
屣脱千金⑪，与道舒卷⑫。

**【注释】**

①徐：即周代徐国，嬴姓，在今安徽泗县、江苏泗洪一带。西周前期，徐国实力较强，为东夷诸国领袖。因不服周天子，双方多有战争，后逐渐衰落。春秋时期，徐国因处于齐、楚、吴三大国中间，早期投靠齐国，中期依附楚国，后期又倒向吴国，却同时向楚国示好。前512年，徐子章禹在位时，徐国为吴国所灭。

②越：即周代越国，姒姓，核心区域在今钱塘江流域一带，都会稽，在今浙江绍兴。据《史记・越王勾践世家》，夏王少康将庶子无余分封到越国。此说当是战国秦汉的附会。前473年，越王勾践灭

亡吴。后北上大会诸侯,接受周天子册封,号为霸王,成为春秋最后一位霸主。前306年,越王无强攻打楚国被攻杀,楚军趁势攻入越国都城(时在姑苏),越国灭亡。

③勾践(?—前464):春秋后期越国国君,姒姓,又名菼执。前497年,越君允常去世,子勾践即位。前496年,勾践在槜李之战大败吴王阖闾,吴王阖闾战死。前494年,阖闾子夫差在夫椒之战又大败勾践,勾践采用文种、范蠡等人之计乞和,夫差应允。前482年,勾践趁夫差北上黄池会盟,偷袭吴都姑苏,杀吴太子友。前478年,勾践又在笠泽之战大败夫差。前475年,勾践再次围攻姑苏,并于两年后灭吴。之后勾践北上中原,大会诸侯,周元王赐勾践为伯主,并迁都于琅琊。前464年,勾践去世,子适郢即位。湖北荆州有"越王勾践自作用剑"出土。吴:即周代吴国,姬姓,核心区域在今太湖流域,都姑苏,在今江苏苏州。据说,始祖太伯为周太王长子,为避位给三弟季历,与二弟仲雍南下建立吴国。春秋中期,因为晋国联吴抗楚的战略,吴国开始崛起,相继大败楚、越、齐等国,并逼迫晋国会盟,成为春秋霸主。前473年,吴王夫差在越军围困下自杀,吴国灭亡。

④齐:即周代齐国,详见前文《吕尚》篇注。鸱夷子皮:正统道藏本原作"鸱夷子更",误。

⑤陶:即陶丘,在今山东菏泽,本为周代曹国都城,前487年,曹伯阳在位时为宋国所灭,陶丘遂为宋国所有。

⑥亿万:泛指数量多。

⑦兰陵:地名,即兰陵县,秦汉所置,在今山东兰陵。春秋时期本为鄫国故地,前567年,莒国灭亡鄫国,遂为莒国所有,春秋时尚无"兰陵"之称。

⑧御:使用,应用,此处为服用。

⑨载:又,且,常用于表示同时做两个动作,如"载歌载舞"。

⑩龙：指范蠡。乡：地方，处所。

⑪屣：鞋子。

⑫舒卷：舒展和卷缩，指人事的进退。

**【译文】**

范蠡，字少伯，徐国人。侍奉周朝太师太公望，喜欢服食丹桂和喝水。担任越国大夫，辅佐越王勾践灭吴。后来乘着小舟入海，改名换姓，到了齐国叫作鸱夷子皮。一百多年后，范蠡出现在陶邑，叫陶朱君，财富累积亿万，号称陶朱公。之后他又抛弃了财产，到兰陵去卖药。后人世世代代都有见到并认识他的。

范蠡喜好食丹桂，内心虚静志高远。

拜师受业于吕望，潜伏未用真怅惋。

一朝龙现在越地，大功告成抽身返。

如同脱鞋弃千金，愿随大道同舒卷。

## 琴高

**【题解】**

琴高，传说中的古仙人，《列仙传》本文是有关他最早的记载。据说琴高是赵国人，因为善于鼓琴而担任宋康王的舍人，大概其名高，姓氏不详，因鼓琴而称琴高。文中说他能够施行涓子、彭祖等前辈仙人的方术，所以也能延年益寿、长生不老。后来游历在冀州、涿郡（一作砀郡）一带，两百多年后，才告别众人潜入涿水（一作砀水），当时对众弟子说要取来龙的儿子，与他们约定好重逢的日期，让他们到时候都净洁身心，诚敬斋戒待在水边，设置祭祀的祠庙。到了那一天，琴高果然乘着龙子——红鲤跃出水面，然后坐在祠庙中。大家都很惊奇，每天多达上万人去观看。他在祠庙中停留了一个多月，之后又进入水中而去。《搜神记》亦有记载此事，与本文基本一致，不同的是琴高与弟子商量好的日期即为次日。《魏都赋》称“琴高沉水而不濡，时乘赤鲤而周旋”，《神仙传序》称“琴高乘鲤于砀中”，所言亦为此事。

后世关于琴高的记载也很多，一般都与鱼、水联系在一起。唐李白《九日登山》：“赤鲤涌琴高，白龟道冯夷。”《太平御览》称朱仲（详见后文《朱仲》篇）从琴高处学得相贝之法，因琴高游于湖海，对水产方面颇为精通。《吴地记》称唐代吴地交让桥法海寺西有琴高宅和乘鱼桥。吴郡人丁海与琴高友善，共耕东皋之田，一天在田畔看到一条一丈长的大鲤鱼，丁海登上鱼背，鲤鱼岿然不动；而琴高一登鱼背，鱼就飞腾而去了。宋赵与时《宾退录》称宁国府泾县（今安徽泾县）东北二十里有琴溪，琴溪之侧有一丈高的琴高台，据说是琴高当年隐居之处。溪中有一种特产小鱼，据说是琴高炼丹的药渣所化，也叫“琴高鱼”，每年三月数十万条鱼出没，渔翁将其打捞并腌制后，呈献给中央及地方各级官署。梅尧臣、王禹玉、欧阳修与梅公仪曾以琴高鱼为题诗酒唱和。清《宁国府志》也说泾县有琴高炼丹的琴高山和控鲤升天的隐雨岩。

琴高者，赵人也[①]。以鼓琴为宋康王舍人[②]。行涓、彭之术[③]，浮游冀州、涿郡之间[④]，二百余年后，辞入涿水中[⑤]，取龙子[⑥]，与诸弟子期曰[⑦]：“皆洁斋待于水傍设祠[⑧]。”果乘赤鲤来出坐祠中。旦有万人观之。留一月余，复入水去。

琴高晏晏[⑨]，司乐宋宫[⑩]。
离世孤逸，浮沉涿中。
出跃赪鳞，入藻清冲[⑪]。
是任水解[⑫]，其乐无穷。

【注释】

①赵：即周代赵国，嬴姓，在今河北省中、南部，山西省中部一带，都

邯郸，在今河北邯郸。赵氏本为晋国大夫，与另外两家韩、魏瓜分了晋国公室的土地和人口。周威烈王二十三年（前403），周威烈王册封魏文侯、韩景侯、赵烈侯为诸侯，为赵国立国的开始，并步入“战国七雄”之列。前323年，赵武灵王称王。赵孝成王六年（前260），赵国在长平之战为秦国大败，从此走向衰落。赵王迁八年（前228），秦将王翦攻入邯郸，俘虏赵王迁，赵国灭亡。

②宋康王（？—前286）：子姓，名偃，谥康，又谥献，宋国末代国君。前329年，宋剔成君为弟偃袭击逃奔齐国，偃自立为君，是为宋君偃。前318年，宋君偃称王，又称宋王偃、宋康王、宋献王。宋康王在位期间励精图治，灭亡滕国，攻打薛国，但却不自量力，接连攻打齐、楚、魏三邻国。前286年，齐闵王灭宋，宋康王逃至温地去世。后世有不少关于宋康王恶行的传说，多为桀纣故事的复刻，不尽可靠，详见顾颉刚《宋王偃的绍述先德》。舍人：战国汉初王公贵族的私官，也指亲信。

③涓、彭：即涓子、彭祖。

④涿郡：古地名，汉武帝时置郡，治所在涿县，在今河北涿州。战国时尚无涿郡。《水经注》“赵人有琴高者”一段、《法苑珠林》引《搜神记》皆为“砀郡”“砀水”；而今本《搜神记》亦为“涿郡”“涿水”，未知孰是。砀郡，秦置，治所在砀县，在今河南夏邑东南，汉高祖五年（前202）改为梁国。

⑤涿水：古水名，又名桃水，在涿县西南。一作“砀水”，在砀郡。

⑥龙子：龙的儿子，即下文的鲤鱼，古代有鲤鱼化龙的传说。

⑦期：约定时间。

⑧洁斋：净洁身心，诚敬斋戒。傍：旁。设祠：《太平御览》《事文类聚》《宾退录》引作“设祠屋”。

⑨晏晏：和悦的样子。

⑩司乐：掌管乐器。

⑪藻：通“澡”，洗澡，沐浴。清冲：恬静淡泊。

⑫任：放纵，无拘束。水解：道教尸解术的一种，托寄于水而蜕形仙去。

**【译文】**

琴高，是赵国人。因为善于鼓琴而担任宋康王的舍人。他施行涓子、彭祖的方术，游历在冀州、涿郡一带，两百多年后，告别众人潜入涿水中，说去取龙子，与众弟子约定日期说：“都净洁身心，诚敬斋戒待在水边，设置好祭祀的祠庙。”之后果然乘着红鲤鱼出来坐在祠庙中。每天有上万人去观看。他停留了一个多月，又进入水中去了。

琴高和悦又温顺，弹琴鼓瑟在宋宫。

远离尘世性孤逸，时浮时沉涿水中。

腾跃鲤背出水面，洗浴浪下性清冲。

如此放纵来水解，其中欢乐甚无穷。

# 冠 先

**【题解】**

冠先，也作冠仙，传说中的古仙人，冠先当非人名，为穿戴冠带的先生之义，《列仙传》本文是有关他最早的记载。正统道藏本与《水经·睢水注》《历世真仙体道通鉴》作“寇先”，而《搜神记》与《广韵》《太平御览》皆引作冠，王照圆《列仙传校正》、清孙志祖《读书脞录》及《列仙传校笺》均认为“寇”为“冠”之误。据说冠先是宋国人，以钓鱼为业，喜欢服食荔枝，居住在睢水边长达一百多年。宋国国君宋景公知道他非凡人，就向他询问法术，他不肯说，于是被景公杀了。但冠先毕竟是仙体，通过尸解法逃难重生，几十年后，他又盘着腿坐在宋国城门上，鼓琴数十天才离开，宋国人都知道他是神灵，家家都尊奉祭祀他。然而在《左传》《史记》中，宋景公皆为有为贤君之形象，如《史记·太史公自序》中司马迁评价“景公谦德，荧惑退行”，不知为何在《列仙传》中，却成为冤杀冠先之暴君。《列仙传赞》记为“历载五十”,不知何据。《搜神记》亦有记载此事,与本文基本一致。

冠先者,宋人也[①]。以钓鱼为业,居睢水旁百余年[②]。得鱼,或放,或卖,或自食之。常着冠带,好种荔枝,食其葩实焉。宋景公问其道[③],不告,即杀之。后数十年踞宋城门[④],鼓琴数十日乃去。宋人家家奉祀焉。

冠先惜道,术不虚传。
景公戮之,尸解神迁[⑤]。
历载五十,抚琴来旋[⑥]。
夷俟宋门[⑦],畅意五弦。

**【注释】**

①宋:即周代宋国,子姓,在今河南省东部,都商丘,在今河南商丘。西周初年,周公东征杀商纣之子武庚,立商纣庶兄微子启为宋国国君,统治商民。春秋前期,宋国国君宋襄公意欲继齐桓公之后称霸,但于前638年败于楚成王,此后宋国主要依附于齐、晋等大国。进入战国时代,宋国夹在齐、魏、楚三大国之间,生存环境更为艰难。末代国君宋康王亦欲图霸,反招致前286年齐闵王灭亡宋国。

②睢水:古水名,流经宋都商丘。

③宋景公(?—前453):春秋后期宋国国君,子姓,名栾,又名头曼、兜栾。前517年,宋元公去世,子栾即位,是为宋景公。前502年,宋景公灭曹。前480年,宋国发生“荧惑守心”的天象,代表国君有灾,负责天文的司星子韦称可用巫术让大臣或百姓挡灾,景公不同意,荧惑退避三舍。前453年,宋景公去世,在位共64年,是宋国较有作为的一位国君。

④后数十年：正统道藏本无“后”字，据《太平御览》引文补。踞：蹲，坐。

⑤尸解：道教法术的一种，指修道者遗弃形骸而成仙。

⑥旋：返回，归来。

⑦夷俟（sì）：伸出两足箕踞而坐，古人认为是倨傲无礼的坐姿。

**【译文】**

冠先是宋国人。以钓鱼为业，居住在睢水边一百多年。得到鱼，或者放生，或者贩卖，或者自己食用。日常穿着冠带，喜欢种植荔枝，食用它的果实。宋景公问他的法术，不肯说，于是就杀了他。几十年后，他又箕踞坐在宋国城门上，鼓琴数十天才离开。宋国人家家都祭祀他。

宋国冠先惜道法，仙术对外不妄传。
景公怒将其杀戮，尸体蜕去神却迁。
时光历经五十载，手抚瑶琴复回旋。
箕踞而坐宋门上，舒畅尽兴拨五弦。

## 王子乔

**【题解】**

王子乔，春秋后期历史人物，周灵王太子，名晋，又称太子晋、王乔、周晋。据《国语·周语下》，前550年，谷水与洛水争流，水位暴涨，将要淹毁王宫。灵王打算堵截水流，太子晋引经据典，劝谏灵王应顺从自然法度，不要堵塞河流，否则将会导致国家大乱。灵王不听，后来灵王之子景王在位时国多宠臣，已有动乱隐患；等到景王去世后诸子争位，国家大乱。到定王时，周室就彻底衰微了。这都体现了太子晋的先见之明。据《逸周书·太子晋解》，晋平公派贤臣叔向出使成周，太子晋时年十五岁，就以言语折服了叔向。晋国盲人乐师师旷要求见太子晋，也对太子晋的聪明睿智连连赞叹。但师旷也从太子晋的声音中听出他不长寿，太子晋说自己三年后就要去上帝那里做客，结果不到三年果然去世。太子晋当去世在周灵王之前，故周灵王在前545年去世后，由王子贵即位为周景王。可见，太子晋聪慧过人却英年早逝，所以可能在战国时代就流传有他升天成仙的传说。《楚辞·远游》即称“轩辕不可攀援兮，吾将从王乔而娱戏”，但未说明这个王乔就是太子晋，可能当时还并未等同。

至汉代，王（子）乔成为颇具盛名的一个神仙，常与赤松子并称，如在《淮南子》《论衡》及东汉画像镜背、铭带上。东汉王符《潜夫论》指明太子晋就是王子乔，在他成仙之后，后嗣避周难于晋之平阳，其后人为田氏、王氏，子孙亦世代喜好神仙之术。《论衡》说王子乔不食谷物，与常人不同，所以年寿也和常人不同，过了百世成为仙人。《列仙传》亦称王子乔即太子晋，喜欢吹笙并奏出凤凰一般的鸣叫声。后来他在伊水和洛水之间出游，道士浮丘生将他接到嵩山之上。三十年后，有人来山上找他，他见到好友桓良说：“告诉我家里人，七月七日在缑氏山的山顶上等我。”到这个时候，王子乔果然乘着白鹤停驻在山头，家人只能远远看着，谁也不能去到他那里。王子乔举起手向在场的家人致谢，几天之后就离开了。人们还在缑氏山脚和嵩山顶上为王子乔立祠庙。《锦绣万花谷》引《列仙传》称“后世曰太子之驾曰鹤驾，禁曰鹤禁”，则由王子乔而来。《神仙传序》称“周晋跨素鹤于缑氏”，所言亦为此事。

《历世真仙体道通鉴》在综合过去记载的基础之上又有所扩充。说太子晋字子乔，幼年喜好道术，不爱宫中生活，经常不吃食物，独自静默端坐。后有神仙来与太子晋交谈，左右侍从并不知晓。太子晋又喜好吹笙，声音如同鸾凤鸣叫，白鸾赤凤及其他珍禽都聚集在宫殿庭院，随着歌声舞蹈。前550年，天台山道士浮丘公来到宫廷，向太子晋传授道术。当时因为周灵王不听太子劝谏，太子晋灰心，只好退居别宫，一心学习道术。后浮丘公又给太子晋丹药，并带太子晋上嵩山。过后数年，太子晋遇见友人林良（即桓良）于缑氏山上，太子晋告诉林良自己要在七月七日升天，当天与故人相会告别。到了当日，林良与太子晋友人、群官登山，见太子晋弃马骑鹤，挥手升天而去。地上的人都赞叹说王子登仙，太子晋就说王为吾姓。后世王氏多奉太子晋为始祖。

又《淮南子》许慎注称王乔为蜀地武阳人，担任过柏人令，得道成仙。又《后汉书·王乔传》记录东汉河东人王乔，世代为叶县县令，一说此为古仙人王子乔。此二王乔皆非周太子王子乔。《水经·洛水》注言王子乔引《列仙传》曰“世有管箫之声也”，亦误，此句为萧史之文，详见后文《萧史》篇。

王子乔者，周灵王太子晋也①。好吹笙作凤凰鸣。游伊、洛之间②，道士浮丘公接以上嵩高山③。三十余年后，求之于山上，见桓良④，曰：“告我家，七月七日待我于缑氏山巅⑤。”至时，果乘白鹤驻山头，望之不得到。举手谢时人，数日而去。亦立祠于缑氏山下，及嵩高首焉。

妙哉王子，神游气爽。
笙歌伊洛，拟音凤响⑥。
浮丘感应，接手俱上。
挥策青崖⑦，假翰独往⑧。

**【注释】**

①周灵王（？—前545）：姬姓，名泄心，谥灵，东周第十一任天子。前572年，周简王去世，子泄心即位，是为周灵王。前550年，谷水与洛水争流，水位暴涨，将要淹毁王宫。灵王打算堵截水流，太子晋劝谏，灵王不听。前545年，灵王去世，子贵即位，是为周景王。

②伊、洛：即伊水（河）、洛水（河）。伊河出河南卢氏县东南，经嵩县、伊川、洛阳至偃师入洛河。

③浮丘公：古仙人名，事迹不详。后世诗词多用其典。如晋郭璞

《游仙诗》之三："左挹浮丘袖，右拍洪崖肩。"据《太平御览》，浮丘公与容成子同游黄山，则浮丘公为黄帝时人物。今黄山有浮丘峰。嵩高山：即嵩山。

④桓良：王子乔友人，生平不详。正统道藏本作"栢（柏）良"，而《锦绣万花谷》引作"桓梁"，梁、良可通用，王叔岷《列仙传校笺》以"栢"为"桓"之误，因"桓"避宋钦宗赵桓讳而略去最后一横，传抄误作"栢"。

⑤缑（gōu）氏山：即今河南偃师东南之缑山。699年，武则天在此谒升仙太子庙，立升仙太子碑，并书《升仙太子碑并序》。巅：《文选·游天台山赋》注、《游仙诗》注等诸本引均作"头"，下文"山头"则诸本多作"山巅""山颠""山顶"。

⑥拟：模拟。

⑦策：马鞭。

⑧假：借，借助。翰：羽毛，此处指白鹤。

**【译文】**

王子乔，就是周灵王的太子晋。喜欢吹笙奏出凤凰一般的鸣叫声。后来在伊水和洛水之间出游，道士浮丘公将他接到嵩山之上。三十年后，有人来山上找他，他见到桓良说："告诉我家里，七月七日在缑氏山的山顶上等我。"到这个时候，王子乔果然乘着白鹤停驻在山头，家人只能远远看着，谁也不能去到他那里。王子乔举起手向在场的家人致谢，几天之后就离开了。人们还在缑氏山脚和嵩山顶上为王子乔立祠庙。

真美妙啊王子乔，精神游乐气飒爽。

笙歌鸣奏于伊洛，声调模仿凤鸣响。

乐曲感动浮丘公，携手同飞嵩山上。

挥鞭告辞走青崖，借助白鹤独来往。

# 幼伯子

**【题解】**

幼伯子，传说中的古仙人，《列仙传》本文是有关他最早的记载。据说他是周朝苏氏的宾客。经常在寒冬穿着单衣，盛夏却穿着短袄，外形容貌每年都不一样。数十年后更加健壮，当时人都不知道他有法术。他世世代代都到苏家告诫保佑，苏家子孙都享受到他赐予的福力。据《抱朴子内篇》，幼伯子和汉元帝时期道士王仲都二人，能够夏天穿着厚裘曝晒在太阳下，周边还环绕着十二炉热火，却口不称热，身不流汗。这是因为在立夏那天服用了“六壬六癸”的符水，或者是运行“六癸”的元气，或者是服用玄冰丸、飞霜散。但这些要用萧丘上树木的外皮，和五月初五中午向北行走的黑蛇血配制，所以很少有人能合成。王仲都其人文献多有记载，系汉元帝时汉中人。《三洞神仙录》引《王氏神仙传》称王仲都遇到太白真人授予虹丹，能够不惧寒暑，两百多岁时寒冬穿着单衣，跟从元帝游昆明池，元帝穿着狐裘仍然觉得寒冷，而王仲都面不改色，背上还冒着热气；他盛夏时在太阳下晒着，又围着十多炉火，既不说热也不流汗。他后来也成仙了。幼伯子的异能与王仲都的非常相似，故《抱朴子内篇》也将幼伯子附会为西汉人物，然幼伯子本为仙人，从周朝活至汉世也不足奇。

幼伯子者，周苏氏客也①。冬常着单衣②，盛暑着襦袴③，形貌岁异，后数十年更壮，时人莫知。世世来诫祐，苏氏子孙得其福力也。

周客戢容④，泯迹泥盘⑤。
夏服重纩⑥，冬振轻纨⑦。
作不背本，义不独安。

乃眷苏氏[⑧]，祐其艰难。

**【注释】**

①周苏氏：周代苏氏，疑为周代苏国，又称苏氏、有苏氏。苏国为己姓祝融之后，商朝末年，纣王伐苏国得到妲己，后苏国国君苏忿生投奔周武王，被分封到温地（今河南温县）。前675年，周王叔子颓在蒍国等大夫及苏、卫、南燕等国支持下，发动叛乱驱逐周惠王，自立为天子。前673年，郑厉公勤王，杀王子颓，迎惠王即位。后苏国国君苏子背叛周襄王投靠狄人，但又与狄人不和。前650年，狄人攻灭苏国，苏子逃奔卫国。客：门客，宾客，寄食于贵族豪门的人。

②单衣：只有一层衣料的衣服。

③襦（rú）：短衣，短袄。袴（kù）：套裤。

④戢（jí）：收藏，收敛。

⑤泯（mǐn）：消失，泯灭。泥盘：《全上古三代秦汉三国六朝文》引《列仙传赞》、钱熙祚《列仙传校正》作“泥蟠”，指蟠龙屈居于泥污中。

⑥纩（kuàng）：棉絮。

⑦纨（wán）：细绢。

⑧苏氏：正统道藏本作“周氏”，据钱熙祚《列仙传校正》、胡珽《列仙传校讹》改。

**【译文】**

幼伯子，是周朝苏氏的宾客。经常在寒冬穿着单衣，盛夏却穿着短袄，外形容貌每年都不一样。数十年后更加健壮，当时人都不知道他有法术。他世世代代都到苏家告诫保佑，苏家子孙都享受到他赐予的福力。

周客幼伯敛仪容，泯灭行迹如泥蟠。

夏天身穿厚棉纩，冬天却披轻绢纨。

做事不背弃根本，守义不独自求安。
世代眷顾周苏氏，保佑其家渡艰难。

## 安期先生

**【题解】**

安期先生，也作安期生，秦末汉初齐人，古仙人。据《史记·乐毅列传》，安期生的老师叫河上丈人，向他传授黄老之道，后安期生教毛翕公、毛翕公教乐瑕公、乐瑕公教乐臣公、乐臣公教盖公、盖公教汉初相国曹参。据《史记·田儋列传》，安期生与策士蒯彻还曾在项羽处献策，项羽虽然不答允，却要给两人封地，两人拒绝而去。据《史记·封禅书》，汉代方士李少君对汉武帝称自己曾经游于海上，见到过安期生，安期生食用大如瓜的枣子，他能够进入蓬莱山，投合的话就见人，投合不来就隐藏起来。蓬莱山是渤海的著名仙山，据说上面有仙人和不死仙药，齐威王、齐宣王、燕昭王、秦始皇都曾派人入海访求，但没有人能够到达。于是汉武帝也派人访求安期生，但最终亦无所得。后来有一个叫栾大的方士向武帝吹嘘自己见过安期生、羡门子高等仙人，从而得到武帝的宠幸。之后又有一个叫公孙卿的方士说自己有本记录黄帝飞升的书，书的作者申功与安期生有交往，接受过黄帝的教诲。

《列仙传》说安期先生是琅琊郡阜乡人。他在东海边卖药，当时人都说他是千岁老翁（一说他自称千岁老翁）。秦始皇东游时，请求见他并和他对话三天三夜，赐给他黄金玉璧差不多价值数千万。然而他却从阜乡亭离开，把财宝都留了下来，并留下一封信和红色玉鞋一双，说："之后数年来蓬莱山寻找我。"后来秦始皇就派遣使者徐市、卢生等数百人入海，但没到蓬莱山时，就遇到大风大浪而回来了。人们在海边为安期先生立了十多处祠庙。此篇称秦始皇寻找蓬莱是安期生留下的话，与《史记》中方士徐市怂恿秦始皇寻找三仙山有异。

后世也有不少关于安期生的典故传说。如《艺文类聚》引《汉武内传》提到，李少君生病入泰山采药，遇见安期生就向他叩头求助，安期生赐给他一匀神楼散，吃下去就痊愈了。《艺文类聚》引《马明生别传》提到，安期生与神女置膳吃枣。安期生说，两千年前我们在西海吃过的枣子异常美味，这里的枣子颇有不如啊！神女也说，当时我和您一起都没吃完一颗，哪是这里的枣子能比的呢？《太平御览》引《郡国志》称九嶷山之八纪峰为安期生向马明生传授金液神丹之处。《乾道四明图经》称昌国县（今浙江舟山）东南一百二十里有桃花山，老人相传安期生在这里学道炼丹，曾经醉酒后挥墨洒于石上生桃花纹，奇形异状，宛若天人，人们都取走当作珍玩，所以山号桃花、乡名安期，即今天浙江舟山的桃花岛。《郁离子》称安期生在之罘山得道，能够持赤刀驱使老虎，指挥它们左右进退。东海黄公见到非常羡慕，以为刀上有神灵，就偷过来佩戴。后来他在路上遇见老虎，拿出刀来比划，却被老虎吃掉了。

安期先生者，琅琊阜乡人也①。卖药于东海边，时人皆言千岁翁②。秦始皇东游③，请见，与语三日三夜，赐金璧度数千万④。出于阜乡亭⑤，皆置去。留书以赤玉舄一双为报⑥。曰："后数年，求我于蓬莱山⑦。"始皇即遣使者徐市、卢生等数百人入海⑧，未至蓬莱山，辄逢风波而还。立祠阜乡亭海边十数处云。

寥寥安期⑨，虚质高清。
乘光适性，保气延生。
聊悟秦始，遗宝阜亭。
将游蓬莱，绝影清泠⑩。

**【注释】**

①琅琊：古郡、国名，又作琅邪，秦始置，治所琅琊，在今山东青岛黄岛区琅琊台西北，辖今山东东部，之后分东北部置胶东郡。汉初又分西南部置城阳郡，治所东武，在今山东诸城，属齐国。高后七年（前181），改琅琊郡为琅琊国，以刘泽为琅琊王。文帝前元元年（前179），刘泽徙燕国，又以琅琊郡为齐国。前元十五年（前165），齐王刘则死，无子，齐国除为郡，琅琊郡属汉。阜乡：古乡名，在琅琊郡，今地不详。

②时人皆言千岁翁：《文选·游仙诗》注、《登江中孤屿诗》注引为"自言千岁"。

③秦始皇（前259—前210）：嬴姓，名政，又称赵政、秦王政，中国历史上第一位皇帝。秦昭襄王四十八年（前259），生于赵国都城邯郸，其父为秦王孙异人，母为赵国女赵姬。秦庄襄王三年（前247），庄襄王去世，秦王政即位。秦王政十七年—二十六年（前230—前221），相继灭亡韩、赵、魏、楚、燕、齐等东方六国，并征服百越之地。同年秦王政称皇帝为秦始皇，建立中国历史上第一个大一统专制王朝——秦朝，并实行废分封、行郡县，统一度量衡、货币、文字等政策。晚年追求长生不老之术，宠幸方士徐市、卢生、石生、侯生、韩生等人。秦始皇三十七年（前210年），在第六次全国巡游时病逝于沙丘。

④度（duó）：推测，估计。

⑤亭：原为军事边防设施，秦汉为地方基层行政单位，以每十里设置一亭。亭长主管求捕盗贼，并兼理民事诉讼等，下属有求盗和亭父。城内与城厢的都亭、门亭，亦设亭长。

⑥舄（xì）：鞋子。双：《抱朴子·极言》引作"量"，《事文类聚》《合璧事类》作"两"。量，通"两"，两只。

⑦蓬莱山：传说中的仙山，《山海经》即有提到，与方丈、瀛洲二山都

在渤海中。据《史记·封禅书》，三仙山上有仙人和长生不死之药，鸟兽都是白色，宫阙都是金银所建。战国时期齐威王、齐宣王、燕昭王都曾派人入海访求三仙山。远看三山漂浮在水面，近去发现沉在水下，再近去直接被风吹散了，没有人能够到达。《史记·孝武本纪》称武帝时建章宫北治大池，池中假山被命名为蓬莱、方丈、瀛洲、壶梁。据《列子·汤问》，则称渤海之东几亿万里处有归墟，为天空八方、地面八极、银河之水的汇聚处，中有岱舆、员峤、方壶（当即方丈）、瀛洲、蓬莱五山，每座山周长三万里，山顶九千里，山与山之间七万里。山上的楼台都由金银珠玉建成，飞禽走兽都是纯白色，珠玉宝石之树的花果吃了可以让人长生不老，住在那里的都是日夜飞行的仙人。《海内十洲记》亦有瀛洲、方丈、蓬莱、昆仑等神山的传说。

⑧徐市（fú）：又作徐福，秦朝方士，齐国人。据《史记·秦始皇本纪》，徐福向秦始皇上书称渤海内有三仙山，秦始皇派遣徐福带领童男童女数千人入海寻找仙山，花费秦始皇巨额钱财终不得。归来后怕被秦始皇谴责，诈称受到海中大鲛鱼（当即鲨鱼）所困，所以到达不了仙山。后世文献多称徐市到达某处没有返回，与《秦始皇本纪》相异。如《太平广记》引《仙传拾遗》称唐朝开元年间有士人乘船到东海亶洲岛见到徐市，也有说徐市到达日本并成为日本的神武天皇。卢生：秦朝方士，燕国人。据《史记·秦始皇本纪》，秦始皇曾派遣卢生寻找仙人羡门子高，后卢生入海带来一部图书，上有“亡秦者胡也”的谶语，始皇从而发兵攻打匈奴。后来卢生又劝说秦始皇要深居宫中才能遇见仙人，但之后又与侯生说秦始皇贪欲太甚不能求到仙药，两人出逃，引发秦始皇坑儒事件。《淮南子·道应》：“卢敖游于北海。”许慎注：“卢敖，燕人，秦始皇以为博士，使求神仙，亡而不返也。”其实此卢敖见于《庄子》，是战国时期的人物，许慎将其与卢生混淆了。

⑨寥寥：孤寂，空虚，深邃。

⑩清泠：本为水名，多与神仙、道家人物有关。《山海经·中山经》称神耕父常在清泠之渊游泳，出入都有光芒闪耀，晋郭璞注在西鄂县（今河南南阳）山上。《庄子·让王》称舜以天下让北人无择，北人无择不接受而投清泠之渊。《艺文类聚》引《高士传》称尧以天下让许由，许由觉得被侮辱，用清泠之水洗耳拭目。后也形容丰神俊秀的样子。

**【译文】**

安期先生，是琅琊郡阜乡人。在东海边卖药，当时人都说他是千岁老翁。秦始皇东游时，请求见他，并和他对话三天三夜，赐给他黄金玉璧差不多价值数千万。他从阜乡亭离开，把财宝都留了下来，并留下一封信和红色玉鞋一双作为回报，说："之后数年，来蓬莱山寻找我。"秦始皇就派遣使者徐市、卢生等数百人入海，没到蓬莱山时，就遇到大风浪而返回了。人们在阜乡亭海边为安期先生立了十多处祠庙。

孤寂深邃安期生，神质虚空性高清。
乘游时光调养性，保养元气延益生。
闲聊启悟始皇帝，留下宝物在阜亭。
将游蓬莱仙山去，身影绝去在清泠。

## 桂　父

**【题解】**

桂父，传说中的古仙人，其名不详，桂父当指其制作桂丸，父为男子的美称。《列仙传》本文是有关他最早的记载。本文说他是交州日南郡象林县人，肤色黝黑但又会时而变白、变黄、变红，南海一带人见到他都会尊崇侍奉。《文选·吴都赋》注引《列仙传》称其"颜色如童""时黑、时白、时赤"，为今本不载。"颜色如童"当指其面色平常为红色，相较本文说肤色黝黑更合理。他还经常服用丹桂与葵菜，并用乌龟的脑髓制作药丸，一千粒丸子需要十斤丹桂来制作。《抱朴子内篇》也说了这种仙药，服用七年后能够步行水上，长生不死。所以后来世世代代都有人见到过他，直到《列仙传》编著时，荆州南边还有他制作的桂丸流传。晋顾微《广州记》则称桂父"一旦与乡曲别，飘然入云"。《文选·吴都赋》"桂父练形而易色"，《神仙传序》"桂父改色以龟脑"，所言亦为此事。东晋王嘉《拾遗记》也记录了龟脑，称魏明帝即位第二年，昆明国人进献一种漱金鸟，漱金鸟能吐米粒大小的金粒；明帝就将漱金鸟蓄养在灵禽园，以珍珠为食、龟脑为水饲养它。

桂父者，象林人也①。色黑而时白、时黄、时赤，南海人见而尊事之②。常服桂及葵③，以龟脑和之，千丸十斤桂。累世见之。今荆州之南④，尚有桂丸焉。

伟哉桂父，挺直遐畿⑤。
灵葵内润，丹桂外绥⑥。
怡怡柔颜⑦，代代同辉。
道播东南，奕世莫违⑧。

**【注释】**

①象林：汉县名，属交州日南郡，在今越南中部。

②南海：古地名，秦置南海郡，以其临南海。西汉沿置，属交州，此处当泛指汉朝南境地区。

③葵：葵菜。

④荆州：古地名。汉武帝元封五年（前106）所置十三州之一，辖南阳、江夏、南郡、武陵、桂阳、零陵六郡及长沙国，约今湖北、湖南二省及河南西南部、贵州东部、广西东北部、广东西北部等地区。

⑤遐畿：远离王畿的地方。畿，靠近国都的区域。

⑥绥：安抚，平安。

⑦柔颜：柔嫩的容颜，和悦的面色。

⑧奕世：累世，代代。

**【译文】**

桂父，是象林县人。肤色黝黑时而变白、变黄、变红，南海一带人见到他都会尊崇侍奉。他经常服用丹桂与葵菜，用乌龟脑髓来调和制作药丸，一千粒丸子需要十斤丹桂。世世代代都有人见到过他。直到现在荆州的南边，还有桂丸流传。

高大伟岸的桂父，挺拔直立在远畿。

葵菜使内气泽润，丹桂将外貌抚绥。

和顺安然的容颜，世世代代同光辉。

道术传播东南地，历代共享未可违。

# 瑕丘仲

**【题解】**

瑕丘仲，传说中的古仙人，《列仙传》本文是有关他最早的记载。据说他是甯地人。先秦有甯地在河南修武，《水经注》则称甯地在今河北怀来，并称班丘仲在甯地卖药。“班丘”当为“瑕丘”之误，瑕丘为周代地名，在今河南濮阳、山东兖州二地，故有此氏。瑕丘仲在甯地卖药百余年，大家都知道他很长寿。后来地震房屋毁坏，瑕丘仲和邻里数十家屋子因靠水而坍塌。瑕丘仲自己也被压死了，有人把他的尸体找出来扔到水里，又把他的药收拢下给卖了。然而瑕丘仲没有真正死亡，后来他又穿着皮衣去找此人索药（一作他去责问那个人）。但他并不忌恨对方取走自己的药，只是讨厌自己死而复生的仙踪被暴露，拿到药之后就离开甯地了。他后来又成为驿站使者，利用为夫余国王传送文书的机会又来到甯地，北方人（一作当地人）都称他是谪仙人。

后世也有关于瑕丘仲的记载，据《汉武帝别国洞冥记》，有一种长一尺的龙肝瓜，花红叶素，生于冰谷，又称冰谷素叶之瓜。瑕丘仲采药时得到此瓜，瓜肉如同霜雪，食之如同蜜糖，千年不渴。汉武帝封禅泰山，随从者都被赐予了这种瓜。瑕丘仲还被纳入道教神仙体系，号“太玄真卿”“元真太卿”，据前蜀杜光庭《墉城集仙录》，太上老君命玉真上公崔文子、太玄真卿瑕丘仲，册封许天师许逊为九州都仙大使高明主者，白日升天。

瑕丘仲者，甯人也[①]。卖药于甯百余年，人以为寿矣。地动舍坏，仲及里中数十家屋临水皆败[②]。仲死，民人取仲尸弃水中，收其药卖之。仲披裘而从诣之取药[③]，弃仲者惧，叩头求哀。仲曰：“恨汝使人知我耳。吾去矣。”后为夫余胡王驿使[④]，复来至甯。北方人谓之谪仙人焉[⑤]。

瑕丘通玄[⑥]，谪脱其迹。
人死亦死，泛焉言惜[⑦]。
遨步观化[⑧]，岂劳胡驿。
苟不睹本，谁知其谪。

【注释】

①甯：古地名，今地不详。春秋晋国有甯邑，《左传》杜预注以为在汲郡修武县（今河南修武）；《水经注》引《魏土地记》则称：“大甯城西二十里有小甯城，昔邑人班丘仲居水侧，卖药于甯百余年，人以为寿。”在今河北怀来西北。

②里：战国秦汉基层组织单位。《春秋公羊传》：“一里八十户。”《管子》：“百家为里。”《尚书大传》：“八家为邻，三邻为朋，三朋为

里。"《汉书》:"五家为邻,五邻为里。"当皆系学者理想化构建,现实中并无此严格规范。后也指邻居。

③披裘而从诣之取药:《水经注》"披裘"下作"从而诘之"。诘,责问,追问。裘,皮衣。诣,到。

④夫余胡王:扶余国国王。夫余,又称扶余、凫臾,系从秦汉至南北朝时期存在于我国东北至朝鲜半岛北部的一个政权,主要分布在松花江中游一带,以吉林四平(一说农安)为都城。因系北方少数民族建立,故国王被称"胡王"。胡,本指匈奴,后为对北方、东北及西域地区少数民族的泛称。494年夫余国为南边的高句丽国所灭。驿使:古代驿站传送朝廷文书者。

⑤北方:《水经注》作"此方"。此方,当地。谪(zhé)仙:被贬下凡的仙人,后也指才学优异的人。

⑥通玄:通晓玄妙之理。

⑦泛:肤浅的,不切实际的。

⑧遨步:游步,漫游。观化:观察生死的变化。《庄子·至乐》:"滑介叔曰:……死生为昼夜,且吾与子(支离叔)观化,而化及我,我又何恶焉!"徐复观《中国人性论史》称观化为"即对万物的变化,保持观照而不牵惹自己的感情判断的态度"。

**【译文】**

瑕丘仲,是甯地人。在甯地卖药长达百余年,大家都知道他长寿。后来地震房屋毁坏,瑕丘仲和邻里数十家的屋子因为靠水都坍塌了。瑕丘仲也死了,有人就把他的尸体扔到水里,并把他的药收拢卖了。后来瑕丘仲穿着裘衣到他那去取药,那个人非常恐惧,连连叩头哀求。瑕丘仲说:"我只恨你让人知道我。我要走了。"他后来成为夫余国王的驿站使者,又来到了甯地。北方人都称他为谪仙人。

瑕丘仙人通玄理,降临人世脱行迹。

凡人死去他亦死,何必肤浅说可惜。

逍遥漫步观变化，怎又劳驾胡人驿。

若不知晓其原本，谁能明白其被谪。

## 酒　客

**【题解】**

酒客，姓名不详，传说中的古仙人，《列仙传》本文是有关他最早的记载。据说他是梁地市场上的酒保，所制作的酒水非常香甜，每日可卖得万钱。后来他因为过错被主人驱逐，但主人自酿酒却往往发酸败坏，从而变得贫穷。梁地市场上都知道他的仙术，不少商人把女儿嫁给酒客来迎合他，但他有时离开又有时回来。之后百余年，他又来担任梁国的丞。他预言三年后梁地会有大饥荒，就让民众多种芋头，之后果然如此。五年之后他又辞官而去。由此可见酒客对尘世的富贵生活并不感兴趣，而是更愿意从事卑微的工作。《列仙传》中不少仙人都从事过卑微的工作，如赤将子舆在市场上卖缴，啸父在市场上补履，卒常生担任守门役卒，瑕丘仲在市场上卖药；而他们也会时常随性地更换工作，如赤将子舆曾做过木工，瑕丘仲又做过驿站使者，这都反映仙人不为世俗所拘的特征；也表示不论贵贱人人皆可修道成仙，这是汉代早期道教发展的重要特征，使其能够吸纳下层民众参与；而到了魏晋战乱时代，连门阀士族都朝不保夕，故道教更加倾向于贵族，此时成书的《神仙传》的主角就主要为士大夫了。

酒客者，梁市上酒家人也[①]。作酒常美，而售日得万钱。有过而逐之，主人酒常酢败[②]，穷贫。梁市中贾人多以女妻而迎之[③]，或去或来。后百余岁，来为梁丞[④]，使民益种芋菜[⑤]，曰：“三年当大饥。”卒如其言[⑥]，梁民不死。五年解印绶去[⑦]，莫知其终焉。

酒客萧绛[8]，寄沽梁肆[9]。
何以标异，醇醴殊味[10]。
屈身佐时[11]，民用不匮[12]。
解绂晨征[13]，莫知所萃[14]。

**【注释】**

①梁：地名。春秋有嬴姓梁国，在今陕西韩城。前641年，秦穆公灭梁国，据有梁地，后为晋所夺，三家分晋后属魏。战国时期魏又于中原修建梁城，称为大梁，在今河南开封，以故梁地为少梁；前361年，魏惠王迁都大梁，魏国亦称梁国。魏王假三年（前225）为秦所灭。汉高祖五年（前202）以魏国故地封彭越，建立梁国，都定陶（在今山东菏泽），高祖十一年（前196）诛彭越，立皇子刘恢为梁王。高后七年（前181），以刘恢为赵王，更梁国为吕国。高后八年（前180），功臣平定诸吕之乱后，以惠帝子刘太为梁王，不久杀之。文帝前元二年（前178），以皇子刘揖为梁王。前元十一年（前169），刘揖死，又以弟刘武为梁王，至王莽始建国元年（9）国除。

②酢（cù）败：酒、乳等饮料发酸败坏。

③贾人：商人。

④丞：本义为辅助，引申为辅佐官员的副职，汉代有郡丞、府丞、县丞等。

⑤益：多，增加。芋菜：芋头。

⑥卒：最终。

⑦印绶：印信和印信上的丝带。

⑧萧绛：当为“萧悴”，即憔悴，萎靡不振的样子。

⑨沽（gū）：卖。肆：店铺。

⑩醇醴（lǐ）：味道甘甜的美酒。

⑪佐：辅佐。时：时令，农时。

⑫不匮：不缺乏。

⑬绂（fú）：系印纽的丝绳，亦指官印。

⑭萃：止，去向。

**【译文】**

酒客，是梁国市场上的酒保，制作的酒水香甜。每日可卖得万钱。后来有过错被主人驱逐，主人自酿酒就多发酸败坏，从而变得贫穷。梁地市场上不少商人把女儿嫁给酒客并迎合他，他有时离开又有时回来。之后百余年，又来担任梁国丞，让民众多种芋头，说："三年之后会大饥荒。"最终果然像他说的一样，民众得以不死。五年之后解下印章和丝带而去，没有人知道他去了哪里。

酒客憔悴隐民间，寄居卖酒于市梁。

何以标榜其异能，甘甜美酒特别味。

屈身佐民务农时，荒年民用不乏匮。

解下官印清晨走，无人知晓他去向。

## 任　光

**【题解】**

任光，传说中的古仙人，《列仙传》本文是有关他最早的记载。据说任光是上蔡人，善于服食丹药，也在城市的街坊里巷卖药，过了八十九年（王照圆《列仙传校正》疑为八九十年之误），大家还能认出他就是过去的任光，因为他的容颜还如几十岁一般。后来有位长者结识了他，大概就是这位长者将其推荐给晋国大臣赵简子。赵简子为春秋后期晋国的执政官，当时正处于社会大变革时代，传统的世袭贵族政治摇摇欲坠，士人作为个体力量在历史舞台上的作用越来越关键。赵简子即喜好延聘士人，《史记·赵世家》记载了他有个喜好直言进谏的家臣周舍，周舍去世后，简子经常不高兴，说一千张羊皮都不如一只狐狸的腋皮珍贵啊，因为只能听到大夫们的唯唯诺诺，而听不到周舍的据理力争了。赵家正是由于重用士人，故后来能在三家分晋中分一杯羹。本文虽把任光与赵简子联系起来，但任光毕竟是世外高人，所以也不会为赵简子所拘束。后来他就经常出没在晋国的柏梯山上。因为山比地面离天更近，所以古人认为山是沟通天和地的道路，《山海经》说，群巫经常在葆山上下，《列仙传》中不少仙人也喜好出没于山上。不过任光仅在柏梯山停留数十年，三代之后就没人知道他去哪里了，而晋地人还时常服食他留下的丹药。

任光者，上蔡人也[①]。善饵丹，卖于都市里间，积八十九年，乃知是故时任光也，皆说如数十岁面颜。后长老识之[②]，赵简子聘与俱归[③]。常在柏梯山上[④]，三世不知所在。晋人常服其丹也。

上蔡任光，能炼神丹。
年涉期颐[⑤]，晔尔朱颜[⑥]。
顷适赵子[⑦]，纵任所安[⑧]。
升轨柏梯[⑨]，高飞云端。

**【注释】**

①上蔡：古地名，又称蔡，今河南上蔡。周成王时，蔡国国君叔度谋反被囚，后周公旦将叔度子蔡仲改封于蔡地。至春秋中期，蔡平侯迁都新蔡；春秋后期，蔡昭侯又迁都州来，以州来为下蔡，原蔡都为上蔡。秦置上蔡县，汉沿置。

②长老：长者。

③赵简子：即赵鞅（？—约前477），嬴姓，名鞅，字志父，又称赵孟、赵简主，春秋晋国赵氏宗主，“赵氏孤儿”赵武之孙，赵景叔赵成之子。联合晋国韩、魏、知三家驱逐中行氏、范氏，并多次带兵击

败齐、卫、郑等国，勉强维护着晋国江河日下的霸主地位。约前477年在晋国中军将一职上去世，子赵无恤继任赵氏宗主。《史记·六国年表》《赵世家》称其去世于前458年，不确。战国秦汉流传不少其好士人的传说。聘：访问，聘任。

④柏梯山：山名，其地不详，当在晋境。山西永济古有柏梯寺，或即所在。

⑤期颐：一百岁。《礼记·曲礼上》："百年曰期颐。"

⑥晔尔：光明灿烂的样子。尔同然，多用于形容词、副词词尾。

⑦顷（qǐng）：当时。适：遇到。

⑧纵任：放纵，听任。

⑨轨：轨道，行踪。

**【译文】**

任光，是上蔡人。善于服食丹药，并卖于城市的街坊里巷，过了八十九年，大家还知道他就是过去的任光，都说他好像几十岁时的容颜。后来有位长者结识了他，赵简子就来拜访他并邀请他一起返回晋国。他常住在柏梯山上，三代人之后就不知道他去哪里了。晋地人还时常服食他的丹药。

上蔡仙人名任光，能够炼制神妙丹。
年龄虽已达百岁，却有光明的红颜。
当时逢见赵简子，放纵听任随遇安。
登上柏梯行踪去，远走高飞入云端。

# 萧　史

**【题解】**

萧史，传说中的古仙人，《列仙传》本文是有关他最早的记载。据说他是秦穆公时人。《天中记》引《列仙传拾遗》称萧史长得"琼姿炜烁，风神超迈”。他擅长吹箫，能够招致孔雀白鹤来庭院翩翩起舞。秦穆公有女儿字弄玉，喜欢萧史，穆公就把女儿嫁给他。萧史每天教弄玉吹箫模仿凤鸣，过了几年后，弄玉就吹得就像凤凰叫了，于是就有凤凰来停留在屋上。秦穆公为他们建造了凤台，萧史、弄玉夫妇住在凤台上，不下地面有数年之久。有一天两人都乘着凤凰走了。所以秦国人为他们在宫中建造了一座凤女祠，时常有箫声在祠中响起。《神仙传序》称“萧史乘凤而轻举”，所言亦为此事。《列仙传拾遗》称“一旦，弄玉乘凤，萧史乘龙，升天而去”，“萧史乘龙”“乘龙快婿”与“弄玉吹箫”都成为后世有名的典故。其实在早期传说中，萧史与弄玉同乘凤凰。

《历世真仙体道通鉴》有关于萧史故事的详细记载。据说萧史生于周宣王十七年（前811）五月五日，成年之后喜好道术而不理家业，后来游历终南山遇到异人，学到长生之术，并练习吹箫。回家后父母要求他娶妻，他称以后可以娶到公主为妻。周宣王末年时史籍散乱，萧史由于会著作而补叙史事，因此才被称为“史”。之后萧史四处游历到了秦国，秦侯之女弄玉擅长吹笙，因此秦侯为女儿择婿也要求会吹笙。秦大夫孟明将萧史推荐给秦侯，秦侯本想拒绝萧史，弄玉要求听萧史吹箫。只见第一声起清风生，第二声起彩云出，第三声起凤凰下，弄玉自己吹笙也有同样感应，就要求嫁给萧史。于是秦侯同意二人结婚，婚礼只有二人箫笙相奏，乐曲还未结束，就有一对凤凰将二人接走了。后来有人在吴头楚尾的西山高峰上看到他们，但之后他们又骑鹤往天上飞去了。

萧史者，秦穆公时人也①。善吹箫，能致孔雀白鹤于庭。穆公有女字弄玉②，好之，公遂以女妻焉。日教弄玉作凤鸣，居数年，吹似凤声，凤凰来止其屋，公为作凤台，夫妇止其上，不下数年。一旦，皆随凤凰飞去。故秦人为作凤女祠于雍宫中③，时有箫声而已④。

萧史妙吹，凤雀舞庭。
嬴氏好合[⑤]，乃习凤声。
遂攀凤翼，参翥高冥[⑥]。
女祠寄想，遗音载清[⑦]。

【注释】

①秦穆公（？—前621）：又作秦缪公，嬴姓，名任好，春秋中期秦国国君，"春秋五霸"之一，父秦德公。前660年，秦成公去世，弟任好即位，是为穆公。穆公即位后与晋国结好，娶晋献公女伯姬，先后拥立晋惠公、晋怀公、晋文公即位，意欲东出争霸，但皆被晋人所阻。前627年，秦穆公趁晋文公去世派孟明视袭郑，为晋中军将先轸于崤山袭击，秦军全军覆没。此后，他重用百里奚、蹇叔、由余等贤臣，致力于开拓西方。前623年，秦穆公灭国十二，开地千里，独霸西戎，被周天子册封为西方伯主。今陕西凤翔有秦穆公墓景区。

②弄玉：秦穆公之女。据《左传》，秦穆公有女名简璧，"简璧""弄玉"义近，疑即弄玉之原型。

③雍：即秦都雍城。秦德公元年（前677），秦国迁都于雍城，在今陕西凤翔；此后直到秦献公二年（前383），秦国迁都栎阳，在今陕西西安阎良区。今陕西凤翔出土秦雍都遗址、秦公大墓。

④时：时常。

⑤嬴氏：嬴姓氏族。据《史记·秦本纪》，秦祖大费（伯益）为帝舜赐姓嬴。其实上古赐姓说不可靠，姓氏制度当形成于周代。其中姓表示血缘集团，氏表示社会集团，嬴姓在周代有秦、赵、江、黄、梁、徐、葛、钟离等国（氏），此处指弄玉。好合：情投意合。

⑥参：相间，夹杂。翥（zhù）：向上飞。高冥：高空。

⑦遗音：留下声音。载：助词。

【译文】

萧史，是秦穆公时人。他擅长吹箫，能够招致孔雀白鹤来庭院翩翩起舞。秦穆公有女儿字弄玉，喜欢萧史，穆公就把女儿嫁给他。萧史每天教弄玉吹箫模仿凤鸣，过了几年，弄玉吹得就真像凤叫了，于是就有凤凰来停留在屋上，秦穆公为他们建造了凤台，萧史弄玉夫妇住在凤台上，不下地面有数年之久。有一天，两人都乘着凤凰飞走了。所以秦国人为他们在雍城宫殿建造了一座凤女祠，时常有箫声在祠中响起。

萧史吹箫真美妙，凤凰雀鹤舞于庭。

嬴家公主情意合，也随萧史习凤声。

于是攀上凤凰翅，双双飞升入青冥。

秦人修祠寄念想，遗下音律仍轻清。

## 祝鸡翁

【题解】

祝鸡翁，又称祝鸡公，是传说中的古仙人，以养鸡为业。《列仙传》本文是有关他最早的记载。本文说他是洛阳人，住在尸乡北山之下。尸乡北山在商代有仙人仇生居住，还留下过仇生建造的石室，详见前文《仇生》篇。祝鸡翁在这里养鸡一百多年，共有一千多只鸡，鸡晚上都住在树上。他还为每只鸡取了名字，叫名字它们就会跟着呼声过来。祝鸡翁卖鸡和鸡蛋，得到的钱有千余万。但他没有把钱花掉，而是如数留下。后来他又去吴地养鱼，然后又到了吴山，有数百只白鹤孔雀，经常停留在他的身旁。《水经注》引《搜神记》亦有他的记载，与《列仙传》本篇基本一致，为今本《搜神记》无。祝鸡翁的典故经常被后人提及。《水经注》引袁氏《王陆诗叙》，提到西晋吴中名士陆机入洛阳，在偃师一民舍投宿。民舍有一少年与陆机谈玄学，陆机自愧不如。第二天陆机到达洛阳旅舍，才知道自己之前路过的是祝鸡翁所住的尸乡北山，此处并无人家，只有山南名士王弼墓，这位少年自然就是英年早逝的王弼了。尸乡北山本为仙山，王弼又安葬于此，显灵也在情理之中。明陈继儒《珍珠船》也称，唐代名相李德裕曾被贬到海南崖州，当地人多养鸡，往往飞入官舍，李德裕写信给友人段成式，不无诙谐地以祝鸡翁自居。《事文类聚》《锦绣万花谷》引《博物志》称："祝鸡翁，善养鸡，今世人呼鸡云祝祝，起此。"此说恐倒果为因，《说文解字》释"喌（zhōu）"字为"呼鸡言重之，读若祝"，或祝鸡翁之祝本也非其姓，而是喌字的通假。

祝鸡翁者，洛人也①。居尸乡北山下②，养鸡百余年，鸡有千余头，皆立名字③。暮栖树上，昼放散之。欲引，呼名即依呼而至。卖鸡及子④，得千余万。辄置钱去之吴⑤，作养鱼池。后升吴山⑥，白鹤孔雀数百，常止其傍云。

人禽虽殊，道固相关。
祝翁傍通，牧鸡寄欢。
育鳞道洽⑦，栖鸡树端。
物之致化⑧，施而不刊⑨。

**【注释】**

①洛：古地名，又作雒，即洛阳县，在今河南洛阳。周成王时营建洛邑，作为周朝东都。秦灭周后，以洛邑地区为河南县及洛阳县，西汉沿置。《艺文类聚》《太平广记》引作"洛阳"。

②尸乡北山：在今河南偃师，古仙人仇生曾居住于此，详见前文《仇生》篇。

③立：订立，设立。

④子：鸡子，鸡蛋。

⑤吴：古地名，指吴郡或吴县。秦统一后，在吴国故地设置吴县，为

会稽郡郡治，故会稽郡也称吴郡。汉顺帝永建四年（129），分会稽郡置吴郡，治所亦在吴县，即今江苏苏州。

⑥吴山：当为吴地山脉之通称，非今浙江杭州之吴山。

⑦洽：和洽，融洽。

⑧致化：施行教化。

⑨施：施加，施展。刊：修改。

**【译文】**

祝鸡翁，是洛阳人。住在尸乡北山之下，养鸡一百多年，鸡有一千多只，他给每只鸡都取了名字。鸡晚上住在树上，白天就放出去散养。想要鸡过来，叫它们的名字就行了。祝鸡翁卖鸡和鸡蛋，得到的钱有千余万。他把钱都留下去了吴地，又建造了一个养鱼池。后来到吴山之上，有数百只白鹤孔雀，经常停留在他的身旁。

人与禽鸟虽不同，个中门道却相关。
祝翁触类而旁通，饲养小鸡寄所欢。
养鱼之道亦融洽，小鸡栖息于树端。
施行教化于万物，施展生性不改刊。

# 朱 仲

**【题解】**

朱仲，传说中的古仙人，《列仙传》本文是有关他最早的记载。本文说他是会稽郡人，经常在会稽市场上贩卖珍珠。汉高后吕雉征购直径三寸的珍珠，朱仲就携带着珍珠去，得到五百两金子的赏赐。吕后之女鲁元公主又用七百两金子从朱仲这里购买到直径四寸的珍珠，朱仲将珍珠放到宫门外就走了。后来朝廷下诏书征聘他不得。到汉景帝时，他又献上直径三寸的珍珠数十枚。后世有伪托朱仲所传的《相贝经》，原书已佚，《太平御览》辑本全文仅三百余字，提到《相贝经》为仙人琴高（详见前文《琴高》篇）传给朱仲。朱仲将珍珠献给汉武帝，将贝献给会稽太守严助，还附信给严助介绍了十二种贝类动物的名称、外形及功效。《封氏见闻录》称密州之东，临海有二山，北为小朱山，南为大朱山，相传曾为朱仲居住而得名，即今山东青岛小珠山与大珠山。《文选·闲居赋》称："周文弱枝之枣，房陵朱仲之李。"注引《荆州记》称："房陵县有好李，甚美。仙人朱仲来窃。"南朝梁任昉《述异记》则说"房陵定山，有朱仲李园三十六所"。一说朱仲窃食过，一说朱仲种植过，总之在房陵（今湖北房县）也有朱仲的传说。唐孟浩然《韩大使东斋会岳上人诸学士》："徒攀朱仲李，谁荐和羹梅。"亦引用"朱仲李"的典故。

朱仲者，会稽人也①，常于会稽市上贩珠。汉高后时②，下书募三寸珠。仲读购书，笑曰："直值汝矣③。"赍三寸珠诣阙上书④。珠好过度，即赐五百金。鲁元公主复私以七百金从仲求珠⑤，仲献四寸珠，送置于阙即去。下书会稽征聘，不知所在。景帝时⑥，复来献三寸珠数十枚，辄去，不知所之云。

朱仲无欲，聊寄贾商⑦。
俯窥骊龙⑧，扪此夜光⑨。
发迹会稽，曜奇咸阳⑩。
施而不德⑪，历世弥彰⑫。

**【注释】**

①会稽：古地名，为周代越国都城，即今浙江绍兴。秦设会稽郡，治所吴县（在今江苏苏州）。汉高祖五年（前202）属楚国，六年（前201）属荆国，十二年（前195）属吴国。景帝前元三年（前154）平定七国之乱后，为汉直辖。

②汉高后（？—前180）：即吕雉，单父（今山东单县）人，汉高祖刘邦皇后，中国历史上第一位皇后。年轻时随父亲入沛县并嫁给刘邦，生鲁元公主、惠帝刘盈，其家族在汉朝建立过程中起到重要作用。前202年，刘邦称汉高祖，以吕雉为皇后。前195年，汉高祖去世，惠帝即位，权力掌握在吕后手中。前188年，惠帝去世，吕后立惠帝子前少帝，并临朝称制。前184年，吕后又废前少帝改立后少帝。前180年，吕后去世。其掌权期间延续汉高祖的黄老无为政策，为汉朝经济恢复和社会发展作出了贡献。今陕西咸阳有汉高祖与汉高后合葬长陵。

③直：值得。值：价值。

④赍（jī）：怀着，携带。阙：宫门。

⑤鲁元公主（？—前187）：刘姓，名不详，汉高祖刘邦与皇后吕雉之女，嫁给赵王张耳之子张敖为妻，生子张偃及一女。汉朝建立后，被封为鲁元公主。

⑥景帝：即汉景帝刘启（前188—前141），汉朝第六任皇帝，父为汉文帝刘恒，母为窦皇后。前180年，汉文帝即位，以皇长子刘启为太子。前157年，汉文帝去世，景帝刘启即位。前154年，景帝任用晁错削除藩国势力，导致东方吴、楚等七国叛乱，史称“七国之乱”，后为太尉周亚夫、梁王刘武等平定，西汉诸侯王势力得以彻底清除。他在位期间延续高祖、吕后、文帝以来轻徭薄赋、休养生息的政策，史称“文景之治”。前141年，景帝去世，子武帝刘彻即位。今陕西咸阳有汉景帝阳陵。

⑦聊：姑且。

⑧骊龙：黑龙。骊，纯黑色的马，此处指纯黑色。据《庄子·列御寇》，黄河边有个家境贫穷的人家，儿子在深渊得到一枚价值千金的宝珠。父亲见到后让儿子砸碎宝珠，因为这样的宝珠一定出自潭底黑龙的下巴之下，儿子能找到是恰巧赶上黑龙睡着了，如果

黑龙醒着儿子早就没命了。后世多用骊龙珠的典故,如《抱朴子内篇》称:"凡探明珠,不于合浦之渊,不得骊龙之夜光也。"

⑨扪:抚,摸。

⑩曜奇:显示奇迹。咸阳:此处指汉都长安,即今陕西西安、咸阳一带。长安本为秦朝都城咸阳一乡聚,汉初改咸阳县为长安县,并定为国都。故秦咸阳、汉长安实为一地,与今之咸阳市、西安市长安区地名区划不同。

⑪施:施恩。德:恩惠。

⑫彰:彰显,昭彰。

**【译文】**

朱仲,是会稽郡人,经常在会稽市场上贩卖珍珠。汉高后当政时,下诏书征购直径三寸的珍珠。朱仲读到征购的诏书,对珍珠笑道:"你的价值到了。"于是携带着直径三寸的珍珠到宫门上书。珍珠的质量超过标准,吕后赏赐了五百两金子。鲁元公主又私下用七百两金子从朱仲这里购买珍珠,朱仲献上直径四寸的珍珠,送过来置放在宫门外就走了。朝廷下诏书到会稽征聘朱仲,但不知道他去哪儿了。汉景帝时,朱仲又献上直径三寸的珍珠数十枚,之后就走了,不知道去哪里了。

朱仲无欲亦无求,姑且托生于贾商。

俯首窥探黑龙潭,方能抚此珠夜光。

名声发迹于会稽,奇异显示在咸阳。

施恩却不图回报,美行历世更昭彰。

## 修羊公

**【题解】**

修羊公,传说中的古仙人,《列仙传》本文是有关他最早的记载。本文说他是魏地(一作蜀地)人。居住在华山上石室中,睡在悬空的石榻上面，石榻都被他睡得塌陷下去。平时食用一些延年益寿的黄精，后来去拜见汉景帝（一作武帝），被安排住在诸侯王的住所中。景帝下诏书问他何时教自己法术。诏书还没宣读完毕，修羊公就化成白石羊，只见石羊胁上（一作背上）题着“修羊公谢天子”六个字。景帝把石羊放置在观察天文星象的灵台之上，再后来修羊公变的石羊就走了。《神仙传序》称“修羊陷石于西岳”，所言亦为此事。《历世真仙体道通鉴》作者认为，《道德经》曰“多言数穷，不如守中”，修羊公可以说是得道了，化成白石羊题字表谢，这又是不忘知遇之恩；因此修羊公可谓是“道之深，义之尽”的人物了。《太平御览》引《上元宝经》称修羊公、稷丘子、东方朔、崔文子、商丘子等仙人都服用芝英除去三尸谷虫，所以即使吃粮食也能无病成仙，汉武帝向修羊公、东方朔求索秘方，但终究没有传下来。《天地官府图》中三十六小洞天之十八的华盖山洞，相传为仙人羊公修所治理。“羊公修”或为“修羊公”之误。

修羊公者，魏人也①。在华阴山上石室中②，有悬石榻，卧其上，石尽穿陷。略不食③，时取黄精食之④。后以道干景帝⑤，帝礼之，使止王邸中⑥。数岁，道不可得，有诏问修羊公：“能何日发⑦？”语未讫，床上化为白羊，题其胁曰⑧：“修羊公谢天子。”后置石羊于灵台上⑨，羊后复去，不知所在。

卓矣修羊，韬奇含灵⑩。
枕石大华，餐茹黄精。
汉礼虽隆，道非所经⑪。
应变多质，忽尔隐形。

**【注释】**

①魏：古地名。西周有姬姓魏国，在今山西芮城，于前661年被晋献

公所灭。后献公将魏地封给大夫毕万，毕万为周文王之子毕公高后人，自此改氏为魏。后魏氏在晋国逐渐做大，并于前403年建立魏国，都安邑，在今山西夏县，位列“战国七雄”之一，至魏惠王时迁都大梁，在今河南开封，于魏王假三年（前225）被秦所灭，核心区域在今山西南部、河南中北部、河北南部一带。秦末又有故魏国宁陵君魏咎、魏豹兄弟称魏王，项羽分封将魏豹改为西魏王，魏豹投靠刘邦被立为魏王，汉高祖三年（前204）为汉将周苛所杀。汉初又从邯郸郡中析置魏郡，治所邺城，在今河北临漳西南，后或属赵国，或直属中央。《事类赋·地部》注、《太平御览》则引“魏”作“蜀”。此处当指魏郡。

②华阴山：即华山，又称大（太）华山。

③略：大略，大概。

④黄精：药用植物，具有生津润肺的作用，道家认为长期服用能升仙。

⑤干（gān）：求取（职位、俸禄等）。景帝：即汉景帝。《金楼子》原有案语：“别卷作‘武帝’。”

⑥邸：高级官员居住的处所。

⑦发：送出，交付，这里指交出修道的方法。

⑧胁：从腋下到肋骨尽处的部分。《北堂书钞》《天中记》引“胁”作“背”。

⑨灵台：为古代帝王观察天文星象、妖祥灾异的建筑。《诗经·大雅·灵台》：“经始灵台，经之营之，庶民攻之，不日成之。”最早的灵台为周文王所建，在今甘肃灵台。《金楼子》作“通灵台”。

⑩韬奇：怀藏奇才。

⑪经：常道，指常行的义理、准则、法则。

**【译文】**

修羊公，是魏郡人。居住在华山上石室中，石室中有悬空的石榻，修羊公就睡在石榻上面，石榻都被他睡得塌陷下去。修羊公不怎么吃食物，有时候拿一些黄精来食用。后来凭借道术向汉景帝谋求俸禄，景帝礼遇他，让他住在诸侯王在中央的住所。但多年来，景帝也没有学会道法，于是下诏书问修羊公："哪天可以公布法术呢？"话还没说完，修羊公就在床上化成白色石羊，它的胁下题着字："修羊公谢天子。"后来景帝把石羊放置在观察天文星象的灵台之上，再往后修羊公变的白石羊就走了，不知道哪去了。

高超卓越修羊公，怀藏奇才含异灵。
枕石而睡于太华，修炼服食品黄精。
汉皇礼遇虽隆重，道术并非寻常经。
随机变化多仙质，忽然之间就隐形。

## 稷丘君

**【题解】**

稷丘君，又作稷邱君、稷丘公、稷丘子，传说中的古仙人，《列仙传》本文是有关他最早的记载，稷丘当以地名而称的姓氏。据说他是泰山（一作防山）下的道士。他在武帝面前表演过道术，使头发白了又变黑，牙齿落了又再生，之后他就离去了。汉武帝是个爱好方士、追求长生的皇帝，《史记·封禅书》记载其宠幸的方士就有李少君、少翁、上郡巫、栾大、公孙卿等人，还对他们多加封赏，但却一直被愚弄。文中说后来武帝巡游泰山，稷丘君穿着道服抱琴相迎，并阻止武帝继续前去，预言将会伤到脚趾。武帝不听，走了几里后果然受伤。武帝回去就为稷丘君立祠庙，并派人为稷丘君祭祀奉养，据《历世真仙体道通鉴》载为百户人家。《汉武帝外传》称汉宫有认识稷丘君的人说，其在将近百岁时返老还童。《抱朴子内篇》记录"稷丘子丹法"："以清酒麻油百华醴龙膏和，封以六一泥，以糠火煴之，十日成，服如小豆一丸，尽剂，得寿五百岁。"后世道教把稷丘君列为管理三十六小洞天之十四潜山洞的仙人。

《列仙传》中记载修羊公被汉景帝聘请，稷丘君向汉武帝展示道术，但景帝、武帝最终都没能成仙。《抱朴子内篇》把秦皇、汉武未能修仙的原因归结于或许他们开始勤求后来倦怠，或许是没有遇到明师。而更为关键的，则是他们只有喜好仙道的名声，却没有修行体道的实际。因为仙术要求清静无为，施及仁爱，禁止荤腥，博爱四方，但秦始皇却让十户人家有九户想造反，汉武帝让天下户口少了一半，所以不能长生不死是不足为奇的。

稷丘君者，太山下道士也①。武帝时②，以道术受赏赐，发白再黑，齿落更生。后罢去。上东巡太山③，稷丘君乃冠章甫④，衣黄衣⑤，拥琴来迎拜武帝，指帝⑥："陛下勿上也⑦，上必伤足指。"及数里，右足指果折⑧。上讳之，故但祠而还⑨，为稷丘君立祠焉，为稷承奉之云。

稷丘洞彻，修道灵山。
炼形濯质⑩，变白还年。
汉武行幸⑪，携琴来延⑫。
戒以升陟，逆睹未然⑬。

**【注释】**

①太山：山名，即泰山，号称东岳、岱宗，在今山东泰安北，秦始皇、汉武帝等帝王皆至此行封天之礼，至南边的梁父山行禅地之礼。《天中记》引作"防山"，防山在今山东曲阜。

②武帝：即汉武帝刘彻（前156—前87），一名彘。汉朝第七任皇帝，父为汉景帝刘启，母为王皇后。前150年被立为太子。前141年，景帝去世，武帝即位。在位期间一改汉初黄老无为政策，加强中央集权，推行盐铁官营，对外积极扩张，独尊儒术，改革历法，封

禅泰山，汉朝国力达到巅峰，史称“武帝大一统”。他是中国历史上与秦始皇齐名的一位杰出帝王。其在位后期因宠信方士，穷奢极欲，穷兵黩武，导致国力衰退。晚期颁布《轮台诏》，忏悔自己的过失，恢复休养生息。前87年，武帝去世，子昭帝刘弗陵即位。今陕西兴平有汉武帝茂陵。

③上东巡太山：《事类赋》注引作“汉武帝封禅”。上，皇帝，此处指汉武帝。

④章甫：一种礼帽。《礼记·儒行》：“（孔子）长居宋，冠章甫之冠。”孙希旦集解：“章甫，殷玄冠之名，宋人冠之。”

⑤黄衣：黄衣有三种。《礼记·郊特牲》：“黄衣黄冠而祭。”此为周人蜡祭时所穿的衣服。《礼记·玉藻》：“狐裘黄衣以裼之。”此为周大夫韦弁服。此外道士推崇黄老，道袍亦为黄衣。亦可泛指黄色的衣服。

⑥来迎拜武帝，指帝：《太平御览》《天中记》引作“来拜武帝曰”。

⑦陛下：本义是站在台阶下的侍者，后演变为对帝王的尊称。

⑧右：《初学记》引作“左”，《太平御览》《天中记》引作“左右”。

⑨但：只，仅仅。

⑩炼形：道家修炼自身形体。濯（zhuó）：洗涤。

⑪行幸：指皇帝出行。

⑫延：引，迎接。

⑬逆睹：预见，预知。

**【译文】**

稷丘君，是泰山下的道士。汉武帝时，因为道术受到赏赐，他展现了头发白了又变黑，牙齿落了又再生的道术。之后就离去了。后来武帝巡游泰山，稷丘君戴着章甫冠，穿着黄衣服，抱着琴来迎拜，然后指着武帝的脚趾说：“陛下不要上去了，上去一定会伤到脚趾。”武帝走了几里，右脚趾果然折伤。武帝忌讳这件事，所以仅仅祭祀泰山就回去了，之后武帝为稷丘君立祠庙，并派人为稷丘君守祠祭祀。

洞彻事理稷丘君，修道习法于灵山。

修炼形体洗凡质，白发变黑返少年。

汉武行幸至此地，携带弦琴来接延。

告诫登山有危险，预知防患于未然。

## 崔文子

**【题解】**

崔文子，传说中的古仙人，《列仙传》本文是有关他最早的记载。据说他是泰山人，《历世真仙体道通鉴》称其为秦时人。他修炼黄老道术，居住在泰山（一说潜山）脚下。他自称三百岁，到城里卖自己制作的黄散和赤丸。后来发生了瘟疫，民众死者有上万。当地的长吏来救助，崔文子就带着黄散，挨家挨户发药，救活的人有上万。之后又离开泰山，去去蜀地卖黄散和赤丸，他的灵丹妙药被民众世代当作宝物。

据《汉书》颜师古注引应劭《汉书正义》引《列仙传》："崔文子学仙于王子乔，子乔化白蜺，文子惊，引戈击之，俯而见之，王子乔之尸也，须臾化大鸟飞去。"此事不见今本所录。《搜神记》也有大同小异的记载，称崔文子跟王子乔学习道术。王子乔化身白虹，带来仙药给崔文子，崔文子觉得奇怪，用戈去击打白虹，仙药掉了下来。崔文子过去看，白虹变成王子乔的尸体。他就把尸体放在家里用破筐子盖住，一会儿打开筐子，尸体化为大鸟飞走了。《搜神记》卷一多采《列仙传》，既载崔文子事又未载本篇，故本篇或许并非是《列仙传》原本之作。另，《楚辞·天问》："白蜺婴茀，胡为此堂？安得夫良药，不能固藏。"似战国已有类似传说，只不过不确定主角为何人。

后世亦有不少关于崔文子的传说，如《相鹤经》称该经为浮丘伯传于王子乔，王子乔传于崔文子，崔文子将其藏于嵩山石室，后为淮南八公所得。《抱朴子内篇》记录“崔文子丹法”：“纳丹鹜腹中蒸之，服，令人延年，长服不死。”后世道教把崔文子列为管理三十六小洞天之十五鬼谷山洞的仙人。隋杜公瞻《编珠》引《潜居录》称崔文子吹笛能够让潮水反退。《墉城集仙录》称太上老君命玉真上公崔文子、太玄真卿瑕丘仲，册封许天师许逊为九州都仙大使高明主者，白日升天。唐代时道教亦有伪托崔文子所作的《崔文子经》一部七卷、《崔文子肘后经》一卷。

崔文子者，太山人也[①]。文子好黄老术[②]，潜居山下[③]。后作黄散赤丸[④]，成石父祠。卖药都市，自言三百岁。后有疫气[⑤]，民死者万计。长吏之文所请救[⑥]，文拥朱幡[⑦]，系黄散，以徇人门[⑧]。饮散者即愈，所活者万计。后去在蜀卖黄散[⑨]。故世宝崔文赤丸黄散，实近于神焉。

崔子得道，术兼秘奥[⑩]。
气疠降丧[⑪]，仁心攸悼[⑫]。
朱幡电麾[⑬]，神药捷到。
一时获全，永世作效。

**【注释】**

①太山：即泰山，此处当指泰山郡。泰山郡，系汉武帝元狩元年（前122）以济北王所献泰山及旁邑与济南郡南部置，治所奉高，在今山东泰安东北。

②文子好黄老术：正统道藏本作“文子世好黄老事”，据《初学记》引改。道教将导引、炼气、服食、房中术等养生术的鼻祖追溯为黄帝、老子，故道教养生术也称黄老术。此处当只言文子一人，而非称世代。

③潜居山下：正统道藏本作“居潜山下”，据《初学记》引改。言隐

居泰山之下，泰山本为道教名山，自无需去他山隐居；若按正统道藏本称泰山人文子家世代居安徽潜山下，则更为矛盾。

④黄散赤丸：黄色粉末和红色丸状的丹药。

⑤疫气：疫病，瘟疫。

⑥长吏：地位较高的县级官吏。《汉书·百官公卿表上》："县令长皆秦官……皆有丞、尉，秩四百石至两百石，是为长吏。"也可泛指上级官长。之：到。

⑦幡：长方而下垂的旗帜。

⑧徇（xùn）：巡行，宣示。

⑨黄散：《太平御览》引下有"赤丸"二字。

⑩秘奥：隐秘，深奥。

⑪疠（lì）：瘟疫。

⑫攸：乃，于是。

⑬麾（huī）：原指军旗，此处指挥舞。

**【译文】**

崔文子，是泰山人。崔文子爱好修炼黄老道术，隐居在泰山脚下。他制作黄散和赤丸，并修建了石父祠。然后到城里卖药，自称三百岁。后来发生了瘟疫，民众死者有上万。当地的长吏到崔文子居住的地方请求救助，崔文子打着红色的旗幡，上面挂着黄散，巡行到每家每户发药。服用黄散的人都痊愈了，救活的人有上万之多。后来离开这里，又去蜀地卖黄散。所以民众世代把崔文子的黄散和赤丸当作宝物，功效实在是接近于仙药了。

泰山文子获大道，医术兼行隐秘奥。

瘟疫降临万人死，医者仁心乃哀悼。

红幡如电般挥舞，神药疗效迅速到。

一时保全一城民，世世代代永显效。

# 卷下

## 赤须子

**【题解】**

赤须子，传说中的古仙人，《列仙传》本文是有关他最早的记载。据说他是丰地人，《历世真仙体道通鉴》称为邓地人，曾担任过秦穆公主管渔业的官员，当地世代有人见过他。他预言当地的水旱灾害，十分准确，臣子都拜他为师学习道术。他平时爱好服食松子、天门冬、石脂等药物，服食丹霞而不食五谷。牙齿落了又换出新的，头发掉了又长出新的。后来又住到吴山之下十多年。《历世真仙体道通鉴》称张君房拜赤须子为师，然张君房为北宋道教学者，著有《云笈七签》一百二十卷，不应在《列仙传》出现，当为后世歧说。晋左思《吴都赋》："赤须蝉蜕而附丽。"所载即为此事。《抱朴子内篇》提到"赤松子丹法"："取之千岁蔂汁，及矾桃汁淹丹，著不津之器中，练蜜盖其口，埋之入地三尺，百日，绞柠木赤实，取汁和而服之，令人面目鬓发皆赤，长生也。昔中黄仙人有赤须子者，岂非服此乎？"在作者看来，赤须子服用了赤松子丹法，才变得须发又赤又长，那么赤须也不是人名而是称号。赤松子与赤须子的联系还见于《神仙传》，称丹溪人皇初平十五岁随道士学道，兄长皇初起四十多年后根据道士的指引找到他，皇初平向他展示了将白石变白羊的仙术。皇初起决定抛妻弃子，追随弟弟学道，两人平时服用松脂、茯苓，活到五百岁才回家乡。后来皇初平改名赤松子，而皇初起改名赤须子。

赤须子，丰人也[①]，丰中传世见之，云："秦穆公时主鱼吏也[②]。"数道丰界灾害水旱，十不失一。臣下归向[③]，迎而师之，从受业，问所长。好食松实、天门冬、石脂[④]，齿落更生，发堕再出，服霞绝谷[⑤]。后遂去吴山下十余年[⑥]，莫知所之。

赤须去丰，爰憩吴山。
三药并御，朽貌再鲜。
空往师之，而无使延。
顾问小智[⑦]，岂识巨年[⑧]？

【注释】

①丰：古地名，史书记载丰地有二。一为西周丰京，在今陕西西安，与镐京同为西周都城。二为汉代丰县，即汉高祖故乡，在今江苏丰县，秦为沛县丰邑，西汉升为丰县。

②主鱼吏：主管渔业的官员。

③臣下：大臣，官吏。臣下归向：《历世真仙体道通鉴》作"张君房"。

④松实：松子。《文选·吴都赋》注、《艺文类聚》《太平御览》引作"柏实"，《初学记》注引作"松实"。天门冬：即天冬草，百合科，性寒，味甘苦，可养肺滋肾。石脂：又称五石脂、五色石脂，为一种风化石，有青、黄、黑、赤、白五色，性黏，道教以此作为服食养生的丹药。

⑤服霞：服食丹霞，为道教内炼方术。绝谷：断绝饭粒。正统道藏本作"绝"，当有脱字，据《文选》注补。《历世真仙体道通鉴》作"绝粒"，义同。

⑥吴山：吴地之山。

⑦顾问：咨商询问。

⑧巨年：高年。

**【译文】**

赤须子，是丰地人，丰地相传世代有人见过他，说："他是秦穆公时主管渔业的官员。"赤须子多次说丰地的水旱灾害，十次里面没有一次失误的。臣子都归向他，迎接他并且拜师，跟随他学习道术，问他的特长。赤须子爱好服食松子、天门冬、石脂等药物。牙齿落了又换出新的，头发掉了又长出新的，服食丹霞而断绝食物。之后到吴山之下十多年，后来没人知道他去哪里了。

赤须真人离丰邑，于是休憩于吴山。

三种仙药同食用，衰朽面貌重亮鲜。

臣子空自去拜师，无人能使寿命延。

咨商询问小智慧，怎能识得长寿年？

## 东方朔

**【题解】**

东方朔，字曼倩，汉武帝时齐地人。《史记·滑稽列传》《汉书·东方朔传》都有关于他的记载。据《史记·滑稽列传》，他熟读儒家经典与诸子图书，到长安给武帝上书三千块木简的长书，武帝花了两个月才读完，对他很满意，任命其为在身边任职的郎官。之后武帝和他每次谈话都非常高兴，时常下诏让他在宫中用饭，而东方朔每次把剩下的肉都揣着带走，武帝赐给他的绸绢也肩挑手提大摇大摆带走；又娶了不少美女为妻，大多一年左右就抛弃了；此外他自荐儿子做郎官，后来升为侍中的谒者，传达武帝命令。大家都认为他是狂人。武帝说，如果东方朔不是有这些荒唐行为，你们又有谁及得上他呢？东方朔则说，古代人隐居在深山，自己隐居在宫殿的金马门而已。儒家博士刁难东方朔，说苏秦、张仪都能位居卿相，你自称聪明才智天下无双，竭尽全力侍奉圣明的帝王，为什么数十年还只是个侍郎，难道有不检点的行为？东方朔回答说，当时天下分为十二个诸侯国，所以诸侯才对士人言听计从。但今天有圣明天子执掌朝政，贤人已经无处建功立业，何不努力修身提高自己呢？吕尚七十二岁才遇到周文王，一时没被重用，也能超然独立、孑然独处，这本来很平常，你们为何对我疑虑？大家无言以对。后来有次建章宫跑来一只动物，武帝问群臣无人能答。东方朔要求武帝赏赐自己水田，之后才肯说出这种动物叫驺牙，它的出现预兆着有远方投诚的事，一年后果然匈奴浑邪王带着十万人归附，武帝也就赏赐给东方朔很多钱财。到东方朔晚年时，引用《诗经》来规劝武帝远离巧言令色之人，武帝也感叹东方朔不仅仅是善于言谈。不久后，东方朔病逝。人之将死，其言也善，东方朔表面玩世不恭，滑稽另类，贪吃好色，实则无非是在暴虐的武帝身前明哲保身之道，饱读诗书的内涵、忠言纳谏的行为才是他更真实的一面。

在《史记》里东方朔只是被作为倡优一类宠臣编入合传，而《汉书》中东方朔已经是一人独传。其中提到东方朔是平原郡厌次县人，因武帝征召而上书，自称从小失去父母，由兄嫂养大，十三岁读书，十五岁学剑，十六岁学诗书，十九岁学兵法，今年二十二岁，身高九尺三寸，眼如珍珠齿如贝，勇猛如孟贲、敏捷如庆忌、廉洁如鲍叔、守信如尾生。通过这种赞美自己的方式，东方朔成功吸引了武帝的注意，从而成为公车府待诏。后来有次东方朔欺骗看马圈的侏儒，说皇帝要全部杀了他们，他们见到武帝忙哭跪求饶；武帝这才知道是东方朔骗他们的，而东方朔却说他们身高三尺，我身高九尺，大家俸禄一样，这不是要饿死我撑死他们吗？武帝哈哈大笑，就提拔东方朔为金马门待诏。之后武帝让一些擅长占卜的术士"射覆"，把壁虎盖在盆子下让人猜，只有东方朔用《周易》卦象猜出是壁虎，之后又屡猜屡中。《汉书·东方朔传》与《史记·滑稽列传》记录的东方朔故事多有不同，虽然东方朔也是一个滑稽诙谐的形象，但又敢于通过察言观色来直言纳谏,不但阻止武帝兴建上林苑,还批评过武帝姑母馆陶公主的情人董偃,尤其擅长用赋体来讽谏,被称为"滑稽之雄"。他也上书过农战强国之计,但始终被武帝看作仅供取乐的小臣,由此不满写过《答客难》,称在武帝时贤与不肖并无区别。《汉书·东方朔传》还提到后世好事者喜欢把一些奇谈怪论附会在东方朔身上,连放牧的儿童都喜欢讲东方朔的故事,当然不排除《东方朔传》就已经有了虚构情节,那么《列仙传》的东方朔传说就更不意外了。

在《列仙传》里,东方朔被神化为仙人。据说他久居吴地,担任几十年教师。在汉武帝时,因进言被任命为郎官,到汉昭帝时他仍然在世。有人认为他是圣人,有人认为他是凡人,他有的话是忠言,有的话又是戏言,没有人能够琢磨透他。到宣帝初年,他弃官避世,后来又在会稽郡出现,并在五湖卖药。《神仙传序》称"东方飘帻于京师",所言亦为此事。有的智者怀疑他是天上的岁星成精。而实际上根据《史记·滑稽列传》的记载,东方朔在武帝时期已经去世。至于智者怀疑他是岁星下凡,见于葛洪《西京杂记》,东方朔自称只有掌管天文历法的太史才了解自己的身世,太史称诸星皆在,只有岁星不见,暗示东方朔由岁星变化。也有说东方朔是太白金星下凡,此说见于《风俗通义》:"俗言东方朔太白星精,黄帝时为风后,尧时为务成子,周时为老聃,在越为范蠡,在齐为鸱夷子皮,言其神圣能兴王霸之业,变化无常。"《历世真仙体道通鉴》说东方朔一日骑龙飞升而去。其作品有《答客难》《非有先生论》《封泰山》《责和氏璧》《屏风》《殿上柏柱》《平乐观赋猎》《从公孙弘借车》及八言、七言诗歌上下篇,《汉书·艺文志》杂家部有《东方朔》二十篇,今已散佚。后世《神异经》《海内十洲记》等书系托名伪作。

东方朔者,平原厌次人也[①]。久在吴中[②],为书师数十年[③]。武帝时,上书说便宜[④],拜为郎[⑤]。至昭帝时[⑥],时人或谓圣人,或谓凡人。作深浅显默之行[⑦],或忠言,或戏语,莫知其旨。至宣帝初[8]，弃郎以避乱世，置帻官舍[9]，风飘之而去。后见于会稽，卖药五湖[10]。智者疑其岁星精也[11]。

东方奇达，混同时俗[12]。
一龙一蛇，岂豫荣辱[13]？
高韵冲霄，不羁不束。
沉迹五湖，腾影旸谷[14]。

**【注释】**

①平原：地名，即平原郡、国。汉景帝前元四年（前153），分济北国西北部置，治所平原县（在今山东平原西南）。汉殇帝元年（106）改平原国。厌次：秦汉县名，在今山东惠民东，一说在山东德州陵城区东北。平原厌次人：《世说新语·规箴》注、《艺文类聚》《文选·会吟行》注引皆作“楚人”，大概系《列仙传》原文，而正统道藏本以《汉书》为据更正，东方朔自是齐人而非楚人也。

②吴中：吴地，即吴郡或吴县。

③书师：塾师，教初学的教师。

④便（biàn）宜：便当，合乎时宜之事。

⑤郎：郎官，皇帝侍从官之统称。秦有郎中。汉有侍郎、中郎、郎中、外郎、侍郎、仪郎、常侍郎等，任职满一定期限可补内外官职，演化成为官吏人才的储备库。据《汉书·东方朔传》，东方朔初为常侍郎、后为中郎。

⑥昭帝：即汉昭帝刘弗陵（前94—前74），西汉第八任皇帝，父为汉武帝，母为钩弋夫人。前87年，武帝临终前以刘弗陵为太子，即位为昭帝。因其年幼，由霍光、上官桀、金日磾、桑弘羊辅政，后金日磾去世，霍光杀上官桀、桑弘羊，独揽大权。在霍光辅佐下，昭帝采取轻徭薄赋、与民休息的政策，社会经济较武帝时有所恢复。

前74年，昭帝去世，无子，以侄昌邑王刘贺为嗣子即位。今陕西咸阳有汉昭帝平陵。

⑦显默：显明与玄奥。

⑧宣帝：即汉宣帝刘询（前92—前49），原名病已，西汉第十任皇帝，祖父为武帝戾太子刘据，父为史皇孙刘进。前91年，刘据反叛战败自杀，妻、子都被处死，唯有刘病已年幼存活，后被赦免。前74年，昭帝去世，昌邑王刘贺即位。然刘贺很快与霍光发生矛盾，二十七天后被霍光所废，之后霍光立刘病已为帝，是为宣帝。宣帝成长于民间，深知民间疾苦，是汉武帝之后西汉最有作为的一位皇帝。前49年去世，太子刘奭即位，是为元帝。今陕西西安有汉宣帝杜陵。

⑨帻（zé）：古代男子用于包裹鬓发、遮掩发髻的巾帕，始用于汉代。官舍：官宦的住所。《文选》注引“帻”上有“冠”字。

⑩五湖：太湖，也说是太湖及周边的胥、蠡、洮、滆四湖，或为吴越地区众多湖泊通称。后也指江南五大湖泊彭蠡（鄱阳）、洞庭、太湖、巢湖、鉴湖，今南方五大淡水湖则为鄱阳湖、洞庭湖、太湖、巢湖、洪泽湖。此处当化用范蠡泛舟五湖之典故，当指太湖，或泛指吴越地区。

⑪岁星：即木星。古人认识到木星约十二年运行一周天，轨道与黄道接近，故将木星周天分为十二分。木星每经行至一分，就用所在星次纪年，故也称岁星。

⑫时俗：流俗，世俗。

⑬一龙一蛇，岂豫荣辱：本句化用自《庄子·山木》：“一龙一蛇，与时俱化。”豫，在意。

⑭旸（yáng）谷：也作汤谷、阳谷，神话中太阳升起的极东之处。《尚书·尧典》：“（帝尧）分命羲仲，宅嵎夷，曰旸谷。”《淮南子·天文》：“日出于旸谷，浴于咸池。”

**【译文】**

东方朔，是平原郡厌次县人。久居吴地，担任教师几十年。汉武帝时，东方朔上书说了一些合乎时宜的话，被任命为郎官。到汉昭帝时，当时人有的称他是圣人，有的称他是凡人。东方朔作出或深刻或肤浅、或显明或玄默的言行，有的是忠言，有的又是戏言，没有人知道他的主旨思想。到汉宣帝初年，东方朔丢弃郎官职位以躲避乱世，将头巾挂在官宦的宿舍中，让风将头巾吹走了。后来他又在会稽郡出现，并且在五湖卖药。有的智者怀疑他是天上的岁星成精。

东方先生奇且达，混迹常人于世俗。

时为虬龙时为蛇，哪会在意荣与辱？

高歌冲上云霄去，不为羁绊不为束。

泯灭踪迹于五湖，身影腾飞于旸谷。

## 钩翼夫人

**【题解】**

钩翼夫人，一作钩弋夫人，汉武帝婕妤，汉昭帝之母。《史记·外戚世家》《汉书·外戚传》都有关于她的记载。在《史记·外戚世家》中，称钩弋夫人为赵氏，河间人，河间在战国及汉初属赵国，后为河间郡、国，故可称钩弋夫人为赵人，而非《列仙传》说的齐人。她得到宠幸后为武帝生了幼子刘弗陵，此时武帝已入晚年，召画工画周公负成王图，已有立幼子的心意。几天后武帝就谴责钩弋夫人，夫人脱下首饰请罪。武帝让内侍将她拉至皇室掖庭狱待罪，夫人回头望着武帝表示哀求，而武帝却连连让她马上走。之后夫人被处死于云阳宫，去世的时候暴风刮得尘土飞扬，百姓们都很悲伤。武帝问左右大家在议论什么，左右说要立她的儿子为何要除去母亲呢？武帝说，这不是小孩和愚人能懂的，古代国家之所以出乱子，是因为国君年少，母亲独居，骄奢淫逸，无人阻止，你们没听过吕后的事吗？

《汉书·外戚传》比《史记·外戚世家》记录得更为翔实，称钩弋夫人生于河间，武帝巡游河间时，望气风水师称有奇女子，武帝召来见到她双手握拳，亲自掰开了她的手，于是被称为拳夫人。夫人父亲之前被判处宫刑，被任命为中黄门。钩弋夫人则因受宠被封婕妤。婕妤为皇后之下后宫最高位，时武帝无皇后，故钩弋夫人在后宫地位最高。她住在钩弋宫后，怀孕十四个月后为武帝生下皇子弗陵，传说当年圣君帝尧也是怀胎这么久生的，所以武帝为钩弋夫人建造了尧母门。刘弗陵五六岁时，生得高大又聪明，武帝称赞他像自己，想立其为太子又怕未来女主专权，从而犹豫不决。后夫人因犯小过被武帝责备，从而忧惧而死，到昭帝即位后尊为皇太后。关于钩弋夫人之死，《汉书·外戚传》与《史记·外戚世家》略有不同，可能与《汉书》作者笔法隐晦有关。

在《列仙传》里，钩弋夫人则被神化为仙人。本文说她是齐地人，姓赵。此处误，夫人当为赵地河间人。她年少时因病卧床六年，而右手始终握成拳状，饮食也非常少。武帝根据术士的观测查访到了钩翼夫人，见到她非常高挑美丽。武帝掰开了她的手，掌中握着一枚玉钩，而夫人手掌能伸缩自如了。武帝就宠幸了她并生下昭帝，但之后又杀了她，殡殓时她尸体仍然不冷，香味散发了一个月。后来昭帝即位，重新安葬母亲，但开棺发现仅有丝履了。于是把她居住过的宫殿叫作钩翼宫，后来因为避讳，改为弋庙。此说亦有误，《史记》《汉书》均作“钩弋夫人”，是“弋”字为早出正字而“翼”字为后起通假，不存在“弋”为“翼”避讳说。这篇记录的大体情节与正史基本一致，只是为钩弋夫人增加了传奇经历。一是说武帝分开她的手得到玉钩，这是说她生而有异能；二是说她去世后香味散发一个月，留下一双丝鞋而肉身消失，这是典型的尸解神话。《搜神记》亦有记载此事，与本文情节基本一致。

钩翼夫人者，齐人也，姓赵。少时好清净，病卧六年，右手拳屈[1]，饮食少。望气者云[2]："东北有贵人气。"推而得之[3]。召到，姿色甚伟[4]。武帝披其手[5]，得一玉钩，而手寻展[6]，遂幸而生昭帝[7]。后武帝害之，殡尸不冷[8]，而香一月间。后昭帝即位，更葬之，棺内但有丝履。故名其宫曰钩翼。后避讳，改为弋庙。闱有神祠阁在焉[9]。

婉婉弱媛[10]，庙符授钩[11]。
诞育嘉嗣，皇祚惟休[12]。
武之不达[13]，背德致仇。
委身受戮，尸灭芳流。

**【注释】**

①右手拳屈：《太平御览》《太平广记》作"右手拳"。

②望气：古代方士的一种占候术，通过观察云气来预测吉凶。

③推：寻求，探索。

④伟：高大，壮美。

⑤披：打开，散开。

⑥寻：顷刻，不久。

⑦幸：临幸，指帝王与女子同房。

⑧殡（bìn）：停放灵柩或把灵柩送到墓地去。

⑨闱（wéi）：宫中之门。

⑩婉婉：柔美，美好。媛：美女。

⑪庙符：宗庙的神符，祥瑞征兆。

⑫皇祚（zuò）：帝统，皇位。惟：有。休：吉庆，美善，福禄。

⑬不达：不明白，不通达。

【译文】

钩翼夫人，是齐地人，姓赵。年少的时候喜欢清净，曾因病卧床六年，右手始终握成拳状，饮食也非常少。汉武帝有善于望气的术士说："东北方向有贵人气。"武帝查访到了钩翼夫人。把她召进宫中，姿色非常高挑美丽。之后武帝拉着她的手，分开得到一枚玉钩，不久夫人的手掌就能伸展开了。武帝宠幸了她并生了昭帝。之后武帝杀害了她，殡殓的时候尸体仍然不冷，而香味散发了一个月。后来昭帝即位，重新安葬夫人，但棺中仅有丝履了。所以把她居住过的宫殿叫作钩翼宫。后来因为避讳，改为弋庙。至今皇宫还有祭祀她的神祠阁在。

温柔美好弱女子，宗庙吉兆授玉钩。

诞生养育好子嗣，汉室国祚有福休。

可惜武帝不通达，背弃恩德反成仇。

委身皇室却受戮，尸身虽灭芳香流。

# 犊　子

【题解】

犊子，传说中的古仙人，盖因养牛犊而称犊子，《列仙传》本文是有关他最早的记载。本文说他是邺县人，年轻时在黑山采摘松子、茯苓服食长达数百年之久。他的年龄有时健壮有时衰老，相貌有时漂亮有时丑陋，所以大家就都知道他是仙人。有一次他牵着黄牛犊路过卖酒的阳都家，阳都女长得眉毛相连、耳朵细长，也是仙人的相貌。阳都女很喜欢犊子，将他留下来招待，之后两人出去采摘桃李，一晚上才返回家中，衣服都兜满了水果。大家发现就追逐他们，想学习他们的异术，他们牵着牛耳一直奔跑，大家都追不上。等到他们返回城里，两人又回到市场上了，大家知道抓不住他们。几十年后他们又到潘山卖桃李去了。《魏都赋》称"犊配眉连"，《神仙传序》称"犊子鬻桃以沦神"，所言亦为此事。

这种男女神仙眷侣的形式在《列仙传》中也比较常见，有赤松子和炎帝少女、萧史和弄玉、园客与仙女等，只有郑交甫对江妃二女是求而不得，而在情感上没有太多阻碍。其中原因除了早期道教神话中不排斥男女感情外，可能还含蓄地暗示了男女双修法的主张。双修法系将房中术与行气术结合，发展为男女双修的阴阳派丹法，但并不等同于御女采补之术，而是通过修炼先天一气来结丹长生。

犊子者，邺人也①。少在黑山采松子茯苓②，饵而服之，且数百年③。时壮时老，时好时丑，时人乃知其仙人也。常过酤酒阳都家④。阳都女者，市中酤酒家女，眉生而连，耳细而长，众以为异，皆言此天人也。会犊子牵一黄犊来过⑤，都女悦之，遂留相奉侍。都女随犊子出取桃李，一宿而返，皆连兜甘美。邑中随伺逐之⑥，出门共牵犊耳而走，人不能追也。且还，复在市中，数十年乃去。见潘山下⑦，冬卖桃李云。

犊子山栖，采松饵苓。
妙气充内，变白易形。
阳氏奇表，数合理冥⑧。
乃控灵犊⑨，倏若电征⑩。

**【注释】**

①邺：古地名，即邺县，秦置，汉沿置，在今河北临漳西、河南安阳北。

②黑山：山名，其地不详。茯苓：菌类植物，道家常用的服食药物。

③且：将近。

④酤（gū）：卖酒。

⑤犊：小牛。

⑥伺（sì）：观察，侦候。

⑦潘山：山名，其地不详。

⑧数（shù）：命运，天命。理：道理，事理。冥：神灵，自然。

⑨控：节制，驾驭。

⑩倏（shū）：疾速，忽然。征：行走，远行。

**【译文】**

犊子，是邺县人。年轻时在黑山采摘松子、茯苓，用来服食，有数百年之久。他有时健壮有时衰老，有时漂亮有时丑陋，当时人就知道他是仙人。经常路过卖酒的阳都家。阳都女，就是市场上卖酒人家的女儿，她长得眉毛相连，耳朵细长，大家都认为很奇异，说她是天上的仙人。正逢犊子牵着一头黄牛犊经过，阳都女喜欢他，就留他招待。阳都女跟着犊子出去摘桃李，一晚上才返回家中，都满满兜着甘甜美味的水果。城中人观察到这一情况就追逐他们，只见他们出了城门后一起牵着牛耳奔跑，大家都追不上。等到他们回到城中，犊子和阳都女又在市场上了，过了几十年才离开。他们又出现在潘山之下，冬天时还贩卖桃李。

犊子居住在山上，采摘松子食茯苓。
妙气充盈身体内，改变面貌易身形。
阳都女儿有异貌，命运相合符理冥。
双双驾驭神犊去，迅疾好似电长征。

## 骑龙鸣

**【题解】**

骑龙鸣，传说中的古仙人，姓冯，因骑龙说话而称骑龙鸣。《列仙传》本文是有关他最早的记载。据说他是浑亭人，祖父叫冯伯昌。他年满二十岁时，得到长得像壁虎的十多条小龙，于是他在水塘附近建造茅屋，自己住在这里饲养它们。龙长大后都走了，五十多年后，一场大水把他的房子冲毁，他也随之消失了。后来有一天他骑着龙来到浑亭，对乡亲说五百里之内会发大水。后来果然大水到来,相信他搬走的人都安然无恙,不信他被淹死的人有上万之多。

这个故事反映了仙传文学中驱逐灾患的主题。社会救济是道教主张的经世行为,包括疾病治疗、驱除灾患、斩妖除邪、维护正义,等等。在《列仙传》的仙人中,表现最多的社会救济即是驱逐灾患这一点,但他们的法力似乎并不太高,不能直接改变自然灾患,只能预警劝诫躲避,如卒常生告诉大家大雨还有五天停止,酒客让民众种植芋头度过荒年,以及本文骑龙鸣让民众搬家。不过不少民众并不了解骑龙鸣的神性,反而以为他是在妖言惑众,所以导致上万人被淹死的惨剧。此篇旨在劝导民众信仰仙人。

骑龙鸣者,浑亭人也①。年二十,于池中求得龙子②,状如守宫者十余头③。养食,结草庐而守之。龙长大,稍稍而去④。后五十余年,水坏其庐而去。一旦,骑龙来浑亭下,语云:“吾冯伯昌孙也⑤。此间人不去五百里,必当死。”信者皆去,不信者以为妖言⑥。至八月,果水至,死者万计。

骑鸣养龙,结庐虚池。
专至俟化⑦,乘云骖螭⑧。
纡转故乡⑨,告以速移。
洞镜灾祥⑩,情眷不离。

【注释】

①浑亭:古地名,今地不详。

②龙子:龙的儿子,小龙,也指骏马、蜥蜴,此处为小龙。

③守宫:壁虎,蜥蜴类动物。

④稍稍:渐渐。

⑤吾：正统道藏本无“吾”字，据《太平御览》引补。冯伯昌：人名，骑龙鸣祖父。

⑥妖言：正统道藏本无“言”字，据《太平御览》引补。

⑦俟（sì）：等待。

⑧骖（cān）：古代驾在车前两侧的马，也指驾驭、乘驭。

⑨纡（yū）：系，结。

⑩洞：洞察。镜：明察，镜见。

**【译文】**

骑龙鸣，是浑亭人。年满二十岁时，在水池中得到小龙，长得像壁虎的有十多条。骑龙鸣饲养它们，并编织草屋来守护着。等到这些龙长大了，就慢慢都走了。之后五十多年，大水冲坏了他的草屋他也不见了。一天，他骑着龙来到浑亭之下，告诉大家说：“我是冯伯昌的孙子，这里的人不离开五百里外的话，一定会死。”相信他的人都搬走了，不信他的人认为他是妖言惑众。到了八月份，果然大水到来，死者有上万之数。

骑龙鸣善养小龙，编织草庐傍空池。

专心一意待变化，乘坐白云驾龙螭。

一日执辔回故里，告知乡人速转移。

洞察镜见灾祥异，情眷桑梓心难离。

# 主　柱

**【题解】**

主柱，传说中的古仙人，《列仙传》本文是有关他最早的记载。本文说他与道士一起上宕山（即砀山），说山上有炼丹用的矿石朱砂，多达上万斤之多。宕山也是汉代有名的仙山，据《史记·高祖本纪》，汉高祖刘邦起兵前，就躲在芒砀山一带，吕后每次都能找到他，因为他的头顶有一团瑞云。《列仙传》前文也提到，古仙人涓子长期隐居在宕山。这件事被宕山地方的县令章君明得知,下令封矿不让主柱和道士开采。然而丹砂却自动流出,像火一样满天飞扬。章君明这才相信有神灵,就任凭主柱他们开采,后来甚至追随他们修道。章君明服食了三年朱砂,又用水银和铅炼制白砂,五年后能飞行了,就和主柱一起离去了。《神仙传序》称“主柱飞行以饵砂”,所言亦为此事。

主柱者,不知何所人也。与道士共上宕山①,言此有丹砂②,可得数万斤。宕山长吏知而上山封之。砂流出,飞如火,乃听柱取为③。邑令章君明饵砂④,三年得神砂飞雪服之⑤,五年能飞行,遂与柱俱去云。

主柱同窥⑥,道士精彻⑦。
玄感通山⑧,丹砂出穴。
荧荧流丹⑨,飘飘飞雪。
宕长悟之,终然同悦。

【注释】

①宕山:即芒砀山,在今河南永城。

②丹砂:即朱砂,也作丹沙,为水银与硫磺的天然化合物,可作颜料,也可入药。

③听:任凭。

④邑令:县令。

⑤神砂飞雪:水银与铅烧炼的丹药,又叫“九转神丹”。

⑥窥:窥探,观察。

⑦精彻:精湛透彻。

⑧玄感:冥冥中的感应。

⑨荧(yíng)荧:光闪烁的样子。

**【译文】**

主柱,不知道是什么人。和道士一起上宕山,说宕山上有丹砂,可以采得数万斤。宕山长官知道后就上山封矿。然而丹砂自己流出,像火一样飞扬,这才任凭主柱他们采矿。县令章君明服食丹砂三年,获得白得像飞雪一样的神砂服食,五年后可以飞行了,就和主柱一起离去了。

主柱道士共探矿,道士技能甚精彻。

冥冥感应通宕山,神砂不采自出穴。

红红火火的流丹,飘飘扬扬之飞雪。

宕山长官方领悟,终与主柱同喜悦。

## 园　客

**【题解】**

园客,传说中的古仙人,姓名不详,园客当指其在菜园种植。《列仙传》本文是有关他最早的记载。据说他是济阴人,相貌漂亮性情温和,县里不少人想嫁女给他,但他却一直没娶。他平时就在园内种植五色香草,并食用果实长达数十年久。一天,五色飞蛾停留在香草叶上,园客收下它并用布垫着,飞蛾产下蚕子。等到将孵化出幼蚕时,一个美女晚上到了园客家,自称要做园客的妻子,并与他一起收了一百二十条幼蚕。幼蚕长大后的蚕茧像水缸(一说水盆)一样大,每个缫丝都要六十天(一说六七天)。全部弄完后园客就与女子走了,济阴郡人世代祭祀蚕桑。另一说园客是陈留郡济阳县人,济阳县在后世也有草蚕祠。《搜神记》亦有记载此事,与本文基本一致。《神仙传序》称"园客蝉蜕于五华",谓园客像蝉一样蜕形在五华升仙,本篇未提到,当另有所本。

关于蝉蜕法,是尸解术的一种,在《神仙传》中有提到,由仙人王远传授给凡人蔡经。蔡经按照秘诀修炼后,有一天身上忽然像着火一样烫,全家人用水往他身上浇,但却像泼在烧热的石块上一样毫无作用。

这样过了三天，蔡经瘦得皮包骨头，在屋子里用被褥把全身盖上。忽然家人发现被褥陷下去了，掀开来看只见一具皮囊，像蝉脱壳一样。

园客者，济阴人也[①]。姿貌好而性良，邑人多以女妻之，客终不取[②]。常种五色香草，积数十年，食其实。一旦，有五色蛾止其香草末[③]，客收而荐之以布[④]，生桑蚕焉。至蚕时，有好女夜至，自称客妻，道蚕状。客与俱收蚕，得百二十头，茧皆如瓮大[⑤]。缫一茧六十日始尽[⑥]。讫则俱去，莫知所在[⑦]。故济阴人世祠桑蚕，设祠室焉。或云陈留济阳氏[⑧]。

美哉园客，颜晔朝华。
仰吸玄精[⑨]，俯捋五葩[⑩]。
馥馥芳卉[⑪]，采采文蛾[⑫]。
淑女宵降[⑬]，配德升遐[⑭]。

【注释】

①济阴：汉代郡、国名。汉景帝中元六年（前144）分梁国置济阴国，以梁孝王子不识为王，治所在定陶，在今山东菏泽定陶区西北。次年，济阴王刘不识死，无子国除，遂以济阴国为济阴郡。宣帝甘露二年（前52）改为定陶国。黄龙元年（前49）又改为济阴郡。成帝河平四年（前25），改定陶国。哀帝建平二年（前5），又改为济阴郡。

②取：通“娶”，娶妻。

③香草：正统道藏本作“香树”，与上文不合，据《初学记》《六帖》引改。

④荐：衬，垫。

⑤瓮：盛放酒水的陶器，腹部较大。《初学记》《六帖》《太平御览》引

作“盆”。

⑥缫（sāo）：把蚕茧浸在热水里抽丝。六十日：《搜神记》《太平广记》作“六七日”。

⑦在：《太平御览》引作“如”，下文另有“济阳今有草蚕祠”句。若原本果有此句，当在文末“或云陈留济阳氏”之后。

⑧陈留：汉代郡、县名，秦始置陈留县，汉置陈留郡，治所陈留县，在今河南开封。济阳氏：古地名，汉置济阳县，属陈留郡，在今河南兰考。

⑨玄精：道教指人体的精气，也称元精。

⑩捋（lǚ）：用手指顺着摸过去，使物体光滑顺溜。

⑪馥馥：形容香气很浓。

⑫文蛾：飞蛾。

⑬淑女：贤淑美好的女子。宵：晚上。

⑭配德：德行堪与匹配。生遐：升仙，又作“登遐”。《墨子·节葬》：“秦之西有仪渠之国者，其亲戚死，聚火而焚之，熏上，谓之登遐。”

**【译文】**

园客，是济阴郡人。相貌漂亮又性情温和，县里人不少想把女儿嫁给他，他一直都没有娶。他经常种植五色香草，累积种了数十年之久，食用它们的果实。一天，有五色飞蛾停留在香草的叶梢上，园客收下它并用布垫着，它生下了桑蚕子。到孵化出蚕时，有一个美女晚上到来，自称要做园客的妻子，说蚕的形状。园客和女子一起收幼蚕，得到一百二十条，长成的蚕茧都像水缸一样大。给一个蚕茧缫丝要六十天才能弄完。全弄完后园客和女子就一起走了，没有人知道他们去哪里了。所以济阴郡人世代祭祀桑蚕，并设置祭祀专门用的屋室。也有说园客是陈留郡济阳县人的。

多么美丽的园客，容颜灿烂如晨华。

仰头吸食元精气，俯身手抚五色葩。

馥郁浓香的花卉，五彩斑斓的飞蛾。

淑女晚上从天降，德行堪配同升遐。

## 鹿皮公

**【题解】**

鹿皮公，一作鹿皮翁，传说中的古仙人，姓名不详，鹿皮公当指其穿着鹿皮服。《列仙传》本文是有关他最早的记载。本文说他是淄川郡人，此处《列仙传》有误，淄川在汉代为诸侯国，而不为郡。他年少时在官府担任木工，能制作出各种器械。鹿皮公得知淄川高山上有神泉，但无法上去，就请求郡守派三十名木工跟随自己，到山上制造了一座转轮楼阁和通往山顶的四间梯道。之后鹿皮公就让他们回去，自己在山顶建造祠庙留下居住，并且断绝了两间梯道，表示不让外人前来。之后他服用灵芝，饮用神泉，七十年后预料到淄水暴涨，三次下山招呼亲戚六十多人上山。他们刚登到一半，大洪水果然到来，淹死了上万人。鹿皮公让他们下山，自己穿着鹿皮衣上山了，几百年后又下山卖药。《神仙传序》称“鹿翁陟险而流泉”，所言亦为此事。据南朝梁陶弘景《真诰》，鹿皮公吞下玉华（道教谓之可以长生的玉屑）而三尸虫流出，从而尸解成仙。明朱权编《天皇至道太清玉册》称，鹿皮公装置的这个转轮悬阁，轮子转动时则钟鼓自鸣，而在阁楼之外雕刻天神，楼中藏有道经。鹿皮公在后世诗词中也常被用典，如杜甫《耳聋》：“生年鹖冠子，叹世鹿皮翁。”

鹿皮公者，淄川人也[①]。少为府小吏木工[②]，举手能成器械。岑山上有神泉[③]，人不能至也。小吏白府君[④]，请木工斤斧三十人[⑤]，作转轮悬阁，意思横生[⑥]。数十日，梯道四间成[⑦]。上其巅作祠舍。留止其旁，绝其二间以自固[⑧]。食芝草，饮神泉，且七十年。淄水来[⑨]，三下，呼宗族家室，得六十余人，令上山，半，水尽漂一郡[⑩]，没者万计。小吏乃辞遣宗家令下山。着鹿皮衣遂去，复上阁。后百余年，下卖药于市。

皮公兴思，妙巧缠绵。
飞阁悬趣，上挹神泉[⑪]。
肃肃清庙[⑫]，愔愔二间[⑬]。
可以闲处，可以永年[⑭]。

**【注释】**

①淄川：汉代国名。汉文帝前元十六年（前164）从齐国分淄川国，以刘贤为淄川王。景帝前元三年（前154），刘贤参与七国之乱失败被杀，以刘志为淄川王。至王莽始建国二年（10）废。汉光武帝建武二年（26）以刘终为淄川王，建武十三年（37）被并入北海郡。故汉代淄川为诸侯国名，下文称淄川为郡，误。此篇当不作于前汉。

②府：官府，官署，此处指郡府。

③岑（cén）山：小而高的山。

④白：告诉。府君：汉代郡、国之长郡守、国相可在官署征辟官员，如古之国君，故又称府君；刺史、州牧则称使君。七国之乱后，诸侯王实权被剥夺，诸侯国相当于郡，国相相当于郡守。淄川本为国，则府君为国相；但在文中淄川为郡，则府君为太守。

⑤斤：古时砍伐树木的工具。

⑥意思：情趣，趣味。

⑦间：量词，多表示房屋，这里指梯道。

⑧自固：巩固自身地位，保护自己安全。

⑨淄水：古水名，即今淄河。发源于今山东济南莱芜区东北，流经淄

博、青州、广饶，汇入小清河入海。

⑩郡：古代的地方行政区划组织。起源于春秋时期，最初地位不如县。到战国时，诸侯国普遍形成郡—县两级行政区划。秦始皇二十六年（前221），分天下为三十六郡，置守、尉、监，分管行政、军事、监察。后增至四十余郡，郡下设县，置令（长）、丞、监。汉沿置。

⑪挹（yì）：舀。

⑫肃肃：庄严肃穆的样子。清庙：清静的宗庙。

⑬愔（yīn）愔：和悦安舒的样子。

⑭永年：长寿，长久。

**【译文】**

鹿皮公，是淄川人。年少时做过官府的木工小吏，出手就能做成各种器械。高山之上有一口神泉，人不能到上面去。小吏就告诉府君说，请求木工三十人带着斧头，在山上制作一座转动的大轮和悬空的楼阁，制成之后妙趣横生。数十日后，又建成了四间梯道通往山顶。小吏就到山顶上建造祠庙。然后留下来住在旁边，断绝了两间梯道来自我防卫。接着小吏就在那服食灵芝草，饮用神泉水，将近七十年。有一天淄水要暴涨，小吏三次下山，招呼他的宗族家室，共计六十多人，让他们爬上高山，到一半时，大水把全郡都淹没了，淹死了上万人。小吏就向他们告辞让他们下山。自己穿着鹿皮衣离开，又上了转轮悬阁。几百年后，又下山在集市上卖药。

鹿皮公兴发才思，妙趣精巧又连绵。
转轮楼阁悬空趣，登上可以舀神泉。
庄严肃穆一祠庙，和悦安舒梯两间。
可用来闲居散处，可用来永享天年。

# 昌容

**【题解】**

昌容,传说中的女仙人,《列仙传》本文是有关她最早的记载。本文说她是住在恒山的道人,自称是商王的女儿。喜欢服食蓬蔂根,往来于恒山上下,至少活了两百岁,面色却如同二十岁。她非常心善,采摘紫草卖给作坊,再把钱分给孤寡老人,世世代代都是这样,以致有上万(一说上千)人设置祠堂祭祀她。《魏都赋》:“昌容练色。”所载即为此事。《列仙传》中记载的女仙不多,作为主角的仅有江妃二女、钩翼夫人、昌容、毛女、女丸等寥寥数人,而昌容又是其中唯一济世的女道士。后世也有不少关于她的传说。据《天中记》引《帝王世纪》,称昌容可以“隔窗见骨”,形容其肌肤如少女般晶莹剔透。据《太平御览》引《浔阳记》称石井山上有行人看到山上有人采摘紫草,此人就叫上村里人带来铁锹过去看,山上的人就离开了。忽然听到有人叫昌容,昌容让对方来取草。他们追到山顶上仍然一无所见。据《历世真仙体道通鉴后集》称昌容经常在太阳下行走,人们却不见她的影子,有人说这是昌容善于炼形,没多久,昌容就升仙而去了,后文的玄俗也有无影之说。今河北曲阳西南的少容山,据说是昌容修炼的地方;而有趣的是,山西浑源的北岳恒山上,也有昌容仙子洞和昌容仙子庙,实际上汉代的北岳在今河北而非山西,此为“北岳”一名移植导致的传说讹误。

昌容者,常山道人也①,自称殷王子②。食蓬蔂根③,往来上下,见之者二百余年,而颜色如二十许人④。能致紫草⑤,卖与染家,得钱以遗孤寡⑥,历世而然,奉祠者万计⑦。

殷女忘荣,曾无遗恋。

怡我柔颜⑧,改华标茜⑨。

心与化迁，日与气炼。

坐卧奇货[10]，惠及孤贱。

【注释】

①常山：即汉代北岳恒山，今河北唐县大茂山，因避汉文帝刘恒讳而改称常山。

②殷王子：商王之子女。据本篇赞文，昌容为女仙。《初学记》《事文类聚》引作“殷女”，《太平广记》引《女仙传》作“商王女也”，是昌容当为女仙。子为儿女之通称，故此处未改。

③蓬虆（léi）：植物名。蔷薇科植物灰白毛莓，果实可入药。

④颜色：面容，姿色。

⑤致：求取，获得。紫草：即茜草，表面紫红色，能止血化瘀。

⑥寡：《太平御览》引作“老”。

⑦奉祠：祭祀。万计：《太平广记》作“千余家”。

⑧怡：怡然，和悦的。

⑨华：花朵。标：标明，显示。茜（qiàn）：茜草，紫草。

⑩奇货：珍稀少见的物品或货物。

【译文】

昌容是恒山的道人，自称是商王的女儿。服食蓬虆根，往来恒山上下，见过她的人有两百多年之久，可是她面色却像二十岁左右的人。能够获得紫草，卖给染料作坊，得到钱后分给孤寡，世世代代都是这样，祭祀她的人有上万之多。

殷商公主忘荣华，昔日富贵未眷恋。

和悦让我柔颜美，改变花朵显紫茜。

道心造化共变迁，日光真气同修炼。

坐卧之间有奇货，恩惠普及孤寡贱。

# 溪父

**【题解】**

溪父,传说中的古仙人,姓名不详,溪父当指其居住在溪边。《列仙传》本文是有关他最早的记载。据说他是南郡鄘人,然战国秦汉之南郡无鄘地,或记录有讹误。他住在山间以卖瓜为业,有仙人来他家买瓜,然后教他炼瓜子,与桂芝、附子、白芷根等药材一起,贮藏起来用于两人食用。二十年后,溪父炼成了仙术,能够上天入水,无所不至。一百多年后,溪父又上到绝山山顶,还与山下溪边乡亲对话,和他们讲述生平往事。溪父升仙讲的是修炼中神奇机遇的主题。溪父本为一介凡人,既没有服食,也没有修身,只是将瓜卖给了仙人,仙人就为了报恩教其服食术。类似的有后文服闾遇仙人赌瓜,仙人令其担瓜而使其成仙。这种看似偶然的情况往往被视为具有“仙缘”,即本身具有能够修仙的体质和强烈的成仙意愿,才会出现神奇机遇,由仙人帮助修炼者得道成仙。

溪父者,南郡鄘人也[①]。居山间,有仙人常止其家,从买瓜。教之炼瓜子,与桂、附子、芷实[②],共藏而对分食之[③]。二十余年,能飞走,升山入水。后百余年,居绝山顶,呼溪下父老,与道平生时事云。

溪父何欲?欲在幽谷。
下临清涧[④],上翳委薜[⑤]。
仙客舍之[⑥],导以秘箓[⑦]。
形绝埃𡏖[⑧],心在旧俗。

**【注释】**

①南郡:古地名,战国秦置郡,治所在江陵,在今湖北荆州。前206

年，项羽分封诸侯，将南郡改为临江国。汉高祖五年（前202），复为南郡；景帝前元二年（前155），又为临江国。前元四年（前153），又为南郡。前元七年（前150），又为临江国。中元二年（前148），又为南郡。鄘：南郡无鄘县，今地不详，或有讹误。《太平广记》引作“编”，然南郡亦无编地。今译暂从。

②与桂、附子、芷实：据《艺文类聚》《太平御览》引作“与附子、桂实”。桂，桂芝，灵芝的一种。附子，中药名，乌头块根的干燥侧根，有毒，经过盐渍、水漂、煮熟后，毒性减低，能祛除寒湿。芷实，白芷的根。

③共藏而对分食之：据《艺文类聚》引作“共藏春花服之”，据《太平御览》引为“服之”。藏春花，即红花樱草，多年生草本花卉。

④涧：山间流水的沟。

⑤翳（yì）：遮掩，隐藏。委：鄙陋的。蓐（rù）：草席，草垫。

⑥舍（shè）：住宿。

⑦箓（lù）：道教的秘文，记录神仙名册、召唤神吏、施行法术的名册。此处指服食修仙的方法。

⑧壒（ài）：尘埃。

**【译文】**

溪父，是南郡鄘人。住在山间，有仙人常常来停留在他家，从他这里买瓜。仙人教他炼瓜子，与桂芝、附子、白芷根一起，贮藏起来对分食用。二十年后，溪父能够飞行，升上高山并沉入水底。之后一百多年，溪父住在绝山的山顶，呼叫山下溪边的父老乡亲，和他们讲述生平往事。

溪父有什么欲望？欲望只在居幽谷。

下临清澈的溪涧，上掩鄙陋的草蓐。

仙人寄宿至他家，教导修行的秘箓。

形体离开了尘土，心灵却仍念旧俗。

# 山　图

**【题解】**

山图，传说中的古仙人，《列仙传》本文是有关他最早的记载。本文说他是陇西人，少年时喜欢骑马，但有一次被马踢伤断了脚。他在山里遇见个道士，教他服食地黄、当归、羌活、独活、苦参散等药材，一年之后他就不用进食了，病好了身体也轻盈了。道士自称是五岳神的使者，来山里采药，能够让山图长生不老。于是山图跟随道士修道六十多年，后来为母亲守孝一年又离开了。这个故事也是类似前文溪父的仙缘主题。《后汉书·西南夷传》称山图住在莋都（今四川汉源），这里的土壤适宜生出长生仙药。《蜀都赋》："山图采而得道。"所载即为此事。道教神仙中另有山图公子，据《真诰》，山图公子是周哀王时期的大夫，后成仙；至东汉末年有张奉弃世入山，山图公子授张奉九云水强梁炼桂法，张奉亦成仙，在东华宫为太极仙侯。《天地宫府图》中三十六小洞天之二的东岳泰山洞，相传为山图公子所治理。山图公子与山图之关系还需进一步研究。

山图者，陇西人也①。少好乘马，马踏之折脚。山中道人教令服地黄、当归、羌活、独活、苦参散②，服之一岁，而不嗜食，病愈身轻。追道人问之③，自言："五岳使④，之名山采药，能随吾，使汝不死。"山图追随之六十余年。一旦归来，行母服于家间⑤，期年复去⑥，莫知所之。

山图抱患⑦，因毁致全。
受气使身，药轻命延。
写哀坟柏⑧，天爱犹缠⑨。
数周高举⑩，永绝俗缘。

**【注释】**

①陇西：古地名，战国秦置郡，治所在狄道，在今甘肃临洮南，因在陇山之西而得名，汉沿置。

②地黄：多年生草本植物，药材分生地黄、熟地黄、干地黄，可清热凉血、滋阴养血。当归：多年生草本植物，有异香，可补血活血。羌活、独活：当为同一种草名，以羌族地区生长最佳而得名，可镇痛、发汗。苦参散：药物，可清热燥湿、解毒止痛。《后汉书》注、《初学记》引无“独活”，“苦参散”作“元参”。元参，多年生草木植物，又称玄参，可滋阴降火、消肿解毒。

③追：竭力探求，寻求。

④五岳使：五岳的使者。五岳，中国五大名山总称。古书记载其在尧舜时即存在，为战国秦汉人托古理念。五岳之说萌芽于汉武帝时期，《史记·封禅书》称“天下名山八，而三在蛮夷，五在中国。中国华山、首山、太室、泰山、东莱，此五山黄帝之所常游，与神会。”宣帝时确定以泰山（在今山东泰安）为东岳，天柱山（在今安徽潜山）为南岳，华山（在今陕西华阴）为西岳，恒山（在今河北唐县）为北岳，嵩山（在今河南登封）为中岳；之后又将恒山改为衡山（在今湖南衡山）。隋朝之后成为定制，明朝始将今山西浑源的恒山定为北岳。五岳为神山亦为山神，故派遣山中道人为使者。

⑤服：服丧。冢间：正统道藏本作“家间”，据《后汉书》注改，本篇赞语亦称“写哀坟柏”，故“家”字为误。

⑥期年：一年。

⑦抱患：身患疾病。

⑧写：倾诉，抒发。

⑨天爱：天伦之爱。

⑩数（shǔ）：计算。周：周期。高举：高飞，远去。

**【译文】**

山图,是陇西人。少年时喜欢骑马,有一次被马踢伤折断了脚。山里有个道士教他服用地黄、当归、羌活、独活、苦参散,服用了一年,他就不想吃饭了,病痊愈了身体也轻盈了。他追着道士问怎么回事,道士自称:“我是五岳的使者,来到名山采药,你能够跟随我,我就让你永不死亡。”山图就追随了道士六十多年。一天回来,在墓冢边穿着丧服为母亲守孝,期满一年之后才离开,没有人知道他去了哪里。

陇西山图患疾病,身体本损反致全。

受养真气于身体,药使身轻命续延。

悲哀倾泻坟柏间,天伦之爱犹绕缠。

期满周年方远去,永远隔绝俗世缘。

# 谷　春

**【题解】**

谷春,传说中的古仙人,《列仙传》本文是有关他最早的记载。本文说他是栎阳人,在汉成帝时任郎官。他病死后尸体不冷却,所以家人为他办丧事没把棺材盖钉死。三年后,他又穿戴整齐出现在城门上,也不肯跟家里人回家。家里人发现他的棺材里只有衣服没有尸体。因此,这也是一个典型的尸解神话。后来谷春又去了长安横门上,家人又来接他回去,他就去了太白山。之后谷春在山中见到秦宫女玉姜,教玉姜服食松叶修仙,详见后文《毛女》篇。当地人为他立祠,他时常来祠庙住宿。《水经注》称太白山上有谷春祠。祠庙信仰在《列仙传》中也非常常见,体现了当时民众对神仙的信仰。一般来说,民众建立祠庙主要有两个原因,一种原因是对仙人的感恩,如昌容、负局先生、黄阮丘等人,他们做了济世之事而为民众祭祀;另一种原因则是出于对仙人的尊敬,如王子乔、萧史、谷春等人。

谷春者，栎阳人也[①]，成帝时为郎[②]。病死，而尸不冷。家发丧行服[③]，犹不敢下钉。三年，更着冠帻坐县门上，邑中人大惊。家人迎之，不肯随归。发棺，有衣无尸。留门上三宿，去之长安[④]，止横门上[⑤]。人知，追迎之，复去之太白山[⑥]。立祠于山上，时来至其祠中止宿焉[⑦]。

谷春既死，停尸犹温。
棺阖五稔[⑧]，端委于门[⑨]。
顾视空柩[⑩]，形逝衣存。
留轨太白，纳气玄根[⑪]。

**【注释】**

①栎阳：古地名，战国秦置县，在今陕西西安阎良区。秦献公二年（前383），秦国都城从雍城迁于栎阳。秦孝公十二年（前350），秦国都城从栎阳迁于咸阳。汉沿置。

②成帝：即汉成帝刘骜（前51—前7），西汉第十二任皇帝，父为汉元帝刘奭，母为皇后王政君。前33年，元帝去世，成帝即位，以舅父王凤为大司马大将军领尚书事，总揽朝政。成帝本人沉迷于酒色，与赵飞燕、赵合德姐妹日夜淫乐，不理国事。自此王氏外戚扶摇直上，埋下日后王莽篡汉的隐患。前7年，成帝去世，无子，以侄刘欣即位，是为哀帝。今陕西咸阳有汉成帝延陵。

③发丧：宣布丧事。行服：穿孝服行丧。

④长安：古地名，本为秦咸阳之一乡聚，在今陕西西安长安区。汉高祖五年（前202），汉高祖最初定都洛阳，但在娄敬、张良建议下迁都关中，改咸阳县为长安县，并定为国都。

⑤横门：长安北城墙西侧门。

⑥太白山：山名，在陕西眉县、周至、太白三县境内，为秦岭最高峰。

⑦时来至其:《水经注》引作“春秋来”。

⑧阖(hé):关闭。五稔(rěn):五年,据原文则为三年。

⑨端委:礼服。

⑩柩(jiù):装着尸体的棺材。

⑪玄根:玄妙的根性。

**【译文】**

谷春,是栎阳人,汉成帝时任郎官。他生病而死,但尸体却不冷却。家里人为他举办丧事穿上丧服,却不敢用钉子把棺材钉死。过了三年,他戴着帽子和头巾坐在县城城门上,县里人都非常惊讶。家里人来接他,他却不肯跟着回去。打开他的棺材,只有衣服没有尸体。他留在城门上呆了三天,便去了长安,停留在长安的横门上。家里人知道后,找到他想要迎接回去,他便离开去了太白山。人们在太白山为他建立祠堂,他时常来祠中住宿。

谷春既然已亡故,尸体停放有余温。

棺材合上经五年,身穿衣冠坐悬门。

察看棺木是空柩,身体消失衣犹存。

太白山上留踪迹,吸纳精气修妙根。

## 阴　生

**【题解】**

阴生,传说中的古仙人,《列仙传》本文是有关他最早的记载。本文说他是长安中渭桥下的乞丐,但市场上的人很厌恶他,经常用粪水泼他。他逃走后一会儿又出现,但衣服却完全没有污渍,和以前一样。市场主管官吏用刑具抓住了他,但之后他又在市场行乞,长官得知后想杀掉他,这时他才离开长安。但之前向他泼洒粪水的人家房子倒塌,压死了十多个人。所以当时长安流传一句民谣:“见乞儿,与美酒,以免破屋之咎

（灾难）。”《搜神记》亦有记载此事，与本文基本一致。

阴生可谓是《列仙传》中职业最卑微的仙人，以致屡屡遭人欺凌，最后这些人反遭其噬，死了十多人。这是当时人敬畏神仙的原因，也是道教想要宣传的。因为神仙不但可以赐福，也可以降灾，所以即使不相信神仙的人也应该尊敬神仙。而乞儿尚能修仙，就也为大千世界芸芸众生提供了精神指引，即修仙不论贵贱和职业，只要一心向道皆可成仙。据本篇赞文，灾难并非出自乞儿本人之手，当系冥冥之中的天数所致。《历世真仙体道通鉴》作者也认为，“如阴生，特因其事以示其化也，非阴生害之也”。

阴生者，长安中渭桥下乞儿也[①]。常止于市中乞，市人厌苦[②]，以粪洒之。旋复在里中，衣不见污如故。长吏知之，械收[③]，系着桎梏[④]。而续在市中乞，又械欲杀之，乃去。洒者之家室自坏，杀十余人。故长安中谣曰：“见乞儿，与美酒，以免破屋之咎[⑤]。”

阴生乞儿，人厌其黩[⑥]。
识真者稀，累见囚辱[⑦]。
淮阴忘吝[⑧]，况我仙属[⑨]。
恶肆殃及[⑩]，自灾其屋。

**【注释】**

①中渭桥：长安桥名，始建于秦。因跨于渭水之上称渭桥，西汉时又在东西两侧建桥，故渭桥又称中渭桥；因位于长安城北横门外，故又称横桥。

②市人：市场中的商人。苦：贫穷。

③械：拘系，拘束。

④桎梏：刑具，脚镣手铐。

⑤咎：灾难。

⑥黩（dú）：污。

⑦见：被。

⑧淮阴：即淮阴侯韩信（？—前196），汉初开国功臣。据《史记·淮阴侯列传》，韩信是秦朝淮阴（今江苏淮安）人，年轻时贫穷又不务正业。淮阴市场有个年轻的屠户侮辱韩信，说虽然你长得高大又戴着刀剑，但其实是个胆小鬼。如果你不怕死就拿剑刺我，如果怕死就从我胯下爬过去。而韩信打量他一番后，果然趴下身子从他胯下爬了过去，当时人都笑话韩信胆小。后来韩信投入起义军项梁部，因在项羽帐下不受重用，投奔刘邦成为大将军。在刘邦统一全国的战争中，韩信先后灭亡魏、赵、齐等国，并参与围攻项羽的垓下之战。西汉建国后韩信被封为齐王，后改为楚王。他荣归故里后找到当年的屠户，任命其做了中尉，并且告诉大家说，当年他侮辱我时，我完全能杀死他，不过这样做没意义，我正因为忍受一时屈辱，才成就今日功业啊！韩信后因功高震主被贬为淮阴侯，并因涉嫌谋反被吕后处死。吝：侮辱。

⑨仙属：仙人之辈。

⑩肆：店铺。

**【译文】**

阴生，是长安中渭桥下的乞丐。经常到市场去乞讨，市场上的人很讨厌他，用粪水泼洒他。不一会儿他又出现在市场，衣服不见污渍好像以前一样。主管官吏知道后，抓捕了阴生，并给他戴上刑具。之后阴生又在市场中行乞，官吏知道后又抓住他想杀掉他，这时候他才离开长安。之前向他泼洒粪水人家的房子自行损毁，压死十多个人。所以长安有民谣说："见到乞儿，给他美酒，免得有屋破之灾。"

长安阴生是乞儿，人们厌恶他污黩。

识真仙者太稀少，累次被囚禁侮辱。

韩信尚能忘耻辱，何况我辈神仙属。
邪恶市肆被祸及，灾难自作降其屋。

## 毛　女

**【题解】**

毛女，传说中的古仙人，字玉姜，一作玉美，毛女指其浑身生满毛。《列仙传》本文是有关她最早的记载。本文说她本是秦始皇时期的宫女，秦朝衰败后，流亡到华山中避难，遇到道士谷春。据前文《谷春》篇记载，谷春是汉成帝时栎阳人，去世后三年复生现世，后隐居于秦岭太白山，可见其有神异功能。谷春教毛女吃松叶，于是毛女就不饥不寒了，并且身轻如飞，炼就了仙人体质。之后毛女在山中活了一百七十多岁，山中的住户和猎人世代都有见过她，居住的石洞中也经常传来鼓琴的声音。今华山主峰西北有毛女峰，山上有供奉毛女的毛女洞，传说就是毛女曾经居住的石洞。唐陆畅有《望毛女峰》一诗曰："我种东峰千叶莲，此峰毛女始求仙。今朝暗算当时事，已是人间七万年。"

后世关于毛女的传说也很多。据《历世真仙体道通鉴》，唐朝大中年间陶太白、尹子虚同游华山芙蓉峰，在松下见到满身是毛的一男一女。二人问，神仙为什么到这里来呢？男子说，我是秦朝的役夫，这位毛女是秦朝的宫女，一起到这里是因为逃脱骊山之祸，躲在这不知道现在是什么时候啊！两人说："很幸运遇到神仙，希望赐给我们灵丹妙药！"男子说："我本来是凡人，开始服用柏子，后来吃松脂，时间长了身体轻盈，毛发变绿，不知道灵丹妙药是什么？"女子作诗道："谁知古是与今非，闲蹑青霞绕翠微；箫管秦楼应寂寂，彩云空惹薜萝衣！"男子又说："有万年松脂，千年柏子，你们可以服用，但也要离开尘世！"之后陶太白、尹子虚二人就在华山莲花峰上巢居。

据《历世真仙体道通鉴后集》引《抱朴子》，汉成帝时，猎人在终南山见到一个全身黑毛没穿衣服的人，跨越水坑山涧健步如飞，大家秘密搜索并围困住它，才发现是一妇人。妇人自称是秦朝的宫女，因为关东义军到达，秦王子婴投降，惊吓而走入山中。当时差点要饿死，幸亏一位老人教她吃松柏叶实，一开始觉得苦涩，但后来就觉得不饿了，而且冬天不冷夏天不热。二说对于毛女逃入深山的起因颇有差异，但这些故事大概都有一定真实背景，秦末当有不少因暴政与战乱逃离宫中、遁入山中的宫女、役夫，而通过《列仙传》写出，颇能补充正史之不足，只是他们的结局未必有毛女美好。而在这种苦难时代的民众肉体精神的痛苦，正是道教滋生、发展的重要土壤，也是《列仙传》中不少民众希望学习仙术的原因。

毛女者，字玉姜[①]，在华阴山中，猎师世世见之[②]。形体生毛，自言秦始皇宫人也[③]，秦坏[④]，流亡入山避难，遇道士谷春[⑤]，教食松叶，遂不饥[⑥]，身轻如飞，百七十余年。所居岩中有鼓琴声云。

婉娈玉姜[⑦]，与时遁逸[⑧]。
真人授方，餐松秀实[⑨]。
因败获成，延命深吉。
得意岩岫[⑩]，寄欢琴瑟[⑪]。

**【注释】**

①字：表字，人的别名，周代男子二十岁行冠礼而命字，女子十五岁行笄礼而命字，作为成年的标志，后世沿之，自称用名表示谦逊，称人用字表示尊敬。

②猎师：猎人。《初学记》引上有“山客”，指进山的人。

③宫人：宫女。

④坏：衰败。

⑤谷春:汉代仙人,见前文《谷春》篇。

⑥饥:正统道藏本下有“寒”字,当衍,据《合璧事类》引删。

⑦婉:和顺,柔美。娈:美好。《诗经·齐风·甫田》:“婉兮娈兮。”

⑧遁逸:避世隐居。

⑨秀实:原指植物开花与结果,此处指花朵与果实。《论语》朱熹注:“谷之始生曰苗,吐华曰秀,成谷曰实。”

⑩岫:山穴。

⑪瑟:一种弦乐器,似琴,据说古代有五十根弦,后为二十五根或十六根弦。

**【译文】**

毛女,字玉姜,居住在华山之中,猎人们世世代代都见过她。她的身体上生满了毛,说自己是秦始皇时的宫女,秦朝衰败后,她流亡到山中避难,遇到道士谷春,教她吃松叶,于是就不饥饿了,并且身轻如飞,在山中已经活了一百七十多岁。所居住的岩洞中经常传来鼓琴的声音。

和顺柔美的玉姜,乱世遁入山隐逸。

仙人传授她方术,食用松树花与实。

本因国败反成道,延长寿命深福吉。

惬意满足岩洞下,寄托欢心在琴瑟。

## 子　英

**【题解】**

子英,传说中的古仙人,《列仙传》本文是有关他最早的记载。本文说他是舒乡人,捕捞到一只红鲤鱼并喂养了一年,鱼长到一丈多长并生了角和翅膀。子英自知这条赤鲤并非凡鲤,而是龙身,这类似前文所说入水取龙子的琴高,于是他就向赤鲤叩头致敬。赤鲤说要带他一起登天,当时天空就下起大雨,子英登上鱼背腾空而去。但之后他每年还会回到故居，像常人一样与全家团聚，之后赤鲤又迎接他走。如此这般长达七十年，后来吴地都祭祀子英，并且在门窗上画着神鱼。白日飞升是《抱朴子内篇》中的仙之上品，在《列仙传》中飞升的上仙如果法力不够，则可借助于某种动物。如马师皇、黄帝、陶安公以龙飞升，子英、琴高以赤鲤飞升，王子乔以鹤飞升，这些动物本身都有神性，龙自然不必说，鲤鱼有化龙的说法，鹤亦是长寿之仙禽，故其均有迎接主角登天成仙的能力。子英不但自己享受祭祀，连赤鲤也被民众尊奉，类似前文园客的家乡祭祀蚕神。《神仙传序》称“英氏乘鱼以登遐”，所言亦为此事。

子英者，舒乡人也[①]，善入水捕鱼。得赤鲤，爱其色好，持归着池中，数以米谷食之[②]。一年长丈余，遂生角，有翅翼。子英怪异，拜谢之。鱼言：“我来迎汝。汝上背，与汝俱升天。”即大雨。子英上其背[③]，腾升而去。岁岁来归故舍，食饮，见妻子[④]，鱼复来迎之。如此七十年[⑤]。故吴中门户皆作神鱼，遂立子英祠。

子英乐水，游捕为职。
灵鳞来赴，有炜厥色[⑥]。
养之长之，挺角传翼。
遂驾云螭[⑦]，超步太极[⑧]。

**【注释】**

①舒乡：古地名，从下文“吴中”看当在吴地，然吴郡与吴县均无舒乡之名。

②数（shuò）：屡次，多次。食（sì）：饲养。

③背：正统道藏本上有“鱼”，与“其”重复，据《草堂诗笺》引删。

④妻子：妻子与儿女。

⑤七十年:《太平御览》引作"七年"。

⑥炜:光彩鲜明。厥:文言代词,其。

⑦云螭:龙,云龙。

⑧超步:跨登,迈步。太极:古人的哲学概念,为最原始的混沌之气。《周易·系辞上》:"易有太极,是生两仪。"《文选·七启》:"夫太极之初,浑沌未分,万物纷错,与道俱隆。"

**【译文】**

子英,是舒乡人,善于入水捕鱼。得到红鲤鱼,喜欢它的颜色,带回家放在水池中,多次用稻米和谷物喂养它。一年之后鱼长到一丈多长,然后又生了角,有翅膀。子英感到怪异,就向红鲤鱼叩头致敬。红鲤鱼说:"我是来迎接你的。你登上我的背部,我和你一起升天。"当即就下起了大雨。子英登上鱼背,腾空飞升而去。子英每年都回到故居,吃饭喝水,探望妻子儿女,鱼又来迎接他走。如此这样七十年之久。所以吴地的门窗上都画了神鱼像,并且立下祭祀子英的祠庙。

舒乡子英爱潜水,游泳捕捞为本职。
神鱼来到他身边,光彩鲜明的颜色。
养育它使它成长,挺露头角长羽翼。
于是驾龙入云去,跨登迈步于太极。

## 服　闾

**【题解】**

服闾,传说中的古仙人,《列仙传》本文是有关他最早的记载。本文说他经常来往于莒地海边祠庙中,这表示服闾其人当有修仙之心。有一天,他果然见到三位仙人在一个祠庙中赌瓜,仙人们见到服闾后,让他挑着他们的赌注——一担数十个黄白的瓜,然后让服闾闭上眼睛。等到服闾醒来时,发现自己到了三仙山之一——名山蓬莱南边的方丈山。《海内十洲记》称方丈洲在东海中心，方圆五千里，上面群龙所聚，有金玉琉璃宫殿，是三天司命的治所；群仙不想升天的，都来到此洲，接受太玄生箓，这里的仙家有数十万之多，耕种的灵芝像水稻一样亩产；上面还有玉石泉，九源上人为此处宫主，领天下水神和龙蛇水兽。《列仙传》中，服闾往来于方丈山与莒地，取得方丈山上的珍宝珠玉去卖，可见他因为帮助仙人做事，被赋予了出入仙境的能力。但饶有趣味的是，服闾与其他主角不同，他虽然想修仙，但还是迷恋金钱，甚至盗窃了祠庙的财物。这违背了道教的清规戒律，因此他被神仙判处刑罚，这表明道教严禁修仙者作恶。之后数年，服闾的面貌变得更加健壮美好，鬓发也和往常一样了。这表明他已经改过自新，这样才能真正得道成仙。

《抱朴子内篇》引用《玉钤》说，修炼道术的人如果不修养品德，而只是学习方术，并不能长生不老。而如果做了坏事的话，会被司命神根据坏事程度扣除寿命年岁。人如果想做地仙，要做三百件好事；想做天仙，要做一千二百件好事。但只要做一件坏事，之前的好事就统统不算，要重新积累了。所以做好事不在大，做坏事不在小。即使不服食仙药，只要不停地做好事，就不会暴死。

服闾者，不知何所人也，常止莒①，往来海边诸祠中。有三仙人于祠中博赌瓜②，顾闾，令担黄白瓜数十头，教令瞑目③。及觉④，乃在方丈山⑤，在蓬莱山南⑥。后往来莒，取方丈山上珍宝珠玉卖之，久矣。一旦，髡头着赭衣⑦，貌更老，人问之，言坐取庙中物云⑧。后数年，貌更壮好，鬓发如往日时矣。

服闾游祠，三仙是使。
假寐须臾⑨，忽超千里。
纳宝毁形，未足多耻⑩。
攀龙附凤⑪，逍遥终始⑫。

**【注释】**

①莒（jǔ）：古地名，在今山东莒县，临黄海。周代为莒国所在地，莒国于前431年灭于楚，后莒地属齐。秦统一后在此置莒县。汉沿置，为城阳郡（国）治所。

②博赌：赌博。

③瞑目：闭上眼睛。

④觉：睡醒。

⑤方丈山：传说中的神话仙山，又名方壶山，详见《安期先生》篇"蓬莱山"注。

⑥蓬莱山：传说中的神话仙山，为秦时仙人安期生所居，详见《安期先生》篇注。

⑦髡（kūn）：一种把须发剃光的刑罚。赭（zhě）衣：囚衣，因用赤土染成赭色而称。赭，红褐色。

⑧坐：因某事犯罪。

⑨假寐：打盹，打瞌睡。须臾：片刻，短时间。佛教以三十须臾为一昼夜，约合四十八分钟。

⑩未足：不足，不能。

⑪攀龙附凤：巴结投靠有权势的人以获取富贵，常用于贬义，此处为褒义。

⑫终始：周而复始。

**【译文】**

服闾，不知道是哪里人，经常停留在莒县，来往于海边的各大祠庙中。有三个仙人在一个祠庙中以瓜为注赌博，他们看到了服闾，让他挑着一担黄色和白色的瓜数十个，然后闭上眼睛。等到他醒来时，发现自己在方丈山，方丈山在名山蓬莱的南边。后来他往来于方丈山与莒地，取得方丈山上的珍宝珠玉去卖，这样很久了。一天，他被剃头并且穿着囚衣，面貌变老，人们问他，说自己偷窃了庙中的财物。之后数年，面貌变得更加健壮美好，鬓发也和往常一样了。

服闾游览莒地祠，遇仙赌博将其使。
担瓜小睡须臾间，忽然飞越数千里。
盗窃财宝被毁容，却不足以太羞耻。
攀附仙人仙山去，逍遥自在周复始。

## 文宾

**【题解】**

文宾，传说中的古仙人，《列仙传》本文是有关他最早的记载。据说他是太丘乡人，以卖草鞋（一说靴子）为业。他多次娶妻，数十年后就抛弃妻子离开，因为不希望妻子发现他长生不老的奥秘。后来碰到一位九十多岁的前妻，前妻见到他虽然年岁已高，但却身体更加壮实，心知他是神仙无疑，于是就拜倒在地，希望学习长生之术。文宾提出在正月初一到乡亭西的神社中见面说，前妻家离神社十多里地，而前妻修仙之心虔诚，头一天晚上就由子孙搀扶抵达了。文宾到了之后说，早知如此，当初也不离开前妻了。于是教前妻服食菊花、地肤、桑上寄生、松子等。妻子从而变得更健壮了，她和文宾一起成了神仙，一百多年后还出现过。《仙苑编珠》称"文宾菊花"，《三洞群仙录》称"文宾饵菊"，都指文宾服食菊花而升仙之事。

《列仙传》中仙人引导凡人成仙，多观察其是否具有诚挚的道心。文宾在被发现为仙人时并未立即帮助前妻，这实际上是仙人常用的"试炼"方式，目的在于考验弟子信仰是否坚定。在《史记·留侯世家》中，黄石公对张良的考验，亦为此种"试炼"方式，张良能早至并为黄石公拾履，即通过考验而获得了兵法。本篇中前妻连夜赶到，或许也受此故事影响。道教对于信徒的志向坚定非常重视，《抱朴子内篇》也说："彼莫不负笈随师，积其功勤，蒙霜冒险，栉风沐雨，而躬亲洒扫，契阔劳艺，始见之以信行,终被试以危困,性笃行贞,心无怨贰,乃得升堂以入于室。”

文宾者,太丘乡人也[①],卖草履为业[②]。数取妪[③],数十年,辄弃之。后时[④],故妪寿老,年九十余,续见宾年更壮。他时[⑤],妪拜宾涕泣,宾谢曰:“不宜。至正月朔日[⑥],倘能会乡亭西社中邪[⑦]?”妪老,夜从儿孙行十余里,坐社中待之。须臾,宾到,大惊:“汝好道邪?知汝尔[⑧],前不去汝也[⑨]。教令服菊花、地肤、桑上寄生[⑩]、松子,取以益气。妪亦更壮,复百余年见云。

文宾养生,纳气玄虚[⑪]。
松菊代御[⑫],炼质鲜肤。
故妻好道,拜泣踟蹰[⑬]。
引过告术[⑭],延龄百余。

**【注释】**

①太丘乡:古地名,在今河南商丘,周代为宋国太丘社所在地。汉武帝时置敬丘国,治太丘乡;汉明帝改敬丘国为太丘县,仍治太丘乡,名臣陈寔曾任太丘县令。《北堂书钞》引无“太”字,《太平御览》引无“乡”字。

②草履:《水经注》引作“靴履”。

③数(shuò):屡次。妪(yù):老年妇女,也为妇女的通称。

④后时:后来。

⑤他时:昔日,往时。

⑥朔日:农历每月初一。正统道藏本作“朝”,即早晨,不通,此据《水经注》引改。

⑦倘:假如,倘若。社:祭祀土地神的神庙。

⑧尔：如此，这样。

⑨去：抛弃，舍弃。

⑩地肤：又名地葵，可清湿热。桑上寄生：又名桑耳，为常寄生于桑树上之真菌，可凉血止血。

⑪玄虚：玄妙虚无。

⑫代御：交替使用。

⑬踟蹰（chí chú）：徘徊不前的样子，缓行，逗留。

⑭引过：承认过失。

**【译文】**

文宾，是太丘乡人，以卖草鞋为业。多次娶妻，过了数十年，就抛弃妻子离开。后来，之前的一位妻子老迈，年龄九十多岁，却又见到文宾年长而身体更壮实。当时，妻子就拜倒在文宾身前哭泣，文宾辞谢说："现在不合适。等到正月初一那天，倘若你能来就在乡亭西边的神社中相会？"妻子年老，晚上由儿孙送行十多里，到达社中坐着等待文宾。一会儿，文宾来到，大惊说："你真爱好道术吗？知道你是这样，之前也不离开你了。"于是他教妻子服食菊花、地肤、桑上寄生、松子，用来补益元气。妻子也变得更加健壮，过了一百多年还出现过。

仙人文宾善养生，吸纳元气于玄虚。
松子菊花交替食，修炼体质嫩肌肤。
前任妻子好道术，跪拜哭泣还踟蹰。
承认过失告方术，使妻延年有百余。

# 商丘子胥

**【题解】**

商丘子胥，《太平御览》作商丘子瑕、商丘子，传说中的古仙人，商丘为姓氏，汉代有御史大夫商丘成。《列仙传》本文是有关他最早的记载。

据说他是高邑人，喜欢牧猪和吹竽。年已七十不娶妻，但却不老，足见其神异。县里人也注意到这点，不少人希望从他这里学习道术。他却说自己仅凭食用术、菖蒲根，并且饮水，就不饥不老直到现在，三百年间都有人见到他。不少贵族富户听说他的药方，都纷纷找药来服食。但不到一年就都厌倦了，大概是觉得没有效果，还有人说商丘子胥有隐藏方术未肯示人。实际上术、菖蒲确实是服食修仙的药材，《神仙服食灵草菖蒲丸方传》称“夫菖蒲者，水之精，神仙之灵草，大圣之珍方，游山隐士，遁世潜人，皆服之”，前文务光也因食蒲韭根而成仙。之所以这些富贵人家未能得道，大体还是由于其没有修仙的诚心和坚持。《神仙传序》称“商丘咀菖蒲以无终”，所言亦为此事。《太平御览》引《上元宝经》称修羊公、稷丘子、东方朔、崔文子、商丘子等《列仙传》之仙人都服用芝英除去三尸谷虫，所以吃谷子也能无病成仙。

《列子·仲尼》篇提到公仪伯以力气大著称，却只能折断螽斯的腿与蝉的翅膀。周宣王很奇怪他的名声从何而来。公仪伯说，我有个老师叫商丘子，力气大得天下无敌，却连近亲都不知晓，因为他至死都没暴露过。而我违背师训，闻名于诸侯，但我的名声不是由我倚仗自己的力气得到的，而是由我运用自己的力气得到的，这不是比倚仗自己力气的人更好一些吗？这个故事与《庄子·大宗师》所说的“夫藏舟于壑，藏山于泽，谓之固矣，然而夜半有力者负之而走，昧者不知也”思想一致，反映了道家上善若水、虚怀若谷的观念。有实无名之人境界最高，有实有名之人境界居中，有名无实之人境界最低。此商丘子是否即商丘子胥，仍需进一步研究。

值得一提的是，《世说新语》中记述晋孙绰《列仙·商丘子赞》：“所牧何物？殆非真猪。倘遇风云，为我龙摅。”与正统道藏本之赞文不同，一般认为，今本赞文作者为郭元祖，《隋书·经籍志》称其作《列仙传赞》三卷，而《经籍志》亦称孙绰作《列仙传赞》三卷，当是流传的两种版本，惜孙绰之赞文今日仅可见吉光片羽。

商丘子胥者，高邑人也[①]，好牧豕吹竽[②]。年七十不娶妇，而不老。邑人多奇之，从受道，问其要[③]。言但食术、菖蒲根[④]，饮水，不饥不老如此。传世见之，三百余年。贵戚富室闻之，取而服之，不能终岁辄止[⑤]，惰慢矣。谓将复有匿术也。

商丘幽栖[⑥]，韫椟妙术[⑦]。

渴饮寒泉，饥茹蒲术。

吹竽牧豕，卓荦奇出[⑧]。

道足无求，乐兹永日[⑨]。

**【注释】**

①高邑：即高邑县，在今河北高邑。春秋属鲜虞国鄗邑。汉武帝元封元年（前110）在此置鄗国，后除国为鄗县，属常山郡；汉光武帝建武元年（25），光武帝在此称帝即位，后改鄗县为高邑县。此可证本篇非前汉所作。

②豕（shǐ）：猪。竽：古代吹奏乐器，像笙，有三十六簧。

③要：要领，精要。

④术（zhú）：多年生草本植物，分为白术、苍术等，根状茎可入药。菖蒲：多年生草本植物，地下有根茎，可作香料及健胃药。

⑤岁：年。

⑥幽：清幽，幽静。

⑦韫椟：藏在盒子里，比喻怀才隐居。韫，隐藏，蕴藏。椟，盒子，匣子。《论语·子罕》：“子贡曰：有美玉于斯，韫匮而藏诸？求善贾而沽诸？”

⑧卓荦（luò）：超出一般，出众。奇（jī）：单数的。

⑨兹：语气词，无实义。

**【译文】**

商丘子胥,是高邑人,喜欢牧猪和吹竽。年已七十不娶妻,但却不老。县邑人不少对他表示好奇,从他这里学习道术,问他修道的要领。他说仅食用术、菖蒲根,饮水,就不饥饿不衰老到现在。世代有人见到他,长达三百多年。贵族富户听说后,取得他的药方来服食,不能到一年就停止了,变得懒惰怠慢。也有说商丘子胥还隐藏了方术未肯示人。

商丘幽然邑居栖,盒匣蕴藏奇妙术。

口渴痛饮寒山泉,饥饿饱食菖蒲术。

吹奏竽来牧养猪,卓绝超群无双出。

大道已足无所求,乐哉乐哉日复日。

## 子　主

**【题解】**

子主,传说中的古仙人,《列仙传》本文是有关他最早的记载。在本文中说他讲楚地方言而声音纤细,见到江都王就说甯先生雇他做工,但三百年了也没给钱。江都王以为他是疯子,就问甯先生在哪里,子主说在龙眉山。然后江都王就派官吏跟着他到山巅,果然见到全身长毛、耳朵宽大的甯先生,他披散着头发正在弹琴。甯先生亦为古仙人,后世也称龙眉甯公,《抱朴子内篇》有提到他曾服食半剂金液,在人间活了上千年而去,其人或即仙人甯封子,见前文《甯封子》篇。子主见到他就叩头,官吏宣布江都王的命令,让甯先生付钱给子主。甯先生说子主是他邻家九代孙,让江都王多操心自己的事,宫中将有三宫女横死。忽然刮起大风,官吏急忙下山,得知宫中事果然如此。江都王非常惊惧,用猪牛羊三牲来为甯先生立祠。在《列仙传》中,不少神仙之间存在联系,如老子引导关尹喜,谷春教毛女服食,《太平御览》引《相贝经》称朱仲从琴高处学得相贝之法。而本篇中甯先生则是子主九代祖的邻居,尽管子主为全篇主角，但更多体现的是甯先生的神异，多少有些喧宾夺主之感。

子主者，楚语而细音①，不知何所人也。诣江都王②，自言："甯先生顾我作客③，三百年不得作直④。"以为狂人也，问先生所在，云在龙眉山上⑤。王遣吏将上龙眉山巅⑥，见甯先生，毛身广耳，被发鼓琴⑦。主见之叩头，吏致王命⑧。先生曰："此主，吾比舍九世孙⑨。且念汝家⑩，当有暴死女子三人⑪。勿预吾事⑫！"语竟⑬，大风发，吏走下山。比归⑭，宫中相杀三人⑮。王遣三牲立祠焉⑯。

子主挺年⑰，理有所资⑱。
甯生祠秀⑲，拊琴龙眉。
以道相符，当与讼微⑳。
匡事竭力㉑，问昭我师㉒。

**【注释】**

①楚语：楚地的乡音。

②江都王：江都国国王，先后有刘非（前168—前128）、刘建（？—前121）两任。江都国为西汉诸侯国，系汉景帝前元三年（前154年）置。刘非父为汉景帝，母为程姬，于前155年立为汝南王。次年，吴楚七国之乱，刘非以破吴有功，被立为江都王，都广陵，在今江苏扬州西北。刘非在任时好兴建宫室，招纳四方豪杰，骄横不法，于前128年去世，谥为易王，今江苏盱眙大云山汉墓为刘非墓。刘非去世后，子刘建即位。刘建淫乱暴虐，在为父守丧期间即奸淫父亲生前所爱的美人淖姬等十人，又与奔丧的妹妹刘征臣通奸，并且虐待官人甚至滥杀无辜。后淮南王、衡山王阴谋反叛，刘建怕江都被攻打兼并，于是私自刻皇帝玉玺和百官印绶，并制

造兵器,勾结越繇王闽侯准备起事。汉武帝元狩二年(前121),淮南王谋反事泄自杀,案情牵涉到刘建,刘建也自杀而死。江都国改为广陵郡。

③甯先生:也称龙眉甯公。《抱朴子内篇》:“昔安期先生、龙眉甯公、修羊公、阴长生,皆服金液半剂者也。其止世间,或近千年,然后去耳。”疑即甯封子,见前文《甯封子》篇。顾:雇,雇佣。作客:客作,雇工。

④作直:付报酬。直,通“值”,价值。

⑤龙眉山:山名,今地不详。

⑥将:跟随。

⑦被发:披发,披头散发。

⑧致:给予。

⑨比舍:邻舍,邻家。

⑩念:考虑,忧虑。

⑪暴死:暴病死亡,突然死亡。

⑫预:参与。

⑬竟:终了,完毕。

⑭比:及,等到。

⑮相杀:互相残害,杀伤。

⑯遣:送。三牲:古代祭祀用的牛、羊、猪三种牺牲。

⑰挺年:高寿。挺,突出。

⑱资:资本,凭借。

⑲甯生:正统道藏本作“甯主”,据王照圆《列仙传校正》改。祠:通“辞”,辞令。

⑳微:衰微,衰弱。

㉑匡:匡正,纠正。

㉒问:通“闻”,声誉。

**【译文】**

子主，讲楚地方言而声音纤细，不知道是什么地方的人。他去见江都王，说："甯先生雇我做工人，三百年了还不给工钱。"江都王以为他是疯子，问甯先生在哪里，子主说在龙眉山上。江都王就派遣官吏跟着子主上到龙眉山巅，果然见到了甯先生，他全身长毛耳朵宽大，披散着头发在弹琴。子主见到他就叩头，官吏传达江都王的命令。甯先生说："这位子主，是我邻居家的九代孙。你们多忧虑点自己家，当会有三个女子横死。不要多管我的事！"话说完，刮起了大风，官吏走下山。等到他回去，宫人互相打斗杀死了三人。江都王就用猪牛羊三牲为甯先生立祠。

子主超世有高年，颂词有理有凭资。
甯生辩词甚灵秀，披发鼓琴在龙眉。
因为大道而相合，与之争讼当衰微。
匡正事物竭全力，声誉昭然是我师。

## 陶安公

**【题解】**

陶安公，传说中的古仙人，姓名不详，陶安公当指其为六安铸陶师。《列仙传》本文是有关他最早的记载。本文说他是六安的冶铸工匠，有一天冶炼炉的火散开往上飘扬，紫气冲天。陶安公见此跪倒炉下，此时一只朱雀飞到炉上说："安公安公，冶与天通。七月七日，迎汝以赤龙。"意思当是说陶安公冶炼的炉火如同仙人燃烧的烟火，能够上达青天。仙人甯封子亦曾担任黄帝陶正。于是到了七月七日，下起大雨，一条赤龙果然将陶安公接走。县城几万人见到这一场景，纷纷祭祀他为之践行，而陶安公也与大家一一告别。《搜神记》亦有记载此事，与本文基本一致。元代诗人杨维桢有诗《冶师行》："湖中冶师缑长弓，有如汉代陶安公。七月七日与天通，朱雀飞来化青童。"即用此典。明《江西通志》称江西奉新有立云观，在陶仙山，旧名陶仙观，为陶安公故宅；又有景福观，在南乡，为陶安公二女飞升成仙之地，故在传说中陶安公还有二女登仙。

陶安公者，六安铸冶师也[①]，数行火[②]。火一旦散，上行，紫色冲天。安公伏冶下求哀。须臾，朱雀止冶上曰[③]："安公安公，冶与天通。七月七日，迎汝以赤龙。"至期[④]，赤龙到。大雨，而安公骑之东南上。一城邑数万人众共送，祖之[⑤]，皆与辞决云。

安公纵火，紫炎洞熙[⑥]。
翩翩朱雀[⑦]，衔信告时。
奕奕朱虬[⑧]，蜿然赴期[⑨]。
倾城仰觌[⑩]，回首顾辞。

**【注释】**

①六安：古地名，即汉代六安国。西周为皋陶之后六国之地，前622年，楚国灭六，置六县。汉武帝元狩三年（前120）置六安国，治所六县，在今安徽六安北。光武帝建武十三年（37）并入庐江郡，章帝元和二年（85），又改庐江郡为六安国。章帝章和二年（88），又改六安国为庐江郡。铸冶：冶炼与铸造。

②行火：用火。

③朱雀：也作朱鸟，传说中的南方神鸟，出现往往代表祥瑞。

④期：规定的时间，限定的时间。

⑤祖：祭祀路神，后指饯行，此处指邑人祭祀安公为之践行。正统道藏本作"视"，颇不通。《搜神记》记此句为"城邑数万人，豫祖安送之，皆辞诀"，《艺文类聚》引为"邑中数万人，豫祖安送之，皆辞诀"，故据《搜神记》《艺文类聚》引改为"祖"。

⑥炎：通“焰”，火焰。洞：迅速，疾速。熙：兴盛。

⑦翩翩：鸟轻飞的样子。

⑧奕奕：精神饱满的样子。

⑨蜿（wān）：龙蛇蟠行的样子。

⑩倾城：满城，全城。觌（dí）：见。

**【译文】**

陶安公，是六安的冶铸工匠，多次在冶炼炉生火。有一天火散开来，往上飘扬，只见紫气冲天。陶安公跪倒在冶炼炉下哀求。一会儿，有只朱雀过来停在冶炼炉上说：“陶安公啊陶安公，冶炼炉火与天通。等待七月七日到，迎你升天有赤龙。”到了这天，果然有一条赤龙到了。天下起了大雨，而陶安公就骑着龙往东南飞上天去。整个城邑共有几万人来相送，为他祭祀饯行，陶安公与大家告别。

安公纵火冶炼中，紫色火焰疾兴熙。

朱雀飞来停炉上，衔来口信告吉时。

神采奕奕的赤龙，蜿蜒蟠行来赴期。

全城百姓仰首看，安公回望尽告辞。

## 赤　斧

**【题解】**

赤斧，传说中的古仙人，姓名不详，赤斧当因人见其手中有一赤斧而得名。《列仙传》本文是有关他最早的记载。本文说他是巴地的戎人，在碧鸡祠担任主簿，主管文书簿籍及印鉴。他会把水银炼制成丹砂，并与硝石一起服用，这样三十年后他就返老还童，毛发都变成红色。之后数十年，他又登上华山，寻找据说是大禹治水时留下的一种矿物质——禹余粮充饥，而且还拿到苍梧、湘江之间卖。据说世世代代有人见到他。《答难养生论》：“赤斧以炼丹赪发。”所言亦为此事。《蜀都赋》称“丹沙艳炽出其阪，蜜房郁毓被其阜。山图采而得道，赤斧服而不朽。”说的就是《列仙传》两位服用丹砂成仙的人物——山图和赤斧。

在《抱朴子内篇·仙药》中，作者葛洪将仙药按坚硬程度排序。其中最上品为丹砂，其次黄金，其次白银，其次诸芝，其次五玉，其次云母，其次明珠，其次雄黄，其次太乙禹余粮，其次石中黄子，其次石桂，其次石英，其次石脑，其次石硫磺，其次石饴，其次曾青，其次松柏脂、茯苓、地黄、麦门冬，等等。其中最坚硬的仙药能够让人的寿命最持久，因为“夫金丹之为物，烧之愈久，变化愈妙。黄金入火，百炼不消，埋之，毕天不朽。服此二物，炼人身体，故能令人不老不死”（《抱朴子内篇·金丹》）。赤斧因为长期服用丹砂，不但长生不死，而且毛发尽赤，这点也与丹砂外形有相似之处。

赤斧者，巴戎人也①，为碧鸡祠主簿②。能作水澒炼丹砂③，与硝石服之④，三十年反如童子，毛发生皆赤。后数十年，上华山，取禹余粮饵⑤，卖之于苍梧、湘江间⑥。累世传见之，手掌中有赤斧焉。

赤斧颐真⑦，发秀戎巴⑧。
寓迹神祠，澒炼丹砂。
发虽朱蕤⑨，颜晔丹葩。
采药灵山，观化南遐⑩。

【注释】

①巴：古地名，即巴郡。春秋为巴国地，前316年秦灭巴，置巴郡，汉沿置。治所江州，在今重庆北嘉陵江北岸。戎：本为周代对边缘部族的通称，多与“西”连用称为“西戎”，指西方土著部族。相传巴地土著部族有巴氏、樊氏、瞫氏、相氏、郑氏五姓，其中巴氏最大，首领廪君建立巴国，秦统一后仍以巴氏为郡长，汉沿之。

②碧鸡祠：祠庙名，今地不详。主簿：汉代主管文书簿籍及印鉴的官员，中央机关及地方郡县均置此官，此处指碧鸡祠中承担类似主簿工作的人员。

③水澒（gǒng）：也作白澒，即汞，水银，道教炼丹常用的原料，有剧毒。丹砂：正统道藏本作“丹”，据《太平御览》引补。《文选》注为“丹沙”，砂、沙同义。

④硝石：矿石名，也作水硝，即天然硝酸钾或硝酸钠，道教服食常用的药物。

⑤禹余粮：矿石名，附于铁矿石上的一种岩石，可入药。据《太平御览》引《博物志》：“大禹治水时，弃余粮于江中而为药也。”

⑥卖：李剑雄《列仙传全译》疑为“觌”之误，即现身。苍梧：古地名，秦为桂林郡，汉初属南越国，汉武帝元鼎六年（前111）灭南越置苍梧郡，治所广信，在今广西梧州。湘江：即今湘江，是湖南省最大的河流。

⑦颐真：修养真性。

⑧发秀：开花，散发秀美，此处指赤斧兴起之所。

⑨蕤（ruí）：花，花蕊。

⑩遐：边远地方。

**【译文】**

赤斧，是巴郡的戎人，担任碧鸡祠的主簿。能够把水银炼丹砂，并和硝石一起服用，三十年后返老还童，毛发都变成红色。数十年后，他又登上华山，寻找禹余粮来服食，并且贩卖于苍梧、湘江之间。世世代代都有人见到他，手掌中有一把红色的小斧头。

仙人赤斧养真气，散发秀美于戎巴。

行迹寄托于神庙，烧制水银炼丹砂。

头发耀眼似朱草，面容光明如红葩。

采食仙药灵山上，观于变化在南遐。

## 呼子先

**【题解】**

呼子先，传说中的古仙人，《列仙传》本文是有关他最早的记载。从本文第二处“呼子先”看，“呼”可能并非姓氏，而是呼叫的意思。本文说子先在汉中的关卡之下担任占卜师，年龄高达一百多岁。在他准备离开人世升仙时，让一位卖酒的老妇穿戴好，两人一起去赴中陵王之约。关于这位酒家妇的情况，在《墉城集仙录》中有进一步的说明，说她本在汉中的关卡之下开酒肆，后来遇见从事占卜的子先。本文说子先看起来才五十多岁，却说自己有数百岁。酒家妇知道他不是常人，所以对他特别礼敬。这里提到的中陵王大概是神仙名，他邀请子先参加他的约会。子先登仙时，没有忘记酒家妇，而是带上她一起。当晚有仙人带着两只草狗（一说竹竿）来到，子先将其中一只递给酒家妇，自己又乘坐另一只。两人乘上去后草狗化为龙，带着他们上了华山。到华山后，他们还经常大呼：“子先、酒家母在此！”《神仙传序》称“子先辔两虬于玄途”，所言亦为此事。

古人认为万物皆可以变化，在古代传说中，鱼化龙、马化龙的说法最为常见，《列仙传》中也曾涉及。而犬也有化龙之说。据《搜神记》《博物志》等文献，先秦徐国国君徐偃王为宫女卵生，被认为不吉祥而被抛弃。后被一只叫鹄苍的犬叼回去，后来就生下了偃。宫人知道后收养了偃，等到他长大后就继承了君位。而鹄苍临死时，生出了角和九尾，化成了黄龙。晋陶潜《续搜神记》说晋时会稽张然养犬名乌龙，家奴与张然之妻私通，害怕事情暴露而想杀张然，家奴刚拿起刀就被乌龙所伤，张然趁机拾刀反杀家奴，后世也把乌龙作为狗的代称。

呼子先者，汉中关下卜师也[①]，老寿百余岁[②]。临去，呼酒家老妪曰[③]：“急装，当与妪共应中陵王[④]。”夜有仙人，持二茅狗来至[⑤]，呼子先。子先持一与酒家妪，得而骑之，乃龙也。上华阴山，常于山上大呼，言“子先、酒家母在此”云。

三灵潜感[⑥]，应若符契[⑦]。
方驾茅狗，蜿尔龙逝。
参登大华[⑧]，自称应世。
事君不端[⑨]，会之有惠[⑩]。

【注释】

①汉中：古地名，因汉水得名。战国秦设汉中郡，治所南郑，在今陕西汉中东。汉沿置，治所移至西城，在今陕西安康西北。

②老寿：高寿。《文选·游沈道士馆诗》注、《事类赋》引无“老”字。

③老妪：《太平御览》《事文类聚》《合璧事类》《天中记》引无“老”字。

④中陵王：神仙名，当即赞文中的“君”，是一位仙君。

⑤茅狗：茅草扎的狗。《文选·游沈道士馆诗》注引作“竹竿”。

⑥三灵：天、地、人，道教也指三魂，即天魂、地魂、人魂。潜感：无形的感应。

⑦符契：符券契约。

⑧参：探究并领会。

⑨不：通“丕”，大。

⑩会：应当。

【译文】

呼子先，是在汉中关下的占卜师，年寿高达一百多岁。在他将要离开升仙的时候，呼叫一位酒家的老妇说：“快点穿戴好，我与你一起去应中陵王之约。”晚上有仙人，带着两只茅草扎的狗来到，呼叫子先。子先接过一只递给酒家老妇，骑上去后，竟然是龙。他们上了华山，经常在山上大呼，说“子先、酒家母在此”。

天地人无形感应，感应好似订符契。
子先方才驾草狗，便化真龙蜿蜒逝。
参悟登上大华山，自报姓名接人世。
侍奉仙君甚端敬，理应获得恩宠惠。

# 负局先生

**【题解】**

负局先生，传说中的古仙人，姓名不详，负局先生当因身负一磨镜局而得名。《列仙传》本文是有关他最早的记载。本文说他口音好像燕、代之间的人。经常背着磨镜子用的盘子在吴地集市中沿街叫卖，磨镜一次只收一文钱。上门时候就问是否有得病之人，如有就拿出一种紫色和一种红色的药丸，病人服用下去都痊愈了。如此几十年后吴地发生了大瘟疫，负局先生挨家挨户去赠药，从而救活了上万人，但却没有收取一文钱，吴地人都把他当作仙人。后来他到达吴山悬崖上，将药悬挂着下垂给病人。将要离世升仙时，他对山下病人说自己要回蓬莱山了，会为大家降下神水。之后在悬崖顶上的石缝中果然流出一种白色的水，病人们服用神水后大多痊愈了。人们为负局先生立了十多处祠。

据《类说》《六帖补》，负局先生名李衮，而磨镜局实为《五岳真形图》。所谓《五岳真形图》，是五岳的地形图。传说为太上大道君绘制，由西王母传给汉武帝，《抱朴子内篇》有著录，其中包括泰山、衡山、华山、恒山、嵩山真形图各一幅，并配有相应的《五岳山真形文》，还有托名于东方朔的序。古代道士将《五岳真形图》视为入山佩戴的重要符图，《抱朴子内篇》称："上士入山，持《三皇内文》及《五岳真形图》，所在召山神及按鬼录，召州社及山卿宅尉问之，则木石之怪、山川之精不敢来试人。"《五岳真形图》为最早的地图等高线画法，有重要的科技史价值。明王世贞有诗："囊里牛腰诗卷粗，他年鹤背重还无。何如负局先生好，只挟《真形五岳图》。”即用负局先生典。

负局先生者，不知何许人也，语似燕、代间人[①]。常负磨镜局徇吴市中衒[②]，磨镜一钱。因磨之[③]，辄问主人，得无有疾苦者，辄出紫丸赤药以与之[④]，得者莫不愈。如此数十年。后大疫病，家至户到与药，活者万计，不取一钱，吴人乃知其真人也。后止吴山绝崖头[⑤]，悬药下与人[⑥]。将欲去时，语下人曰：“吾还蓬莱山[⑦]，为汝曹下神水[⑧]。”崖头一旦有水白色，流从石间来下，服之多愈疾。立祠十余处。

负局神端[⑨]，披褐含秀[⑩]。
术兼和鹊[⑪]，心托宇宙[⑫]。
引彼莱泉，灌此绝岫[⑬]。
欲返蓬山，以齐天寿[⑭]。

**【注释】**

①燕：古地名。周代有燕国，为西周初年姬姓宗室、太保召公奭建立，都蓟，在今北京房山区，至战国时辖今北京、天津、河北东北部、辽宁一带，至燕王喜三十三年（前222）为秦国所灭。秦末上谷小吏韩广自立为燕王，项羽分封诸侯时将燕国一分为二，以韩广为辽东王，燕国将领臧荼为燕王，臧荼杀韩广并其地，后降汉。汉高祖五年（前202），韩广反叛被杀，以太尉卢绾为燕王。至汉高祖十二年（前195），卢绾因参与陈豨叛乱事泄，逃奔匈奴，又以皇子刘建为燕王。高后七年（前181），刘建去世，子尽为吕后所杀，国除。次年，吕后以侄孙吕通为燕王。文帝前元元年（前179），以宗室琅琊王刘泽为燕王。武帝元朔二年（前127），燕王刘定国有罪自杀，国除。元狩六年（前117）武帝立子刘旦为燕

王，都蓟城。元凤元年（前80）刘旦谋反自杀，国除，改为广阳郡。此处当指战国时燕国故地一带。代：古地名。周代有代国，为戎狄部落，在春秋战国之际为晋国大夫、赵氏宗主赵无恤所灭，至战国中期，赵国在此设代郡。秦沿置，治所代县，在今河北蔚县东北代王城。项羽分封诸侯时以赵相张耳为赵王，赵王赵歇为代王，将军陈余驱逐张耳，以赵歇为赵王，自为代王。汉高祖七年（前200），以二哥宜信侯刘喜为代王，同年刘喜受匈奴攻击出逃，代国被并入赵国。汉高祖十一年（前196）又置代国，以皇子刘恒为代王，都晋阳，在今山西太原西南古城营村。文帝前元二年（前178），以皇子刘武为代王，次年更以皇子刘参为代王。武帝元鼎三年（前114），将代王刘义徙为清河王，代地入汉。此处当指战国秦时代郡故地一带。

②磨镜局：打磨铜镜用的石盘。《北堂书钞》《太平御览》引上有“石”字。徇（xùn）：巡行。衒（xuàn）：沿街叫卖。

③因：凭借。

④紫丸赤药：正统道藏本作“紫丸药”，《太平御览》七百二十四引作“紫丸赤丸”，三十八引作“紫赤药”，据改。

⑤止：正统道藏本作“主”，据《艺文类聚》《事文类聚》《合璧事类》《天中记》引改，《太平御览》引作“上”。

⑥悬药下与人：《太平御览》《艺文类聚》《事文类聚》《合璧事类》引上有“世世”二字。

⑦吾还蓬莱山：《太平御览》《事文类聚》《合璧事类》《天中记》引“还”上有“欲”字。

⑧汝曹：你们。

⑨端：头绪，条理。

⑩披褐：身穿短褐，多指生活贫苦。褐，褐衣，粗布衣服，古代贫贱者所穿。

⑪兼：胜过，超越。和鹊：医和与扁鹊，先秦时期两大神医。医和为春秋秦国医者，据《左传》，前541年，秦景公派医和给晋平公看病，医和认为晋平公好女色，疾病无法被治愈，并预言晋国正卿赵武将去世，果然同年赵武即病逝。扁鹊的记载在史书中则颇为杂乱。据《韩非子》，扁鹊曾为蔡桓公（前714—前695年在位）看病，蔡桓公讳疾忌医导致病入膏肓，最终病死。据《战国策》，扁鹊又为秦武王（前311—前307年在位）看病，扁鹊建议早治，左右侍臣却认为不容易治好反而会导致眼瞎耳聋，扁鹊认为秦王同不懂医术的人讨论，内政也是如此则有亡国危险。《史记·扁鹊仓公列传》称扁鹊是渤海郡鄚（今河北任丘）人，姓秦名越人，从仙人长桑君处学到医术，能够看穿人的五脏六腑，之后为赵简子、虢太子、齐桓公看病，最后又到了秦国都城咸阳，为秦国太医令李醯嫉妒杀死。赵简子为春秋后期晋国正卿，虢国于春秋前期被晋国灭亡，齐桓公则有二，分别为春秋前期姜姓齐国的齐桓公小白与战国前期妫姓齐国的齐桓公午。总之，扁鹊在古文献中生活跨度太大，当非特定一人之事，或只是传说歧异。汉画像石有"扁鹊行医图"，其中扁鹊为人首鸟身的形象。《汉书·艺文志》称医者"太古有岐伯、俞拊，中世有扁鹊、秦和"，秦和即医和，与扁鹊齐名。

⑫宇宙：无限空间与无限时间的总称。《淮南子》："往古来今谓之宙，四方上下谓之宇。"以宇为无限空间，宙为无限时间，多指天地、天下。

⑬岫（xiù）：山。

⑭齐：达到，持平。

**【译文】**

负局先生，不知道是哪里人，语言好像燕、代之间的人。经常背着磨镜子用的石盘到吴地集市中沿街叫卖，磨镜每次收一文钱。借助磨镜的时候，就问主人，有没有患病痛苦的人，有的话就拿出紫色和红色药丸给生病的人，服用过的没有不被治愈的。这样数十年。之后发生了大瘟疫，负局先生挨家挨户去赠药，服用他的药得以活命的有上万人，而他没有收取一文钱，吴地人就知道他是仙人了。后来他停留在吴山悬崖之上，将药悬挂着下垂给人。将要离开人世升仙时，对山下的人说："我回蓬莱山，为你们降下神水。"悬崖顶上一天果然有了白色的水，从石头间流下，不少人服用它疾病痊愈了。人们为负局先生立了十多处祠。

负局先生会神算，身披短褐蕴灵秀。
医术胜过和与鹊，心中怀有宇和宙。
汲取蓬莱的神泉，灌溉悬崖的岩岫。
功成欲要返仙山，从而达到天同寿。

## 朱　璜

**【题解】**

朱璜，传说中的古仙人，《列仙传》本文是有关他最早的记载。本文中说他是广陵人，少年时得了腹病，在睢山上找到道士阮丘。阮丘的故事详见后文《黄阮丘》篇。阮丘提出要朱璜先除去腹中的三尸虫，有了修炼真人的体质后阮丘才能够救他，朱璜感恩说只要痊愈了，就会跟随阮丘做事三十年。于是阮丘给朱璜七味药制成的药丸，朱璜每天服用九颗后，腹泻出几斗像肝脾一样的东西，慢慢就康复了。阮丘又让朱璜每日读三遍《老子》和《黄庭经》，之后两人一起到浮阳山玉女祠，朱璜也跟随阮丘一起成仙了。八十年后朱璜又出现在广陵，白发变成黑色，还长了三尺。他之后来来去去，直到汉武帝时期。

如此看来，朱璜得病反而因祸得福了，这里也强调了明师对修仙的重要性。《列仙传》中不少仙人是通过自己服食成仙的，但也有不少仙人是通过其他神仙的指引、教导而成仙的。《抱朴子内篇》就说："时颇有识信（仙）者，复患于不能勤求明师。夫晓至要得真道者，诚自甚稀，非仓卒可值也。然知之者，但当少耳，亦未尝绝于世也。由求之者不广不笃，有仙命者，要自当与之相值也。然求而不得者有矣，未有不求而得者也。"又说："凡探明珠，不于合浦之渊，不得骊龙之夜光也；采美玉，不于荆山之岫，不得连城之尺璧也；承师问道，不得其人，委去则迟迟冀于有获，守之则终已竟无所成，虚费事妨功，后虽痛悔，亦不及已。"讲述了修道者虚心求学和寻找明师的重要性。

朱璜者，广陵人也①。少病毒瘕②，就睢山上道士阮丘③。丘怜之，言："卿除腹中三尸④，有真人之业，可度教也⑤。"璜曰："病愈，当为君作客三十年⑥，不敢自还。"丘与璜七物药，日服九丸。百日，病下如肝脾者数斗⑦。养之数十日，肥健，心意日更开朗。与《老君》《黄庭经》⑧，令日读三过⑨，通之，能思其意。丘遂与璜俱入浮阳山玉女祠⑩。且八十年，复见故处，白发尽黑鬓，更长三尺余，过食，止数年复去。如此至武帝末，故在焉⑪。

朱璜寝瘕⑫，福祚相迎。
真人投药，三尸俱灵。
心虚神莹⑬，腾赞幽冥⑭。
毛赪发黑⑮，超然长生⑯。

**【注释】**

①广陵：古地名，即汉广陵郡、国。汉武帝元狩二年（前121）以江都国地改置广陵郡，治所广陵，在今江苏扬州西北。元狩六年（前117）又分广陵郡和沛郡东部置临淮郡，以中部置广陵国，以皇子刘胥为广陵王。宣帝五凤四年（前54），除广陵国为郡。元

帝初元二年（前47），又改郡为国。

②瘕（jiǎ）：腹中患病，也指肿瘤。《玉篇》："瘕，腹中病也。"《淮南子·精神训》："病疵瘕者，捧心抑腹，膝上叩头。"

③睢山：山名，今地不详。《墨子·非攻下》："昔者楚熊丽，始讨此睢山之间。"在今湖北南漳，未知是否此睢山。阮丘：即黄阮丘，古仙人，见后文《黄阮丘》篇。

④三尸：神名。道教称人腹有三尸神，又称三虫、三彭。上尸为彭倨，名青姑，居住于人体头部，针对人眼，让人喜好车马；中尸为彭质，名白姑，居住于人体腹部，针对五脏，让人贪吃好怒；下尸为彭矫，名血姑，居住于人体足部，针对胃部，让人贪色好杀。人只有除去体内三尸神，才能永绝病患，得以长寿登仙。

⑤度（dù）：考虑，打算。

⑥作客：佣工。

⑦下：指腹泻。

⑧《老君》：即《老子》，见前文《老子》篇，《太平御览》引作"《老子》"。《黄庭经》：道教上清派早期经典，分为《太上黄庭内景玉经》（简称《黄庭内景经》）与《太上黄庭外景玉经》（简称《黄庭外景经》）两种，文句多雷同近似，当同一经书之不同版本。传说《黄庭内景经》为上界仙真降授东晋女道士南岳魏夫人，一般认为系魏夫人本人所作，讲述养生修炼之道，以脾脏为中央黄庭，于五脏中最为重视；称修道者若能常诵此经，默念神名，存思神形，即可通神感灵，升天成仙。但此《黄庭经》成书太晚，似不应为文中之《黄庭经》，或许是另一同名作，或许此句是后人增篡。

⑨过：遍。

⑩浮阳山：山名，今地不详。汉有浮阳县，在今河北沧州，浮阳山或在此。玉女祠：祭祀玉女的祠庙，在浮阳山。玉女为传说中的仙女，相传为黄帝之师，向黄帝传授房中术。

⑪故：仍然，还是。

⑫寝：停止，平息。

⑬莹：光洁，透明。

⑭腾：传播。幽冥：昏暗，暗昧，后佛教也指地狱及饿鬼道。

⑮赪（chēng）：红色。正文未称其毛赪。

⑯超然：超世脱俗。

**【译文】**

朱璜是广陵人。少年时患有腹病，到睢山上找到道士阮丘。阮丘可怜他，说："你能够除去腹中的三尸虫，有了能够修炼成真人的功业，那时候我大约就可以救助你了。"朱璜说："疾病痊愈后，一定会为您做三十年工作，不会自己私自回家。"于是阮丘给朱璜七种材料制成的药，每天服用九颗。一百天后，朱璜腹泻出像肝脾一样的东西几斗。又调养数十日，身体变得健壮，心情也变得开朗。阮丘又给他《老子》《黄庭经》，让他每日读三遍，朱璜通读之后，能够理解其中的意思。阮丘就和朱璜一起到浮阳山玉女祠。将近八十年后，他又出现在广陵故地，白发都变成黑色，还长了三尺多，来到故乡饮食，停留数年又走了。如此这般直到武帝末年，仍然还在。

朱璜平息肿瘤病，福禄寿祚来相迎。
阮丘仙人赐仙药，驱逐三尸显威灵。
内心虚静神质明，传播赞誉至幽冥。
毛须变红发变黑，超脱世俗有长生。

## 黄阮丘

**【题解】**

黄阮丘，传说中的古仙人，《列仙传》本文是有关他最早的记载。王照圆《列仙传校正》引孙诒让语，疑其姓氏阮丘而名黄。本文中称，他是住在睢山之上的道士，平时穿着皮衣而披头散发，耳朵长七寸而口中无牙，能够日行四百里，种植葱和薤菜。一开始大家不知道他的异能，后来他到山下卖药，因为救助朱璜才被发现。朱璜的故事在前文《朱璜》篇有提到。后来阮丘预警山下人说会有地震，到时果然山崩路绝，于是山下人世代祭祀黄阮丘。《神仙传序》称“阮丘长存于睢岭”，所言亦为此事。

阮丘作为仙人，有很多符合仙人的特征。耳朵长七寸而口中无牙，是一种仙人的异相，如前文的务光就是耳长七寸，《神仙传》说老子也是“长耳”“疏齿”；披头散发则是仙人的一种异事，仙人往往会作出一些异于常人的举止，如前文的甯先生也是披发；日行四百里又是仙人的一种异能，如前文偓佺的飞行速度也很快，能够追逐奔马。此外，《列仙传》中还有不少神仙死而复见、历世可见，这也都是仙人的显著特征。

黄阮丘者，睢山上道士也。衣裘披发①，耳长七寸②，口中无齿，日行四百里，于山上种葱薤百余年③，人不知也。时下卖药，朱璜发明之④，乃知其神人也⑤。地动山崩，道绝，预戒下人。世共奉祠之。

葱薤岩岭⑥，实栖若人⑦。
被裘散发⑧，轻步绝伦⑨。
含道养生⑩，妙观通神⑪。
发验朱璜⑫，告遍下民。

**【注释】**

①披发：《太平御览》三百七十三引下有“覆耳”，九百七十七引作“发覆耳”。

②七寸：《太平御览》九百七十七引上有“六”字。

③薤（xiè）：植物名，多年生草本植物，地下有鳞茎，鳞茎与嫩叶可食。

④朱璜：古仙人，见前文《朱璜》篇。发明：阐发明示。

⑤神人：正统道藏本作“年人”，据王照圆《列仙传校正》改。

⑥蔼（ǎi）：果实、树木繁茂的样子。

⑦实：实际上。若：这个，这样。

⑧被：通“披”，披着，穿着。

⑨绝伦：超出一般的，同类中没有可比的。

⑩含：蕴含，怀藏。

⑪妙观：精细观察。

⑫发验：阐发验证，义同前文的发明。

**【译文】**

黄阮丘，是睢山之上的道士。穿着皮衣披着头发，耳朵长七寸，口中没有牙齿，每天能行走四百多里，在睢山之上种植葱和薤菜食用，别人都不知道他。有时候下山来卖药，朱璜发现他不为人知的异能，大家才知道他是神人。后来有次地震山崩，道路断绝，而黄阮丘曾预先告诫过山下人。于是山下人世代都设置祠堂祭祀他。

葱薤繁茂的岩岭，实则住有此仙人。

身披皮裘散头发，步履轻盈超绝伦。

怀藏道术调养生，精细观察力通神。

仙术发验给朱璜，灾难预警于下民。

## 女　丸

**【题解】**

女丸，传说中的古仙人，《列仙传》本文是有关她最早的记载。《太平广记》引及胡珽《列仙传校讹》所据汲古阁刊本作“女几”，《太平御览》引作“女凡”。本文说她是陈地集市的卖酒妇人，酿造的酒非常美味。有次一位仙人来饮酒，以五卷《素书》作为抵押。女丸偷看这本书，发现是房中术，于是抄写了其中精要。然后她就改造了酒馆，容留了一些少年男子，与他们饮酒并且同居，从而修炼书上的房中术。三十年后，她变得像二十岁一样年轻。《神仙传序》称“女丸七十以增容”，所言即为此事。但本文未言女丸年七十，如是，则女丸已有上百岁高龄，通过房中术已经炼就长生了。仙人几年后又回来，笑着说：“盗道无师，有翅不飞。”是说女丸偷习道术却没有老师，有了翅膀何不高飞呢？于是女丸就不要酒馆家室，追随仙人而去了。《太平广记》引《女仙传》称女丸后来住在女几山，女几山在今河南宜阳花果山，又有女几祠。《山海经》中就已有女几山了，故其得名当非因女丸。《女红余志》称女丸以黎洞宝香为琴、以昆山碧玉为弦，作“碧弦琴”。

《列仙传》中对于养生房中术的描写并不多，而这篇写得最直白，主角居然还是女性，不得不让人称奇。一方面，这表现汉代女性社会地位较高，没有后世三从四德一类礼教的约束，贵族女子夫死改嫁、找情人在当时都是很正常的事；另一方面，这表明早期道教也不忌讳谈论房中术，而且房中术也并非男性专利。元赵道一《历世真仙体道通鉴后集》则把“乃养性交接之术”改为“乃仙方也”，明显是有意含糊其辞。《抱朴子内篇》也肯定了性欲及性交的重要性。如《释滞》：“人复不可都绝阴阳，阴阳不交，则坐致壅阏之病，故幽闭怨旷，多病而不寿也。”但是，仅仅通过房中术却不能够升仙，仍然需要药物的辅助。《抱朴子内篇·极言》：“若年尚少壮而知还年，服阴丹以补脑，采玉液于长谷者，不服药物，亦不失三百岁也，但不得仙耳。”那么女丸大概也是出于这个原因，所以才决心跟随仙人而去，从而真正得道成仙。

女丸者，陈市上沽酒妇人也[①]，作酒常美。遇仙人过其家饮酒[②]，以《素书》五卷为质[③]。丸开视其书，乃养性交接之术[④]。丸私写其文要[⑤]，更设房室，纳诸年少，饮美酒，与止宿，行文书之法。如此三十年，颜色更如二十时[⑥]。仙人数岁复来过，笑谓丸曰："盗道无师[7]，有翅不飞？"遂弃家追仙人去，莫知所之云。

玄素有要[8]，近取诸身[9]。
彭聃得之[10]，五卷以陈[11]。
女丸蕴妙，仙客来臻[12]。
倾书开引[13]，双飞绝尘[14]。

【注释】

①陈：古地名。周代有陈国，都宛丘，在今河南淮阳。西周初年为帝舜之后陈胡公建立，至前479年陈闵公在位时为楚所灭。前278年，楚国迁都陈，称陈郢。秦统一后，置陈郡，治所陈县，在今河南淮阳。汉高祖五年（前202）属楚国，次年收归中央。《太平御览》引作"陈留"。

②过其家饮酒：《太平御览》引作"过饮"。过，来访。

③《素书》：古代研究房中术的著作，托名为黄帝与神女素女的问答，由素女向黄帝传授房中术知识，又称《素女经》。《隋书·经籍志》有《素女秘道经》一卷，《素女方》一卷。此五卷《素书》当为其他版本。《史记·封禅书》说太帝让素女弹奏五十弦的瑟，太帝为音乐悲哀不止，所以把瑟改为二十五弦。《蜀中名胜记》说青城山有玉女洞，玉女也就是素女。

④乃养性交接之术：《历世真仙体道通鉴后集》作"乃仙方也"，当为刻意掩盖。交接，男女交合，性交。

⑤私：暗地里。要：要旨，精要。

⑥如：《太平广记》引上有"好"字，《太平御览》引上有"少"字。

⑦师：正统道藏本作"私"，不通，据《太平广记》《太平御览》等改。

⑧玄素：即玄女与素女，玄女亦为传授黄帝房中术的神女。《抱朴子

内篇·极言》说黄帝“论道养则资玄素二女”。《隋书·经籍志》有《玄女经》一卷，亦为古代研究房中术的著作，托名为黄帝与神女玄女的问答。此外，玄女还传授黄帝兵法。据《全上古三代秦汉三国六朝文》引《黄帝问玄女兵法》，黄帝与蚩尤九战九败，到达泰山。三日三夜后出现一人首鸟身的妇人，自称是玄女，传授黄帝兵法。《天中记》引《黄帝内传》说玄女为黄帝制作夔牛鼓八十面，一次敲打声音震惊五百里，连续敲打声音震惊三千八百里。后世也称九天玄女。

⑨近取诸身：语出《周易·系辞下》：“近取诸身，远取诸物，于是始作八卦。”唐孔颖达疏：“‘近取诸身’者，若耳目鼻口之属是也。‘远取诸物’者，若雷风山泽之类是也。举远近则万事在其中矣。”意为伏羲近到观察自身，远到观察自然，就这样才制作了八卦。此处指素书修炼的精要在于就近取法于自身。

⑩彭聃：彭祖与老聃（老子），详见前文《彭祖》《老子》篇。

⑪陈：陈述，敷陈。

⑫臻：来到。

⑬开引：启发，开导。

⑭绝尘：超绝尘路，与人世隔绝。

**【译文】**

女丸，是陈地集市上卖酒的妇人，酿造的酒通常很美味。有一次遇到一位仙人来她店里饮酒，没付钱而以五卷素书作为质押。女丸翻开书看，都是些养生的房中术。女丸暗中抄写书中的文字精要，于是改设了房间，容留一些少年男子，给他们喝美酒，和他们一起居住，学习文书上的方法。如此三十年后，面容却更变为二十岁一样。仙人几年后又过来，笑着对女丸说：“偷习道术没有老师，有了翅膀何不高飞？”于是女丸抛弃家室追随仙人而去，没人知道她去了什么地方。

玄女素书有精要，就近取法于自身。

彭祖老聃得其道，五卷文书来敷陈。
女丸体内藏奥妙，引得仙人翩然臻。
翻阅书卷受引导，双修双飞绝俗尘。

## 陵阳子明

**【题解】**

陵阳子明，传说中的古仙人，名子明，陵阳为其修仙场所陵阳山。司马相如《大人赋》称："使五帝先导兮，反太一而从陵阳。"似在《列仙传》前就有陵阳子明的传说，而具体情形不详。本文说他是铚乡人，喜欢在旋溪钓鱼。有一天钓到一条白龙，他很害怕就把龙放了。后来又钓到一条白鱼，鱼腹有书教他服食法。之后他就登上黄山，采集五石脂煮来服食。三年后，龙迎接子明上天，停留在千丈高的陵阳山上长达百余年。后来子明在山上叫山下的民众，让他们上到半山腰，和他们说溪中子安应当来，并问自己当年的渔具钓车还在不在。子安为何人不明，据《大清一统志》，子明与子安均姓窦，为兄弟。之后二十多年，子安去世，人们把他用石块安葬。后来有一只黄鹤（一说黄鹄）来，栖息在墓冢旁边的树上，呼叫着子安的名字。这只黄鹤或许是子安灵魂所化，类似于《山海经》说精卫去世后化鸟呼叫自己的名字，也印证了子明说子安会来的预测。李剑雄《列仙传全译》则根据赞文，认为此鹤为子明所化。据《齐谐志》，黄鹤楼即得名于仙人子安乘坐黄鹤于此。《神仙传序》称"陵阳吞五脂以登高"，所言亦为此事。

据《上清七圣玄纪经》，陵阳子明为东极真人，与南极真人赤松子、西极真人王方平、北极真人安期生并列。安徽地区关于陵阳子明的传说也颇多，陵阳山在何处即有多说，甚至有子明之女的故事。如清《宁国府志》称旌德县有凫山，据说为陵阳子明二女化青凫随父仙去；又有说子明最初炼丹于栖真山顶，后来在凫山遇一隐者为友，双双成仙而去。

陵阳子明者，铚乡人也[1]，好钓鱼于旋溪[2]。钓得白龙，子明惧，解钩拜而放之。后得白鱼[3]，腹中有书，教子明服食之法。子明遂上黄山[4]，采五石脂[5]，沸水而服之。三年[6]，龙来迎去，止陵阳山上百余年[7]。山去地千余丈[8]，大呼下人[9]，令上山半，告言溪中子安当来[10]，问子明钓车在否[11]。后二十余年，子安死，人取葬石[12]。山下有黄鹤来[13]，栖其冢边树上，鸣呼“子安”云。

陵阳垂钓，白龙衔钩。
终获瑞鱼，灵述是修[14]。
五石溉水[15]，腾山乘虬。
子安果没[16]，鸣鹤何求。

**【注释】**

①铚（zhì）乡：即铚县之乡，或为铚县之误。铚县，在今安徽濉溪。秦置县，属泗水郡；汉沿置，属沛郡。

②旋溪：古水名，一说即今安徽黄山西北青弋江上游舒溪。

③后：《事类赋》注、《太平御览》引下有“数十年”。

④黄山：即今安徽黄山，为道教名山。《舆地纪胜》引《旧经》云：“山以黄帝栖真之地，故名。”

⑤五石脂：又称石脂、五色石脂，为一种风化石，有青、黄、黑、赤、白五色，性黏，道教以此作为服食养生的丹药。

⑥三年：《太平御览》四十六引作“五年”。

⑦止：《水经注》作“上”。陵阳山：山名，在今安徽宣城北，一说即今安徽青阳九华山，一说即今安徽黄山市太平湖之陵阳山。上百余年：《水经注》作“后百余年”，且在下句“山去地千余丈”之后。

⑧丈：长度计量单位，汉代一丈约合今2.31米。

⑨大呼下人：《水经注》作“呼山下人”。

⑩告言：《水经注》作“与语”。子安：子明之亲友，事迹不详。据《大清一统志》，子明姓窦，子安为子明之弟。据《齐谐志》，今湖北武汉黄鹤楼得名于仙人子安乘坐黄鹤于此。当来：《水经注》无此二字。

⑪钓车：也称钓鱼车，一种钓具，上有轮子缠络钓丝，既可放远，也可收回。在否：《水经注》作“所在”。

⑫人取葬石：《水经注》无此句，王叔岷《列仙传校笺》疑“石”为“之”。

⑬黄鹤：《修文御览》《合璧事类》《太平御览》引作“黄鹄”。

⑭述：通“术”，仙术。

⑮溉：灌入。

⑯没（mò）：去世。

**【译文】**

陵阳子明，是铚乡人，喜欢在旋溪钓鱼。一天钓到一条白龙，子明害怕，解开鱼钩拜倒而把龙放了。之后又钓到一条白鱼，鱼腹中有书，教子明服食药物的方法。子明于是登上黄山，采集五石脂，用开水煮来服食。三年后，龙来迎接子明上天，停留在陵阳山上一百多年。山顶离开地面达千丈高，子明在山上大声呼叫山下人，让他们上到半山腰，对他们说溪中子安应当来，又问子明的钓车还在不在。之后二十多年，子安死了，人们用石块安葬了他，山下有一只黄鹤飞来，栖息在墓冢旁边的树上，呼叫着“子安”的名字。

陵阳子明钓旋溪，引来白龙误衔钩。
终究获得祥瑞鱼，灵异仙术从此修。
五石煮入沸水食，腾飞高山乘灵虬。
子安确实已去世，黄鹤鸣叫何所求。

# 邗子

**【题解】**

邗（hán）子，《历世真仙体道通鉴》作邢子，传说中的古仙人，《列仙传》本文是有关他最早的记载。本文说他是蜀地人，喜欢养狗，一天狗进入山洞，他也跟着进去。过了十多天，走过数百里，爬出洞穴到了一个山头。山上有仙人居住的台殿宫府，他以前的妻子也在这里洗鱼。妻子给了他一封仙符与仙药，让他回去交给成都县令乔君。乔君见到封套中有鱼卵，就养在水池中，一年之后都有龙形。后来邗子又把仙符送回山上，此时他的狗毛变长且毛色变红。邗子往来山上与家乡，百余年后留在山上，有时也下山保护族人。当地人在洞口为他立祠，数千里的人都祭祀他。

邗子进入仙境，是仙传文学中典型的"仙境游历"主题，也是在整部《列仙传》中最为典型的一则。邗子放犬时无意中进入山洞，经过十余天数百里的行走，终于到达一个有台殿官府、青松仙吏的仙境。之后，他为仙人送信，自已也修成了仙果。这个故事反映了道教修仙者对仙境的向往，而这种模式也成为后世经典主题。如《神仙传》说壶公有一个药壶，费长房曾随他跳入壶内，来到一处"楼观五色，重门阁道"的仙境，之后费长房与壶公喝酒，"酒器如拳许大，饮之至暮不竭"。最出名的则是《幽明录》说的刘晨、阮肇在天台山误入仙境，娶得两位仙女，半年后回家时家乡大变，这又加入了仙境与人间不同的时间观。陶潜《桃花源记》亦为一种类似仙境的游历，只不过最后主角不能生活在这个世界罢了。

邗子者，自言蜀人也，好放犬子①。时有犬走入山穴，邗子随入。十余宿，行度数百里，上出山头。上有台殿宫府，青松树森然，仙吏侍卫甚严。见故妇主洗鱼②，与邗子符一函并药③，便使还与成都令乔君④。乔君发函，有鱼子也[5]。着池中，养之一年，皆为龙形。复送符还山上，犬色更赤，有长翰[6]，常随邗子。往来百余年，遂留止山上，时下来护其宗族。蜀人立祠于穴口，常有鼓吹传呼声。西南数千里，共奉祠焉。

邗子寻犬，宕入仙穴[7]。
馆阁峨峨[8]，青松列列[9]。
受符传药，往来交结。
遂栖灵岑[10]，音响昭彻[11]。

**【注释】**

①犬子：幼犬。《事类赋》《北堂书钞》《草堂诗笺》引无“子”与下文“时有”三字。

②故妇：过去的妻子。主：主管，负责。

③函：封套。

④成都令：成都县令，为成都县的行政长官。秦汉制度规定，管理万户以上县的长官称县令，万户以下称县长。成都县，在今四川成都，为战国秦置，属蜀郡，汉沿置。乔君：人名，事迹不详。《事类赋》引无“与成都令乔君”及下文“乔君发函，有”十一字，即乔君之人不存在。疑此两句间有脱文。

⑤鱼子：鱼的卵子。

⑥翰：长而硬的羽毛，泛指毛。

⑦宕（dàng）：通过，穿入。

⑧峨峨：高大陡峭，庄严肃穆的样子。

⑨列列：行列分明，高耸的样子。

⑩岑（cén）：小而高的山，泛指山。

⑪昭彻：明彻，清亮。

【译文】

邗子，自称是蜀地人，喜欢养幼犬。有一次他的狗走入山洞，邗子也跟着进去。一直走了十多天，行走差不多数百里，往上爬出洞到一个山头。山上建有台殿宫府，青松井然有序，仙吏守卫森严。邗子见到他之前的妻子负责洗鱼，他妻子给了他一个封套装着的仙符与仙药，让他返回交给成都县令乔君。乔君打开封套后，见到里面有鱼卵。把鱼卵放入水池中，养了一年后，都有了龙的模样。邗子又把仙符送还山上，他的狗毛色变红，并且生出长毛，经常跟随着他。邗子往来山上和家乡百余年，后来留在了山上，有时候也下山保护他的宗族。蜀地人在洞口为他立祠，经常有演奏的鼓吹和呼唤的声音传出来。西南地区方圆数千里的地方，都共同祭祀他。

蜀中邗子寻失犬，误入仙人居洞穴。

亭台馆阁好巍峨，青松翠柏真耸列。

接受神符与仙药，往来人仙相交结。

于是栖居神山岭，祭乐清亮又明彻。

## 木　羽

【题解】

木羽，传说中的古仙人，《列仙传》本文是有关他最早的记载。本文说他是钜鹿南和人，母亲是一位接生婆。有一次接生时，孩子生下来就睁开眼睛，对着木羽母亲哈哈大笑。木羽母亲晚上梦见一个穿着武人服装的人说，这是掌管人世性命的司命神，会报答你的恩情，让你的儿子木羽成仙。也有说让木羽和木羽母亲一起成仙，但从下文来看，成仙的只有木羽一人。木羽母亲记住了这句话，后来就把生下的儿子取名木羽。司命君长到十五岁时，一天夜里车马来迎接他，他就乘上车经过木羽母亲家，喊道："木羽木羽，为御来！"意思是让木羽帮他驾车，木羽就跟他走了。二十多年后，有鹳雀每天衔着鱼放在木羽家门上，木羽母亲就偷偷把鱼卖掉，三十年后鹳雀不再来了，木羽母亲也活到一百岁才去世。《魏都赋》“木羽遇仙”所载即为此事。

本篇所说的是一个典型的神仙报恩主题，类似的还有前文服闾为三仙人担瓜；也有凡人因仙物报恩得以成仙，如马师皇医治病龙、骑龙鸣豢养小龙，等等。至于木羽母亲不能成仙的原因，大概是修仙体质不够吧。

木羽者，钜鹿南和人也①。母贫贱，主助产②。尝探产妇③，儿生便开目④，视母大笑，其母大怖。夜梦见大冠赤帻者守儿⑤，言：“此司命君也⑥。当报汝恩，使汝子木羽得仙⑦。”母阴信识之⑧。母后生儿，字之为木羽。所探儿生年十五⑨，夜有车马来迎去⑩，遂过母家，呼：“木羽木羽，为御来⑪！”遂俱去。后二十余年，鹳雀旦衔二尺鱼⑫，着母户上⑬。母匿不道⑭，而卖其鱼。三十年，乃没去。母至百年乃终⑮。

司命挺灵⑯，产母震惊。
乃要报子⑰，契定未成。
道足三五⑱，轻驷宵迎⑲。
终然报德⑳，久乃遐龄。

**【注释】**

①钜鹿南和人：正统道藏本作“钜鹿南和平乡人”，此据《文选·魏都赋》注改。南和在今河北邢台，为西汉置县，属广平国；东汉属钜鹿郡，此可证本篇不作与前汉。钜鹿，古地名，一作巨鹿，秦王政二十五年（前222）置巨鹿郡，治所在巨鹿县，在今河北平乡西南。汉初属赵国，景帝前元三年（前154），赵王参与七国之乱失

败，巨鹿郡被收归汉直辖。东汉迁治所为瘿陶，在今河北宁晋西南。此处当指巨鹿郡。

②助产：接生。

③探：取，指用手接生。

④儿生便开目：《文选·魏都赋》注引作“儿生自下唼母”，下无“视母大笑，其”五字。

⑤大冠：高大的冠帽，武人所用的冠帽。赤帻：红色的头巾，古代武人所用。

⑥司命君：掌管生命的神仙。《楚辞·九歌》有《大司命》《少司命》篇。

⑦使汝子木羽得仙：《文选·魏都赋》注引作“使子与木羽俱仙”。

⑧阴：暗中。信：《太平御览》引无此字。识（zhì）：记住。

⑨所探儿生年十五：意为司命君年十五。而据《文选·魏都赋》注则作“儿至年十五”，意为木羽年十五。从赞文“道足三五”来看，当指司命君而言。

⑩去：《文选·魏都赋》注作“之”，下无“遂过母家”，亦是承接上文文义而言。

⑪御来：《太平御览》引作“御车”。御，驾驶车马，驾驶车马的人。

⑫鹳雀：即鹳，一种水鸟。

⑬着（zhuó）：接触，附上。

⑭不道：不谈。

⑮母至百年乃终：《太平御览》引作“四十年母乃终”。

⑯挺：挺拔，显示。

⑰要：邀，邀请。子：正统道藏本作“了”，据钱熙祚《列仙传校正》胡珽《列仙传校讹》改，王照圆《列仙传校正》亦疑“了”为“子”之误。

⑱三五：指十五岁。

⑲驷：指套着四匹马的车，或驾驶一辆车的四匹马，或为马的通称。

⑳终然：最终。

**【译文】**

木羽，是巨鹿南部和平乡的人。母亲贫贱，以助产为业。曾经为一个产妇接生，孩子刚生下来就睁开眼睛，对着木羽母亲哈哈大笑，木羽母亲非常害怕。晚上梦见戴着高大冠帽与红色头巾的人守着那个孩子，说："这是掌管世人生命的神。会报答你的恩情，让你的儿子木羽升仙。"木羽母亲暗暗相信并记住了他的话。之后母亲生下儿子，就取名叫木羽。所接生的儿子到十五岁时，晚上有车马迎接他，他经过木羽母亲家，叫道："木羽木羽，为我驾车！"木羽就与对方一起离去了。之后二十多年，有鹳雀一天衔着二尺长的鱼，放在木羽母亲的房门上。木羽母亲隐瞒这件事没说出去，只是偷偷将鱼给卖了。如此这般三十年后，鹳雀才不再来了。木羽的母亲也活到一百岁才去世。

司命之神显神灵，助产婆母为之惊。

相邀报答产婆子，约定之事暂未成。

成道之日十五岁，轻车驷马夜里迎。

最终报答接生德，岁月长久享高龄。

## 玄　俗

**【题解】**

玄俗，传说中的古仙人，《列仙传》本文是有关他最早的记载。本文说他是河间国人，平时以服食巴豆为主，在城市里卖药为生，一文钱可以买七丸包治百病的药。当时河间王有腹病，吃了他的药泻出十多条蛇。前文朱璜也有腹病，吃了黄阮丘的药腹泻才好。玄俗说这个病是河间王祖上六代人的后患遗留至今，而河间王却能经常放生乳鹿，鹿是瑞兽麒麟的母亲，所以河间王仁慈之心感动上天，才让自己来为他治病。河间王的家臣说祖上世代有人见过玄俗，玄俗的身体没有影子。河间王让他站在太阳下，发现果然如此，情知他是仙人，就想把女儿嫁给他。“日中无影”的传说也见于《神仙传》的皇初平（赤松子），《拾遗记》东瓯国献给周昭王的延娟、延娱二女，是一种仙人异相。但玄俗却连夜逃跑了，后来又出现在恒山下。《魏都赋》“玄俗无影”所载即为此事。

但在《太平广记》引《女仙传》中，却有玄俗妻的说法。原来河间王女自幼不沾荤腥，身体洁净而喜好道术，玄俗也就和她成婚，数年后两人一起进了恒山。此处强调河间王女亦有仙术体质，类似前文《犊子》篇的阳都女面有异相，故玄俗才愿意与她双宿双飞，共同修道。

玄俗者，自言河间人也①。饵巴豆②，卖药都市，七丸一钱，治百病。河间王病瘕③，买药服之，下蛇十余头。问药意，俗云：“王瘕，乃六世余殃下堕④，即非王所招也。王常放乳鹿，麟母也⑤，仁心感天，故当遭俗耳。”王家老舍人自言⑥：“父世见俗⑦，俗形无影。”王乃呼俗日中看，实无影。王欲以女配之，俗夜亡去⑧。后人见于常山下⑨。

质虚影灭，时惟玄俗。
布德神丸，乃寄鹿犊⑩。
道发河间，亲宠方渥⑪。
腾龙不制，超然绝足⑫。

**【注释】**

①河间：古地名，汉代郡、国名。汉高祖九年（前198）分巨鹿郡置河间郡，治所乐成，在今河北献县东南。文帝前元二年（前178）改为河间国，以弟赵幽王之子刘辟强为王。文帝前元十五年（前165）除国为郡。景帝前元二年（前155）又以郡置国，以子刘德为王。元帝建昭元年（前38），刘德六世孙刘元杀人，国除为郡。

成帝建始元年（前32），郡又改国，以刘元弟刘良为王。此处为河间国。

②巴豆：植物名，形如豆，产于巴蜀一带，故名巴豆，性微毒，故常用作泻药。《文选·魏都赋》注及《太平御览》九百九十三引下有"云英"，《金楼子·说番》及《太平御览》七百四十三、九百三十三引下有"云母"。

③河间王：西汉河间王分别为献王刘德（景帝子，前155—前130在位）、共王刘不害（刘德子，前129—前126在位）、刚王刘基（刘不害子，前125—前114在位）、顷王刘授（刘基子，前113—前98在位）、孝王刘庆（刘授子，前97—前55在位）、王刘元（刘庆子，前54—前38在位）、惠王刘良（刘元弟，前32—前6在位）、王刘尚（刘良子，前5—8在位）。《金楼子·说番》以其为刘德，《列仙传全译》以为刘元，疑为刘良。

④余殃：后患。

⑤麟母也：《太平御览》引作"鹿是麟母"，按此说鹿为麒麟之母。麟，麒麟，古代传说中的瑞兽，雄为麒，母为麟，也统称麒麟。形似鹿，有牛尾、马蹄、独角。

⑥舍人：战国及汉初王公贵人私门之官。自言：自称。

⑦父世：父祖世代。

⑧亡：逃亡。

⑨常山：即恒山。

⑩鹿犊：正统道藏本作"鹿赎"，李剑雄《列仙传全译》疑"赎"为"犊"误。鹿犊，指乳鹿。

⑪渥（wò）：浓厚。

⑫绝足：脚不动，指足不出户。

**【译文】**

玄俗，自称是河间国的人。食用巴豆，在城市卖药，七丸只用一文钱，能够包治百病。河间王有腹病，买了他的药服下去，腹泻出蛇十多条。河间王问他药是怎么作用的，他说："大王腹中生有肿块，是您祖宗六代人的后患遗留至今，并不是您招来的。大王经常放生吃奶的乳鹿，鹿又是瑞兽麒麟之母，仁慈之心感动上天，所以才会遇到我。"河间王家的老舍人自称："祖上世代有人见过玄俗，玄俗的形体没有影子。"河间王于是叫玄俗站到太阳下去察看，果然没有影子。河间王想把女儿许配给他，玄俗连夜逃跑了。后来有人在恒山之下见过他。

神质虚无影绝灭，当时惟称仙玄俗。

布德施恩有神丸，心寄麟母与鹿犊。

道术阐发于河间，受王恩宠甚优渥。

腾龙不为人所制，超脱世俗驻双足。

## 赞

**【题解】**

赞为夸奖、称赞之义，是一种古文文体的名称，用于对一部著作或一篇文章，进行总结性的评述，亦可视之为序言。前文各篇之下韵文为各篇的分赞语，而本篇散文则为对全书的总赞语。

本文主要探讨的问题是神仙的有无。作者先讲世界万物起源于太极，其中的精妙之处不能一一而论，一些现象虽然不说话，但不能说它们就不存在。然后引用《周书序》中桑螭与涓子的对话，指出人会去世与神仙存在是两可的这一观点；接着引用汉代纬书《孝经援神契》的句子，提出大道治理天下，并非只有一种模式；又以一些四季常青的植物为依据，称有神仙存在是不奇怪的；又说自己得到秦大夫阮仓编撰的记录七十多个神仙的《仙图》，以及周公《黄录》（一说《甘公星录》），可见见到这些的也不止一个人。最后说圣人平时不谈这些，是因为它们过于变化无常；但有时候也会说起，因为大道毕竟不可抛弃；而圣人之所以要阻隔这些，又是因为崇尚他们忠贞。总之，作者想阐述的中心思想是神仙存在。

本文与《神仙传》《抱朴子》作者葛洪的思想较为相似，也可反映他们大致是同时代的人物。这也是道教大兴之后，面对民众信徒最关心的问题，所表示的态度与答复。《神仙传序》开篇也提到撰写《抱朴子内篇》时，弟子滕升问是否古代真的有可以得道成仙的人，而葛洪就说秦大夫阮仓曾记录了数百人，刘向《列仙传》也记录了七十一人，大家所说的还不足千分之一，然后就罗列了《列仙传》中提到的甯封子、马师皇、方回等人；自己又从《仙经服食方》等著作中抄录了一些仙人，只传给真知灼见的人，而不勉强世俗之辈看。在《抱朴子内篇》的《论仙》《对俗》《至理》《塞难》《辨问》诸篇里，葛洪也反复论证了神仙的存在和修仙的可行。可将《神仙传》《抱朴子》与《列仙传》对照阅读。

赞曰：《易》称太极，是生两仪[①]。两仪生，然后有人民；有人民，然后有生死。生死之义著明矣[②]。盖万物施张[③]，浑尔而就[④]，亦无所不备焉，神矣妙矣，精矣微矣，其事不可得一一论也。圣人仰则观象于天，俯则观法于地[⑤]。日月运行，四时分治，五星受制于太微[⑥]，监无道之国，吉凶预见，以戒王者动静言语[⑦]，应效相通，有自来矣[⑧]。夫然虽不言[⑨]，其变化云为[⑩]，不可谓之无也。《周书序》桑蟜问涓子曰[⑪]："有死亡而复云有神仙者，事两成邪？"涓子曰："言固可两有耳。"《孝经援神契》[⑫]言："不过天地，造灵洞虚[⑬]，犹立五岳[⑭]，设三台[⑮]。阳精主外[⑯]，阴精主内[⑰]，精气上下，经纬人物[⑱]，道治非一。"若夫草木，皆春生秋落，必矣，而木有松、柏、橿、檀之伦百八十余种[⑲]，草有芝英、萍实、灵沼、黄精、白符、竹翣、戒火[⑳]，长生不死者万数。盛冬之时，经霜历雪，蔚而不凋[21]，斯其类也，何怪于有仙邪？

【注释】

①《易》称太极，是生两仪：此句出自《周易·系辞上》："《易》有太极，是生两仪。"称，说。两仪，阴阳，天地。

②著明：显明。

③施张：施行，张开。

④浑：浑然，混同。就：完成，成功。

⑤圣人仰则观象于天，俯则观法于地：此句出自《周易·系辞下》："古者包牺（伏羲）氏之王天下也，仰则观象于天，俯则观法于地，观鸟兽之文与地之宜，近取诸身，远取诸物，于是始作八卦，以通神明之德，以类万物之情。"是说伏羲作八卦系根据天上的星象与人间的法则。圣人，指伏羲。

⑥五星：指金、木、水、火、土五大行星，古人认为天象与人事相连，五星运行的轨迹预兆人间的吉凶祸福，尤其与帝王政治紧密相连。太微：即太微垣。古代天文学家将天体恒星分为太微、紫微、天市三垣与二十八宿及其他星座，太微垣为天帝居住的地方，对应人间为帝王居住的地方或朝廷。

⑦王者：正统道藏本作"土者"，据王照圆《列仙传校正》改。

⑧自来：原来，本来，从来。

⑨夫然：这样。正统道藏本作"天然"，据王照圆《列仙传校正》改。

⑩云为：所为。

⑪《周书序》：《周书》之序。《周书》本为春秋战国对周代文献的通称，儒家学者从中选编订出《尚书》，未被采纳的部分则被另编为《逸周书》，后也把《逸周书》简称《周书》。但今本《逸周书》不载此文。桑娇（jiǎo）：人名，事迹不详。涓子：古仙人名，见前文《涓子》篇。

⑫《孝经援神契》：汉代阐释《孝经》的纬书，原书已佚，据清赵在翰《七纬》辑本，此段为："圣不独立，智不独治，神不过天地，同灵造虚，由立五岳，设三台。阳精主外，阴精主内，精气上下，经纬人物，道治非一。"《孝经》：儒家"十三经"之一，为战国儒生所作，因推崇孝道被历代统治者重视，但思想价值不如其他儒家经典。今本共十八章。

⑬造：到，去。洞：贯穿，直达。

⑭五岳：山名，详见前文《山图》篇注。

⑮三台：星名，分为上台、中台、下台，两两相列，相比而上，为天帝的辅佐，又称台辅。东汉也以尚书为中台，御史为宪台，谒者为外台。

⑯阳精：阳气。

⑰阴精：阴气。

⑱经纬：规划治理。

⑲橿（jiāng）：一种古树，木材坚韧，可做车轮。檀：檀木，檀香树，木质是著名的香料，可入药。伦：辈，类。

⑳芝英：灵芝的花。萍实：萍蓬草的果实。灵沼：周文王的池沼，神灵所居，后也用于池沼美称，与文义不合，疑字有误或有他解。黄精：植物名，多年生草本，根茎可入药，可补脾润肺。白符：白石脂。竹翣（shà）：竹扇，疑字有误或有他解。戒火：植物名，可清热解毒，活血止血。

㉑蔚而不凋：正统道藏本后有"见"字，王照圆《列仙传校正》疑"见"为衍文，据改。王叔岷《列仙传校笺》则疑其为"者"字之误。蔚：茂盛。

**【译文】**

赞语说：《易经》首先称说太极，太极变化生出天地阴阳两仪。两仪产生以后，才产生人类；有人类然后才有生死，生死的意义就明显了。大概万物铺陈张弛，混为一体，世界也就无所不包了，多么神奇啊多么玄妙啊，多么精致啊多么细微啊，世界万物无穷无尽的变化，没有办法一一加以论述。上古圣人抬头看天上的星象，俯首看地上的法则。太阳月亮东升西落，春夏秋冬四季变换，金木水火土五星运行受制于太微垣，监督没有德政的国度，预言吉凶祸福，从而警戒国主的行动和言语，感应效验互相联通，自古以来就是如此。自然现象虽然不会说话，但它们的变化所为，不可以说它们不存在。《周书序》中桑螞问涓子说："人会死亡又说有神仙存在，难道这两件事能同时成立吗？"涓子说："本来就可以两件事都有。"《孝经援神契》说："圣人不超越天地，通往清虚灵质，好比山脉立五岳，星象设三台。阳气主人体外部，阴气主人体内部，阴阳二气上下运动，从而规划人事，可见大道治理天下并非一个模式。"至于草木，普遍春生秋落，是必然的。但树木中有松树、柏树、橿树、檀树之类一百八十多种，百草中也有芝灵、萍实、灵沼、黄精、白符、竹篓、戒火，长生不死的有上万种。严冬之时，历经霜雪，仍茂盛而不凋谢，有这些类型的草木存在，神仙存在又有什么可奇怪的呢？"

余尝得秦大夫阮仓撰《仙图》①，自六代迄今②，有七百余人③。始皇好游仙之事，庶几有获④，故方士雾集⑤，祈祀弥布。殆必因迹托虚⑥，寄空为实，不可信用也⑦，若周公《黄录》记太白下为王公然⑧，岁星变为甯寿公等⑨，所见非一家。圣人所以不开其事者⑩，以其无常。然虽有时著，盖道不可弃。距而闭之⑪，尚贞正也⑫。而《论语》云"怪力乱神"⑬，其微旨可知矣。

【注释】

①阮仓：秦大夫，事迹不详，或为传说人物。《仙图》：阮仓所著图书。据《神仙传序》，亦说阮仓所记神仙数百人，然此书后世已不见著录。

②六代：似指黄帝、唐（尧）、虞（舜）、夏、商、周。

③七百余人：唐释法琳《破邪论》引《列仙传》云："吾搜检藏书，缅寻太史，创撰《列仙图》，自黄帝以下，六代迄到于今，得仙道者七百余人。向检虚实，定得一百四十六人。""其七十四人。已见佛经矣。"《世说新语》刘峻注引《列仙传赞》云："历观百家之中以相检验，得仙者四百十六人，其七十四人已在佛经，故撰得七十，可以多闻博识者遐观焉。"可见当时版本流传语句差异较大，但主要内容基本一致。

④庶几（jī）：希望。

⑤雾集：云集，像云雾一样聚集。

⑥殆：大概，几乎。

⑦信用：听信而纳用。

⑧周公：即周公旦，中国古代著名政治家、思想家、军事家，西周初年太师，鲁国开国国君，因同时采邑于周原（今陕西岐山）而称周公。为周文王第七子（《左传》），一说第四子（《史记·管蔡世家》）或第三子（《列女传》）。周武王去世后，子成王年幼，由周公旦摄政。管叔鲜、蔡叔度、霍叔处三兄弟不服，勾结被监管的纣王之子武庚及东夷叛乱。周公亲自东征平定三监之乱，将战线推进到东夷地区。之后主持分封诸侯，奉命营建洛邑，制定礼乐制度，最后还政成王。《尚书大传》："周公摄政，一年救乱，二年克殷，三年践奄，四年建侯卫，五年营成周，六年制礼作乐，七年致政成王。"尽管具体时间未必如此齐整，但大致反映了周公旦的生平事迹。《黄录》：当系秦汉纬书伪托周公之作。太白：即金星，又称长庚、启明。王公然：人名，事迹不详。王照圆《列仙传校正》引孙诒让云："《说文·女部》引《甘氏星经》云：'太白号上公，妻曰女媊，尻南斗，食厉，天下祭之。'此疑本彼文。周公《黄录》，书未闻，或当作《甘公星录》，星讹为皇，三写成黄，遂不可究诘。王

公当作上公，然当作嫡，上又脱女字耳。又考《破邪论》云：成帝鸿嘉三年，岁在癸卯，刘向撰《列仙传》。则古本《列仙传叙》末，盖具纪年月，或亦放拟刘向进书奏录，而今佚之。”以“王公然”为“上公嫡”之误，“嫡”上又脱一“女”字；并疑“周公《黄录》”为“《甘公星录》”。

⑨岁星：即木星，详见前文《东方朔》篇。甯寿公：人名，事迹不详。

⑩开：使显露。

⑪闭：阻塞，隔绝。

⑫贞正：坚贞端方。

⑬《论语》：儒家“四书”之一，系记录孔子及其弟子言行的著作，也是了解孔子生平最原始可信的史料。汉代有齐《论语》、鲁《论语》、古《论语》三大系统，今本《论语》系东汉郑玄调和诸本编成，共二十章。江西南昌海昏侯墓出土汉简《论语·知道》篇，不见于今本，可能属于齐《论语》的一篇。“怪力乱神”：出自《论语·述而》：“子不语：怪、力、乱、神。”意为孔子不说怪异、勇力、叛乱和鬼神的事。

**【译文】**

我曾经得到秦大夫阮仓撰写的《仙图》，从上古六代至今有七百多人。秦始皇好游仙问道，希望可以有所收获，所以方士聚集在他身边，祈祷祭祀弥漫名山大川。大概会因一些蛛丝马迹而寄托虚幻想象，又把空虚传闻当作真实事实，而不会被听信而纳用。又如周公撰写的《黄录》记述了太白金星下凡为王公然，岁星变化为甯寿公等，见到这些情况的不止一家。圣人之所以不让这些事显露，是因为这些事变化无常。然而他们有时候也会讲述一些，大概是因为大道是不可弃的。保持距离而阻却它们，因为圣人崇尚坚贞端方。而《论语》说到“怪异、勇力、叛乱、鬼神”，它的精微之处和主旨所在也就可以得知了。

# 附录

《列仙传》七十位仙人的情况如下表所示。

| 序号 | 姓名 | 身份 | 修仙方式 | 异能异相异事 | 结局 |
|---|---|---|---|---|---|
| 1 | 赤松子 | 神农、高辛时雨师 | 服水玉 | 入火自烧，随风雨上下，游昆仑止西王母石室 | 今雨师 |
| 2 | 甯封子 | 黄帝陶正 | 异人教掌火，积火自烧 | 能出五色烟，随烟气上下 | 葬于甯北山 |
| 3 | 马师皇 | 黄帝时马医 | 治马兼治龙 | 针龙唇下口中，以甘草汤饮之而愈 | 龙负而去 |
| 4 | 赤将子舆 | 黄帝时人，尧时木工 | 不食五谷，啖百草花 | 随风雨上下 | 时时于市中卖缴 |
| 5 | 黄帝 | | | 能劾百神，朝而使之，弱而能言，圣而预知，知物之纪，有龙形 | 尸解（余剑舄）；一云龙负而去 |
| 6 | 偓佺 | 尧时槐山采药父 | 好食松实 | 形体生毛长数寸，两目更方，能飞行逐走马 | |
| 7 | 容成公 | 自称黄帝师，见于周穆王，亦云老子师 | 善补导之事，取精于玄牝 | 发白更黑，齿落更生 | |
| 8 | 方回 | 尧时隐人、闾士 | 炼食云母 | 云母与民人有病者，丸泥涂门户不可开 | 化而得去以泥作印掩封其户 |
| 9 | 老子 | 陈人，生于殷，为周柱下史、守藏史 | 好养精气，贵接而不施 | 二百余年，时称为隐君子 | 乘青牛车去入大秦，过西关，作《道德》上下经二卷 |

续表

| 序号 | 姓名 | 身份 | 修仙方式 | 异能异相异事 | 结局 |
|---|---|---|---|---|---|
| 10 | 关令尹 | 周大夫 | 善内学,常服精华,服苣胜实 | 见气知有真人当过,果得老子 | 与老子俱游流沙化胡,作《关尹子》九篇 |
| 11 | 涓子 | 齐人 | 好饵术,接食其精 | 三百年乃见于齐,钓于菏泽得鲤鱼,腹中有符,能致风雨 | 隐于宕山 |
| 12 | 吕尚 | 冀州人 | 服泽芝地髓 | 生而内智,预见存亡,得兵钤于鱼腹中 | 尸解(余玉钤六篇) |
| 13 | 啸父 | 冀州人,少在曲周市补履 | 上三亮山列数十火而升 | 数十年不老,会作火法 | 列火而升,曲邑多奉祀之 |
| 14 | 师门 | 啸父弟子,夏孔甲龙师 | 能使火,食桃李葩 | 能使火,被杀后,风雨迎之山木皆焚;孔甲祠祷,还而道死 | 孔甲杀而埋之外野 |
| 15 | 务光 | 夏时人 | 服蒲韭根 | 耳长七寸,负石自沉,后四百余岁至武丁时复见 | 投浮梁山,后游尚父山 |
| 16 | 仇生 | 殷汤木正 | 常食松脂 | 三十余年更壮 | 尸乡北山作石室,周武王幸而祀之 |
| 17 | 彭祖 | 殷大夫,帝颛顼孙,陆终氏中子 | 常食桂芝,善导引行气 | 历夏至殷末八百余岁,有彭祖仙室祷请风雨,莫不辄应,有两虎在祠左右 | 升仙而去 |
| 18 | 邛疏 | 周封史 | 行气炼形,煮石髓而服之 | 至数百年 | 入太室山中 |
| 19 | 介子推 | 晋人 | | 旦有黄雀在门上 | 从伯子常游,后三十年在东海边为王俗卖扇,后数十年,莫知所在 |

续表

| 序号 | 姓名 | 身份 | 修仙方式 | 异能异相异事 | 结局 |
| --- | --- | --- | --- | --- | --- |
| 20 | 马丹 | 晋耿之人,文侯大夫,献公幕府正,灵公时人 |  | 迅风发屋,入回风中去 | 入回风中而去,北方人尊而祠之 |
| 21 | 卒常生 | 谷城乡卒 |  | 数死复生,云复水雨五日必止 | 后数十年,复为华阴门卒 |
| 22 | 陆通 | 楚狂接舆 | 好养生,食橐庐木实及芜菁子 | 游诸名山,在蜀峨嵋山上,世世见之 | 历数百年去 |
| 23 | 葛由 | 羌人 | 好刻木羊卖之 | 骑羊入西蜀,蜀中王侯贵人追之上绥山,皆得仙道 | 得仙道,山下立祠数十处 |
| 24 | 江妃二女 |  |  | 解佩赠郑交甫,交甫趋去数十步,空怀无佩,顾二女忽然不见 | 忽然不见 |
| 25 | 范蠡 | 徐人,事周师太公望,越大夫 | 好服桂饮水 | 后百余年见于陶,财累亿万,号陶朱公 | 兰陵卖药,后人世世识见之 |
| 26 | 琴高 | 赵人,宋康王舍人 | 行涓彭之术 | 二百余年后入涿水取龙子,乘赤鲤来出坐祠中 | 留一月余,复入水去 |
| 27 | 冠先 | 宋人,钓鱼为业 | 好种荔枝,食其葩实 | 居睢水旁百年,宋景公杀之,后数十年鼓琴宋城门 | 数十日乃去,宋人家家奉祀焉 |
| 28 | 王子乔 | 周灵王太子晋 |  | 好吹笙作凤凰鸣,浮丘公接以上嵩高山,乘白鹤见家人 | 数日而去,立祠缑氏山下及嵩高山首 |
| 29 | 幼伯子 | 周苏氏客 |  | 冬常着单衣,盛暑着襦袴,形貌岁易,数十年更壮 | 世世来诚佑,苏氏子孙得其福力 |

续表

| 序号 | 姓名 | 身份 | 修仙方式 | 异能异相异事 | 结局 |
|---|---|---|---|---|---|
| 30 | 安期先生 | 琅琊阜乡人，卖药于东海边 | | 时人皆言千岁翁，秦始皇遣使未至蓬莱山，辄逢风波而还 | 留书曰："后数年，求我于蓬莱山。" |
| 31 | 桂父 | 象林人 | 常服桂及葵，以龟脑和之，千丸十斤桂 | 色黑而时白、时黄、时赤 | 累世见之，荆州之南尚有桂丸 |
| 32 | 瑕丘仲 | 甯人，卖药于甯 | | 地动舍坏，仲死而复生 | 后为夫余胡王驿使复来至甯，北方人谓之谪仙 |
| 33 | 酒客 | 梁市上酒家人 | | 作酒常美，后百余岁，来为梁丞，使民益种芋菜，梁民不死 | 五年解印绶去，莫知其终 |
| 34 | 任光 | 上蔡人，卖丹于都市里间 | 善饵丹 | 积八十九年，如数十岁面颜 | 常在柏梯山上，三世不知所在，晋人常服其丹 |
| 35 | 萧史 | 秦穆公时人，穆公女弄玉之夫 | 夫妇皆随凤凰飞去 | 善吹箫，能致孔雀白鹤于庭 | 随凤凰飞去，秦人为作凤女祠于雍宫中，时有箫声 |
| 36 | 祝鸡翁 | 洛人 | | 养鸡百余年，呼鸡名即依呼而至 | 升吴山，白鹤孔雀数百常止其旁 |
| 37 | 朱仲 | 汉会稽人，高后、景帝时贩珠 | | 献三寸、四寸珠 | 不知所之 |
| 38 | 修羊公 | 魏人 | 略不食，时取黄精食之 | 华阴山卧石榻尽穿陷，化为白石羊 | 不知所在 |
| 39 | 稷丘君 | 太山下道士 | | 发白再黑，齿落更生，劝武帝勿上泰山，帝右足指果折 | 武帝为稷丘君立祠承奉 |
| 40 | 崔文子 | 太山人 | 好黄老术 | 自言三百岁，作黄散救民万计 | 去蜀卖黄散，世宝崔文赤丸黄散 |

续表

| 序号 | 姓名 | 身份 | 修仙方式 | 异能异相异事 | 结局 |
|---|---|---|---|---|---|
| 41 | 赤须子 | 丰人,秦穆公时主鱼吏 | 好食松实、天门冬、石脂,服霞绝谷 | 数道丰界灾害水旱,十不失一;齿落更生,发堕再出 | 后遂去吴山下十余年,莫知所之 |
| 42 | 东方朔 | 平原厌次人 | | 作深浅显默之行,莫知其旨 | 后见于会稽,卖药五湖,智者疑其岁星精也 |
| 43 | 钩翼夫人 | 齐人,姓赵 | 好清静,饮食少 | 右手拳屈握玉钩,殡尸不冷而香一月间 | 尸解(余丝履),其宫曰钩翼,闹有神祠阁在 |
| 44 | 犊子 | 邺人 | 少在黑山采松子茯苓,饵而服之,且数百年 | 时壮时老,时好时丑,遇阳都女,共牵犊耳而走,人不能追也 | 数十年乃去,见潘山下,冬卖桃李 |
| 45 | 骑龙鸣 | 浑亭人 | 年二十得龙子而养之 | 水坏其庐而去,来浑亭下语水患 | 果水至,死者万计 |
| 46 | 主柱 | 不知何所人 | | 与道士上宕山,言有丹砂数万斤,邑令章君明饵砂能飞行 | 与章君明俱去 |
| 47 | 园客 | 济阴人,一云陈留济阳人 | 种五色香草,积数十年,食其实 | 五色蛾止其香草末,生桑蚕,有好女夜至与俱收蚕,得百二十头,茧皆如瓮大 | 讫则俱去,莫知所在。济阴人世祠桑蚕,设祠室焉 |
| 48 | 鹿皮公 | 淄川人,少为府小吏木工 | 食芝草,饮神泉,且七十年 | 淄水来,呼宗族家室上山 | 后百余年卖药于市 |
| 49 | 昌容 | 常山道人,自称殷王子 | 食蓬藁根 | 见之者二百余年,而颜色如二十许人 | 致紫草卖与染家,得钱以遗孤寡,历世而然,奉祠者万计 |
| 50 | 溪父 | 南郡鄘人 | 仙人教之炼瓜子与桂、附子、芷实,共藏而对分食之 | 能飞走,升山入水 | 居绝山顶,呼溪下父老,与道平生事 |

续表

| 序号 | 姓名 | 身份 | 修仙方式 | 异能异相异事 | 结局 |
|---|---|---|---|---|---|
| 51 | 山图 | 陇西人 | 服地黄、当归、羌活、独活、苦参散，追随道人六十余年 | 服之一岁，而不嗜食，病愈身轻 | 莫知所之 |
| 52 | 谷春 | 栎阳人，成帝时为郎 | | 病死而尸不冷，三年复见，棺内有衣无尸 | 去之太白山，立祠山上，时来至其祠止宿 |
| 53 | 阴生 | 长安中渭桥下乞儿 | | 市人以粪洒之，衣不见污；长吏械收，续在市中乞；洒者之家室自坏，杀十余人 | 乃去，长安中谣曰：见乞儿，与美酒，以免破屋之咎 |
| 54 | 毛女 | 自言秦宫人 | 道士谷春教食松叶 | 形体生毛，不饥，身轻如飞，百七十余年 | 在华阳山中，所居岩中有鼓琴声 |
| 55 | 子英 | 舒乡人 | 得赤鲤养之，一年长丈余，遂生角，有翅翼 | | 上赤鲤背，腾升而去，岁岁来归故舍，如此七十年。吴中门户皆作神鱼，遂立子英祠 |
| 56 | 服闾 | 不知何所人 | 三仙人赌瓜，令担黄白瓜，教令瞑目，及觉乃在方丈山 | 往来方丈山与莒，取方丈山上珍宝珠玉卖之 | 坐取庙中物髡头赭衣貌更老，后数年貌更壮好鬓发如往日 |
| 57 | 文宾 | 太丘乡人，卖草履为业 | | 年更壮，教所取故妪服菊花、地肤、桑上寄生、松子，妪亦更壮 | 复百余年见云 |
| 58 | 商丘子胥 | 高邑人 | 食术、菖蒲根，饮水 | 年七十而不老 | 传世见之，三百余年 |
| 59 | 子主 | 楚语细音，不知何所人，为甯先生作客三百年 | | 甯先生毛身广耳，预见江都王宫中暴死女子三人，语竟大风发 | 王遣三牲立甯先生祠 |

续表

| 序号 | 姓名 | 身份 | 修仙方式 | 异能异相异事 | 结局 |
|---|---|---|---|---|---|
| 60 | 陶安公 | 六安铸冶师 | 数行火，火一旦散，上行，紫色冲天 | 朱雀止冶上 | 赤龙到，安公骑之东南上，一城邑数万人众共送祖之 |
| 61 | 赤斧 | 巴戎人，碧鸡祠主簿 | 作水澒炼丹砂，与硝石服之 | 三十年反如童子，毛发生皆赤。后数十年上华山，取禹余粮饵，卖之于苍梧、湘江间 | 累世传见之，手掌中有赤斧 |
| 62 | 呼子先 | 汉中关下卜师 | 仙人持二茅狗至，得而骑之乃龙也 | 老寿百余岁，与酒家老妪共应中陵王 | 上华阴山，常于山上大呼 |
| 63 | 负局先生 | 语似燕代间人，负磨镜局徇吴市中衒 |  | 出紫丸赤药与疾苦者，得者莫不愈；止吴山绝崖头悬药下与人；下神水 | 还蓬莱山，有祠十余处 |
| 64 | 朱璜 | 广陵人 | 道士阮丘与七物药除三尸，与《老君》《黄庭经》 | 且八十年，复见故处，白发尽黑鬓，更长三尺余 | 与阮丘俱入浮阳山玉女祠，至武帝末故在焉 |
| 65 | 黄阮丘 | 睢山上道士 | 于山上种葱薤百余年 | 衣裘披发，耳长七寸，口中无齿，日行四百里；地动山崩，预戒下人 | 世共奉祠之 |
| 66 | 女丸 | 陈市上沽酒妇人 | 得仙人《素书》，行文书养性交接之术 | 三十年颜色更如二十时 | 弃家追仙人去，莫知所之 |
| 67 | 陵阳子明 | 铚乡人 | 得白鱼腹书，习五石脂沸水服食法 | 钓得白龙，而放之；在山上大呼下人 | 山下有黄鹤来，栖子安冢边树上 |

续表

| 序号 | 姓名 | 身份 | 修仙方式 | 异能异相异事 | 结局 |
|---|---|---|---|---|---|
| 68 | 邛子 | 自言蜀人 | 走入山穴，上出山头，往来百余年 | 鱼子着池中，养之一年，皆为龙形；其犬色更赤，有长翰 | 留止山上，时下来护其宗族，西南数千里共奉祠焉 |
| 69 | 木羽 | 钜鹿南和人 | 母为司命君接生，司命君迎其去 | 鸛雀旦衔二尺鱼，着母户上 | 与司命君去，母至百年乃终 |
| 70 | 玄俗 | 自言河间人 | 饵巴豆 | 药治百病，日中无影 | 夜亡去，后人常见于山下 |

**中华经典名著**
**全本全注全译丛书**
（已出书目）

周易
尚书
诗经
周礼
仪礼
礼记
左传
春秋公羊传
春秋穀梁传
孝经·忠经
论语·大学·中庸
尔雅
孟子
春秋繁露
说文解字
释名
国语
晏子春秋
穆天子传
战国策
史记
吴越春秋
越绝书
华阳国志
水经注
洛阳伽蓝记
大唐西域记
史通
贞观政要
营造法式
东京梦华录
唐才子传
廉吏传
徐霞客游记
读通鉴论
宋论

文史通义
老子
道德经
鹖冠子
黄帝四经·关尹子·尸子
孙子兵法
墨子
管子
孔子家语
吴子·司马法
商君书
慎子·太白阴经
列子
鬼谷子
庄子
公孙龙子(外三种)
荀子
六韬
吕氏春秋
韩非子
山海经
黄帝内经
素书
新书
淮南子
九章算术(附海岛算经)
新序
说苑
列仙传
盐铁论
法言
方言
潜夫论
政论·昌言
风俗通义
申鉴·中论
太平经
伤寒论
周易参同契
人物志
博物志
抱朴子内篇
抱朴子外篇
西京杂记
神仙传
搜神记
拾遗记
世说新语
弘明集
齐民要术
刘子
颜氏家训

中说
帝范·臣轨·庭训格言
坛经
大慈恩寺三藏法师传
蒙求·童蒙须知
茶经·续茶经
玄怪录·续玄怪录
酉阳杂俎
化书·无能子
梦溪笔谈
北山酒经(外二种)
容斋随笔
近思录
传习录
焚书
菜根谭
增广贤文
呻吟语
了凡四训
龙文鞭影
长物志
天工开物
溪山琴况·琴声十六法
温疫论
明夷待访录·破邪论
陶庵梦忆
西湖梦寻
幼学琼林
笠翁对韵
声律启蒙
老老恒言
随园食单
阅微草堂笔记
格言联璧
曾国藩家书
曾国藩家训
劝学篇
楚辞
文心雕龙
文选
玉台新咏
词品
闲情偶寄
古文观止
聊斋志异
唐宋八大家文钞
浮生六记
三字经·百家姓·千字文·弟子规·千家诗
经史百家杂钞